献给我的父亲并纪念我的母亲

FALVSHI LICHANG FANGFA
YU LUNYU

法律史：立场、方法与论域

麓学库
岳法文
四

肖洪泳／著

本书受湖南大学法学
重点学科资助

院書麓嶽

於斯為盛　惟楚有材

中国检察出版社

图书在版编目（CIP）数据

法律史：立场、方法与论域/肖洪泳著. —北京：中国检察
出版社，2015.5
（岳麓法学文库）
ISBN 978 - 7 - 5102 - 1417 - 2

Ⅰ.①法… Ⅱ.①肖… Ⅲ.①法制史 - 研究 - 中国 Ⅳ.①D929

中国版本图书馆 CIP 数据核字（2015）第 085723 号

法律史：立场、方法与论域

肖洪泳 著

出版发行：中国检察出版社
社　　址：北京市石景山区香山南路 111 号（100144）
网　　址：中国检察出版社（www.zgjccbs.com）
编辑电话：(010) 68650028
发行电话：(010) 68650015　68650016　68650029
经　　销：新华书店
印　　刷：保定市中画美凯印刷有限公司
开　　本：A5
印　　张：10.625 印张
字　　数：292 千字
版　　次：2015 年 5 月第一版　2015 年 5 月第一次印刷
书　　号：ISBN 978 - 7 - 5102 - 1417 - 2
定　　价：35.00 元

自　序

　　人类是历史的存在，我们也总是期待历史给我们提供一些有益的经验、教训或启示。但可惜的是，人类文明史似乎表明，我们很难从历史中真正寻找到所需的智慧，历史往往很容易成为我们茶余饭后无聊的谈资。难怪尼采认为我们的确需要历史，但是我们的需求不应该完全等同于那些只是花园中的疲乏闲人，我们是为了生活和行动而需要历史，而不是将其作为逃避生活和行动的权宜之计，或是为了一种自私的生活和一种怯懦或卑鄙的行动开脱。换句话说，只有在历史服务于生活的前提下，我们才服务于历史，才不会让我们的生活受到残害和贬损。

　　可是历史如何能够服务于生活呢？这就不仅需要我们有热情洋溢的意志对过去进行一定的了解，而且需要我们有充分可靠的能力对过去进行研究和反思。了解过去已经发生的事实，这就形成了我们研究历史的对象，从而构成我们历史研究的学术领域，即历史研究的论域。研究和反思过去的能力，这就需要我们培养起一种良好的历史态度，包括历史判断的立场与历史研究的方法。出于这样的认识，我一直将法律史的学术研究视为两个层面上的问题：一是法律史研究所应采用的立场与方法；二是法律史研究所应指向的对象与领域。前者是我们法律史研究的思想路向；后者则是我们法律史研究的事实材料。离开前者，我们的法律史研究将会成为杂乱无章的材料堆积，或者成为毫无生气的僵硬脸谱；离开后者，我们的法律史研究就会成为毫无根据的主观臆想。只有将二者较好地结合起来，我们的法律史研究才能真正服务于我们的法律实践与生活。本集子的出版，恰是对我十余年来这一法律史研究的学术路径的初步总结或检验。

第一编"法律史的立场与方法"主要集结了四篇较早的论文，尽管回答的是深层次的理论问题，但无论行文还是思想上都略显稚嫩。这四篇文章除了"福柯的惩罚思想及对法学的意义"以外，基本上都是从文化或传统这一角度阐释法律史解释的立场与方法问题。随着近年来对法律史研究的日益拓深，我对法律史研究的立场与方法的思考也有了比较大的一些发展变化，只是由于近年来主要致力于中国古代死刑思想、秦简与秦律方面的研究工作，有关法律史的立场与方法的思考只有留待以后再进一步加以深入和完善了。

第二编"中国古代法律制度"中的四篇文章初步反映出我目前在制度史研究领域的三个关注点：一是简牍中的法律制度；二是佛教与中国古代法律传统；三是中国古代法律与教化之间的内在关系。随着近年来大量简牍的出土，简牍中的中国古代法律制度研究方兴未艾，而我有幸得以参加岳麓书院陈松长教授主持的"岳麓秦简与秦代法律制度研究"这一重大项目研究，很大程度上改变了自己过去对制度史研究兴趣不大或望而却步的心态。法律与宗教的关系问题一直是我所关注的，而佛教与中国古代法律传统是我进入这一领域的初步尝试。至于中国古代法律制度中的教化精神，毫无疑问构成了中国古代法律传统的主流倾向，我将在明清乡村教化法律制度的基础上全面深入这一问题的研究。

第三编"中国古代刑法思潮"中的四篇文章是我近年来集中发力的思考成果，重点考察了中国古代死刑思想中的一些基本问题，譬如死刑观的人性根据、死刑报应思想等。中国古代的法律制度主要是运用刑法这一手段建构起来的，深刻追溯其背后的思想根源是理解中国古代法律制度不可缺失的重要途径。我对中国古代刑法思想包括死刑思想的思考不仅有着浓厚的兴趣，而且也有着一个可能有些宏大得不切实际的研究计划。如果可能，将来或可写出一部中国古代刑法思想史或者中国古代死刑思想史之类的著作来。

第四编"近代中国的宪法思潮与实践"收集的三篇文章是我写作博士学位论文牵涉的主题，即中国近代以来的联邦制思潮及其政治实践。这一主题曾在中国近现代有着非常广泛的争议和影响，也留下了许多可歌可泣、可圈可点的历史事迹，应该值得我们认真加以总结。我在这一领域也有着一个比较庞大的研究计划，但愿未来能够实现一二。

　　本集子所载文章，前后历经十余年，我的所思所想其实也已经有了相当大的发展变化，但是我还是愿意保持每篇文章的原貌，因为它们记录着我的心路历程。不管是否有些稚嫩或无趣，我都愿意面对，尽管这对自己颇有些残忍。但残忍未尝不是一种力量，可以迫使我时时刻刻提醒自己，人的精神世界成长是永无止境的。写到这里，不禁就想到了古希腊的先哲苏格拉底，我要永远铭记他给我们留下的智慧箴言："认识你自己！"

肖洪泳序于长沙老鸦冲

2014 年 9 月 2 日

目　录

第三编　中国古代刑法思潮

第四编 近代中国的宪法思潮与实践

第一编

法律史的立场与方法

第一章　法律文化与法律史解释[*]

一、引言

人类社会的法律历史，往往为我们所错误对待。我们很容易把法律史当作过去一些陈旧材料的堆积，从而忽视了历史对我们现在的影响。"但事实上，我们之所以是我们，乃是由于我们有历史，或者说得更确切些，正如在思想史的领域，过去的东西只是一方面，所以构成我们现在的，那个有共同性和永久性的成分，与我们的历史性也是不可分离地结合着的。"①因此，我们的法律，只有在本质上与历史上的法律有了联系，才能够真正而有效地存在。我们也唯有对法律历史有着充分而深入的理解，才能准确把握我们法律的现在，并推知未来。因此，理解法律史应当成为我们法律研究中的一个重要主题。"理解是围绕着一个历史性人类设立起来的那些高于自身的本质性目标的最高斗争"②，通过对法律历史的理解，才能获得一种历史性的人类法律存在的基础，并不断得以接近人类法律的本质性或终极性目标。"世界上没有永恒的法律，但是却有

---

　　* 本章是在我硕士学位论文的基础上修改完成的，其中关于法律文化的解释立场与解释方法等问题曾经与胡旭晟教授合作撰写《作为一种立场与方法的法律文化》一文并公开发表于《法学家》（2004 年第 6 期）。而后，又曾略作修改以题《法律文化：法律史解释的一种理论进路》全文刊发于《湘江法律评论》（第八卷）。此外，李交发教授、夏新华教授、张全民教授、胡平仁教授、王晓天研究员提出了一些非常中肯且颇有价值的意见，一并致以诚挚的谢意。
　　① ［德］黑格尔：《哲学史讲演录》（第一卷），贺麟、王太庆译，商务印书馆 1959 年版，第 7—8 页。
　　② ［德］马丁·海德格尔：《尼采》（上卷），孙周兴译，商务印书馆 2003 年版，第 565 页。

着一个永恒的目标，亦即最大限度地发展人类的力量。我们必须努力把特定时空中的法律变成达致特定时空中的那个目标的一种工具，而且我们也应当通过系统阐释我们所知道的文明的法律先决条件来完成此项任务。"①因此，法律史应当主要致力于理解特定时空中的法律，但这并不意味着理解的本质就在于对特定时空中的法律进行复制或者单纯重构。相反，由于理解者所处的时空背景不同，因而我们总是以"不同的方式"进行理解，这种理解始终是一个创造性的过程。所以，拉伦茨认为，"要理解语言表达，或者是透过未经思虑地直接领悟，或者透过思虑的方式，质言之，透过解释"，"'解释'是一种媒介行为，解释者借之以理解本有疑义之文字的意义"。②可见解释对于理解具有至关重要的作用，理解的创造性，其实质就是解释的创造性，或者说必须通过解释的创造性才能得以实现。③所以，伽达默尔认为，"解释学的出发点是构筑桥梁，在过去中重新发现最好的东西"④，因而"解释在某种特定的意义上就是再创造"⑤。法律史解释的目的是在理解的基础上进行

---

① ［美］罗斯科·庞德：《法律史解释》，邓正来译，中国法制出版社2002年版，第219—220页。

② ［德］卡尔·拉伦茨：《法学方法论》，陈爱娥译，商务印书馆2003年版，第85页。

③ 对于"理解"与"解释"的关系，笔者赞同解释是理解的媒介这一观点。只有通过解释，我们才能获得对原生事物的理解，因此理解与解释尽管在认识过程中水乳交融，但仍有着明显的区别。贝蒂认为，我们可以把解释刻画为旨在和面向理解的过程，解释按其任务就是要让事物得以理解。为了把握解释过程的统一，我们必须把理解视为通过语言的中介而实现的理解的基本现象。参见［意］埃米里奥·贝蒂：《作为精神科学一般方法论的诠释学》，洪汉鼎译，载洪汉鼎主编：《理解与解释——诠释学经典文选》，东方出版社2001年版，第128页。

④ ［德］伽达默尔：《哲学解释学》，夏镇平等译，上海译文出版社1994年版，第27页。

⑤ ［德］伽达默尔：《真理与方法》（上卷），洪汉鼎译，上海译文出版社1999年版，第155页。

一种创造性活动，从而进一步加深对法律史的理解。对法律史解释来说，这种创造性必须奠基于理解的基础上而绝非任意的曲解，其意味着解释者对解释对象、判断前见、解释方法以及解释环境的整合过程。解释者在这一过程中所持的理论进路不同，其所得出的效果或结论也绝非一样。① 本章所要着力探讨的，就是法律史的法律文化解释的理论进路。

二、法律史解释的进路转换

法律史之所以成为我们永恒的研究对象，是因为我们可以通过对法律史的研究赋予其新的意义，以对我们现在面临的问题提供一些重要的启示。因此，法律史研究的根本任务在于对法律史作出一种新的解释，通过这种解释以呈现出法律史对我们所具有的意义。而"对于新意义的探求，都是不断地通过此前存在过的文化取向而折射出来的"②，文化作为人类社会的意义之网，不仅是法律赖以存在的基本维度，而且也是我们研究法律史时进行意义探求不可

① 伽达默尔在《真理与方法》一书中首次提出让真理与方法分离开来的理由。他认为，由培根和笛卡尔分别开创的归纳法与演绎法，以及人文科学从自然科学那里借用来的方法所造成的控制意识使人不断异化。在这种异化面前，真理不再是对存在和人的生活意义的揭示，而是变成与人相异的东西，并且人类只能通过方法才能获得它。然而，方法并不能保证人获得真理，方法并未给人提供一条通向真理的康庄大道，相反，真理困惑着具有方法的人，方法使真理异化并将之放逐在外。参见严平编选：《伽达默尔集》，编选者序，上海远东出版社1997年版，第3页。但我认为，伽达默尔这一主张并没有否定方法的重要性，也没有否定方法对真理的影响。他主要是反对将自然科学方法作为普遍适用的标准而贯彻到人文科学的各个领域之中，反对将方法作为发现真理的唯一途径，从而倡导一种理解问题的普遍性，或者说一种解释学问题的普遍性。其实，这本身也是一种方法，只是这种方法的运用对伽达默尔所理解的真理来说缺乏一种控制意识。因此，方法的运用不一，我认为仍将深刻影响甚至决定学术研究的效果或者结论。

② ［美］本杰明·史华兹：《古代中国的思想世界》，程刚译，江苏人民出版社2004年版，第3页。

或缺的路径依赖。法律文化作为文化整体的组成部分，其所具有的解释张力可以为法律史解释提供一种新的理论进路。

（一）法律史研究进路的转换

历史学最能纠缠我们头脑的是，它声言要描写的事实乃是过去客观的事实，"秉笔直书"成为许多史家坚定的信条。一些历史学家"要求一种客观性和公正无私性，并且摒弃单纯是反映（作为一厢情愿的想法的产物的）我们的感情或利益的那种对过去的重建"[①]，他们孜孜以求对历史进行一种客观描述，并把有关原始资料的广泛知识与大量的考证工作结合起来。而另外一些历史学家则认为这种客观描述性的历史学根本就不可能存在，因为任何一个撰写历史学著作的历史学家都不可能摆脱自己的主观判断与价值偏见，所以我们还不如"把历史学想象为一种特殊的游戏；如果我们要好好地玩它，我们就必须按规则来玩"[②]。

造成这种紧张的对立，不仅关系到我们对历史事实客观性与否的看法，而且也决定着我们如何理解"历史"这样一个概念的内涵。在英文、德文与法文中，"历史"这个词的含义相当模糊，它既指现实也指我们对现实的认识。英文用"history"一词，而"story"一词也有故事、事迹、逸事、史话之意。德文则区别"Geschichte"与"Histoire"这两个词，前者既指现实也指我们对它的认识，后者则仅指认识或我们重建、讲述、撰写过去的方式。在法语中，有时可以用"historiographie（历史编撰）"这个词来与模棱两可的"histoire"形成对立，以特指撰写历史的方式。[③] 由此

---

① ［英］沃尔什：《历史哲学——导论》，何兆武、张文杰译，广西师范大学出版社 2001 年版，第 114 页。

② ［英］沃尔什：《历史哲学——导论》，何兆武、张文杰译，广西师范大学出版社 2001 年版，第 114 页。

③ 关于"历史"一词在英文、德文、法文中的具体含义的分析，参见［法］雷蒙·阿隆：《论治史》，冯学俊、吴泓缈译，生活·读书·新知三联书店 2003 年版，第 95 页。

可见，"历史既是曾经发生的事件，同时又是关于该事件的意识；它既是历史，同时又是历史认识"①。简言之，"历史是对人类过去的认识"②。的确，历史事实在本体论的意义上是客观存在的，是独立于认识主体之外的"事件本身"或者"实际上所存在的东西"③。但是，这样的历史事实必须通过我们的认识才能够向我们展示它的面貌，否则它将形同不为我们理会的僵死的材料或者零星的遗迹，这对我们来说毫无用处。因此，历史是一回事，对历史的认识则是另一回事。历史事实怎样或者说历史如何，实际上是一个关于我们历史认识的能力与性质的问题，是一个关于我们如何看待历史、研究历史的问题。

法律史作为历史的重要组成部分，我们对其的研究大多接受了这种训诫：发现法律史的本来面目，揭示法律史发展的客观规律。长期以来，法律史研究力图通过大量的考证工作以恢复法律史的本来面目。因此，传统法史学非常重视实证研究，侧重挖掘丰富的史料以佐证史实，通过一种建立在史料基础上的客观描述而对法律史进行研究。④ 传统法史学，尤其是考据派法史学大都以追求法律历史现象的客观性、真实性与确定性为崇高理想。⑤ 因而，这些学者

---

① ［德］卡尔·雅斯贝斯：《历史的起源与目标》，魏楚雄、俞新天译，华夏出版社1989年版，第268页。

② ［法］雷蒙·阿隆：《论治史》，冯学俊、吴泓缈译，生活·读书·新知三联书店2003年版，第96页。

③ ［波］托波尔斯基：《历史学方法论》，张家哲等译，华夏出版社1990年版，第218页。

④ 胡旭晟先生把这种对史籍的收集、整理、归纳和分析的法史学称为"描述性的法史学"，而把对法律历史现象进行学理分析和文化阐释的法史学称为"解释性的法史学"，这种划分具有一定的学术意义。参见胡旭晟：《"描述性的法史学"与"解释性的法史学"》，载胡旭晟：《法学：理想与批判》，湖南人民出版社1999年版。

⑤ 关于对历史考证学家追求历史现象的客观性、真实性与确定性的批评，徐忠明先生曾做过详细的分析，笔者这里限于篇幅，不打算展开，参见徐忠明：《关于中国法律史研究的几点省思》，载《现代法学》2001年第1期。

充分挖掘和考证史料，意欲在史料翔实的基础上恢复历史的本来面目。但是，过去发生的历史事实已经消逝，通过史料的考证难以"复原"历史世界的真实图像。而且，留存下来的各种史料是否真实可靠也颇有疑问。即使是史料真实而且全面、充分，研究者的选择也是很有限度的，更何况每个人对史料的理解还会互有出入。不仅如此，亦如黑格尔所指出，一部历史若要涉历较长的时期，或者包罗整个的世界，著史的人必须真正地放弃对于事实的个别描写，他必须用抽象的观念来缩短他的论述。① 这就会大大缩减或者裁减有关的史料，无怪乎柯林武德要将那种"由摘录和拼凑各种不同的权威们的证词而建立的历史学"讥为"剪刀加糨糊的历史学"②，而尼采则把那种自以为"不带价值判断"或者"忠实记录过去发生的事情"的历史学斥为"肖像式史学"③。

当然，这并非意味着考据派法史学毫无意义，其实，考据学派所运用的史料及其所追求的历史真实不仅构成了法律史研究的基础，而且也是我们认识法律史的必要限界。否则，任意捏造或者随心虚构历史就会大行其道。事实上，诚如有些学者所说，历史原本包括三个不同的"世界"：一是现象世界，即历史"是什么"；二是根源世界，即历史"为什么是什么"；三是意义世界，即历史能为我们的现在和将来提供什么，或者说历史之于我们意味着什么。④ 历史的现象世界需要描述，需要通过史料的考证不断逼近历史的"真实"。因而，注重对史料的研究，正确地利用历史文献，应属法律史研究的一项重要内容。但是考证史料并不在于得出一个

---

① 参见［德］黑格尔：《历史哲学》，王造时译，上海书店出版社2001年版，第5页。

② 参见［英］柯林武德：《历史的观念》，何兆武、张文杰译，商务印书馆2003年版，第358页。

③ 参见［德］尼采：《哲学与真理》，田立年译，上海社会科学院出版社1993年版，第9页。

④ 详见胡旭晟：《"描述性的法史学"与"解释性的法史学"》，载胡旭晟：《法学：理想与批判》，湖南人民出版社1999年版，第254—255页。

"板上钉钉"抑或"盖棺论定"的结论，史料的翔实并不等同于历史的真实。如果假以对史料的充分考证而断言历史的本来面目，或者以为揭示出了历史的客观规律，那就真正掉入了史料的陷阱。传统的法史学，尤其是中国法律史学在史料的考订方面可谓蔚然大观，但其中所存在的问题也是屡见不鲜。① 要克服考据派或实证主义法史学所存在的这些弊端，就必须正确看待我们历史认识的能力与性质。

诚如康德所言，哲学不首先去探讨认识的能力与性质，就直接着手去认识世界的本质，那就犹如飞鸟要超过自己的影子，是一桩完全不可能的事情。所以在康德看来，本体概念纯粹属于一个限界概念（Grenzbegriff），其作用在于防止感性的僭妄。② 因此，历史学不首先澄清历史认识的能力与性质就去侈谈历史的本质或者历史的真实，也犹如飞鸟要超过自己的影子，是一桩完全不可能的事情。历史研究当然要搜集材料，考订证据，并通过这些材料和证据去推断历史或者历史事实的本来面目。然而史料无论多么丰富，其本身却并不构成完备的历史知识，更无从断言其所推论或证明的就是历史或者历史事实本身。能够赋予史料以生命或者使史料得以组织而成为史学的，必须得靠历史学家的思想。历史事实或者历史事件对于历史学家来说，绝不只是单纯的现象，也绝不只是躺在历史文献里单纯被人欣赏的景观；"历史学家不是在看着他们而是要看透他们，以便识别其中的思想"③。所以，历史的过程不是单纯事

---

① 比如田涛先生曾经撰文指出中国法律史研究在考证工作方面的一系列弊端，并通过大量的论证指责一些法史学研究者出于某种学术目的故意制造虚假的材料，或者由于理论修养的缺失误用史料而得出一些虚假的结论。参见田涛：《虚假的材料与结论的虚假——从〈崇德会典〉到〈户部则例〉》，载倪正茂主编：《批判与重建：中国法律史研究反拨》，法律出版社 2002 年版。

② ［德］康德：《纯粹理性批判》，蓝公武译，商务印书馆 1997 年版，第 219 页。

③ 参见［英］柯林武德：《历史的观念》，何兆武、张文杰译，商务印书馆 2003 年版，第 301 页。

件的过程而是行动的过程，它有一个由思想的过程所构成的内在方面：历史学家所要寻求的正是这些思想过程。在这个意义上，柯林武德无疑是正确的，他说："一切历史都是思想史。"① 而黑格尔所倡导的第三种历史——哲学的历史其实也"只不过是历史的思想的考察罢了"②。

历史学家寻求历史的思想过程或者对历史进行思想的考察，其实质就是一种对历史的解释。这种解释包括两个方面：一方面是对历史的根源世界进行追究；另一方面是对历史的意义世界进行探求。追究根源世界，就是要透过现象世界去追索历史事实发生和存在的原因，并且通过一种同情的理解以丰富我们对于历史的想象。③ 比如在中国古代的法律规定以及司法实践中，刑讯逼供不仅合法，而且泛滥成灾，这似乎与儒家倡导的"仁政"、"德治"、"民本"等思想主张格格不入。然考其究竟，至少可以发现：其一，在初民社会里，罪与非罪一般没有清晰的界限，因而刑讯与处罚之间没有明显的区别；其二，从权力结构看，治人者与被治者之间地位悬殊，导致治人者对被治者拥有绝对的权力支配能量，从而使刑讯成为可能；其三，从司法技术因素看，古代社会获取证据不易，从而使口供成为"证据之王"；其四，中国古代帝国实乃"家天下"，犯罪即是对皇权的挑战，帝国必须动用酷刑以对犯罪进行反击与报复；其五，这也与帝国的政治道德要求以及官僚性格等因

① 参见［英］柯林武德：《历史的观念》，何兆武、张文杰译，商务印书馆 2003 年版，第 303 页。
② 黑格尔把研究历史的方法划分为原始的历史、反省的历史与哲学的历史三种类型，他认为前两种历史无须解释，而哲学的历史则必须通过理性加以考察、审视和解释。参见［德］黑格尔：《历史哲学》，王造名时译，上海书店出版社 2001 年版，第 5 页。
③ 比如孟德斯鸠对罗马盛衰原因的分析和探究，就属于这一方面的典范。参见［法］孟德斯鸠：《罗马盛衰原因论》，婉玲译，商务印书馆 2003 年版。

素有关。① 由此可见，追究历史的根源世界，既可使历史的现象世界通过我们的解释呈现出更为丰富的景象，也可以增强我们对历史的同情理解。

探求历史的意义世界，就是通过我们的解释赋予历史意义，并通过这种意义连通历史的过去与现在。历史作为事实，其本身并没有意义，仅仅对历史的现象世界进行描述，也无法凸显出我们所需要的意义，"只有通过我们的选择，它们才获得意义"②。因此波普尔认为，历史学总是选择性的，我们总是根据一种事先构想的选择性的观点来撰写那种使我们感兴趣的历史。波普尔把这样一种选择性的观点或历史兴趣的焦点，称为历史的解释。③ 这种历史的解释来自一种需要，即我们所面对的实际问题和选择。由于每个社会、每个时代、每个历史学家面对的问题或者说生存境遇并不全然相同，因此"没有一种解释是最终的，每一代人都有权形成自己的解释"④。这样，历史的意义世界绝不是死板的、一成不变的世界，而是充满了多姿多彩的景象，历史学正是在这个基础上才获得了永恒的价值和无穷的魅力。比如对罗马法史的解释，后来的注释法学、评论法学、教会法学以及历史法学由于各自所面临的问题不

---

① 关于中国古代社会刑讯逼供的有关分析，笔者主要参考了徐忠明先生的一些论著。参见徐忠明：《从话本〈错斩崔宁〉看中国古代司法》，载《法学评论》2000 年第 2 期；徐忠明：《包公杂剧与元代法律文化的初步研究》，载徐忠明：《法学与文学之间》，中国政法大学出版社 2000 年版。此外，福柯对惩罚与规训之间的权力技术转变的相关分析，更能为我们提供一种深刻的启示，参见［法］福柯：《规训与惩罚》，刘北成、杨远婴译，生活·读书·新知三联书店 1995 年版。

② ［英］卡尔·波普尔：《开放社会及其敌人》（第二卷），郑一明等译，中国社会科学出版社 1999 年版，第 418 页。

③ ［英］卡尔·波普尔：《历史主义贫困论》，何林、赵平等译，中国社会科学出版社 1998 年版，第 132 页。

④ ［英］卡尔·波普尔：《开放社会及其敌人》（第二卷），郑一明等译，中国社会科学出版社 1999 年版，第 404 页。

同，它们出于不同目的的解释使罗马法向我们呈现出不同的意义，从而大大拓宽了我们对罗马法的认识视野，丰富了我们对罗马法的想象，并使罗马法不断得以蓬勃发展。

由此可见，对历史的现象世界进行描述，实乃法律史研究的基本前提，史料辨析与文献整理皆属法律史研究的基础工作。轻视史料考据，无视实证研究的浮躁学风必将使历史的解释流于揣测或臆想。但同时我们也得看到，史料本身并不表征历史的真实，历史事实自身并不凸显历史的意义，我们要求得对历史现象世界的理解，并通过对历史意义的追问以揭示历史对我们现在的启示，我们法律史的研究进路就必须转向理解和解释。"从根本上来讲，对'意义世界'的追问、理解和诠释才使历史学之所以成为历史学，进而也是历史学得以存在的一条根本理由。"① 存在于过去的法律制度已经无法重复，但却可以通过体验、想象与记忆得以传续。通过记录与描述，我们可以理解过去曾经存在的东西；通过根源的追究，我们可以把历史"还原"在当时的语境中以推衍出新的意义；然后再通过记忆与新的描述，历史被再一次建构。"现象描述—根源追究—意义探求"，构成了一个反复而持续的过程。在这一过程中，历史被建构和再度建构。可见，对历史的意义世界的追问与解释，其实是法律史之所以得以存在的根本理由，同时也是法律史研究的根本目的与最高境界。一旦对历史的意义探求裹足不前，历史也就失去了与我们现在的意义关联而被尘封起来，最终逐渐退出我们的记忆领域，成为黑格尔所谓的"死人的王国"②。

（二）概念的缘起：从文化到法律文化

文化是近代以来人类学和社会学所普遍使用的一个核心概念。

---

① 徐忠明：《关于中国法律史研究的几点省思》，载《现代法学》2001年第1期。

② ［德］黑格尔：《哲学史讲演录》（第一卷），贺麟、王太庆译，商务印书馆1959年版，第21页。

据一些学者考证，"'文化'（culture）一词源于拉丁文中的'耕耘'（cultivating）或'开垦'（tilling）土地"①，"它最初产生于拉丁文'Cultura'，是动词'Colere'的派生词，其含义是指人在改造外部自然界使之满足人的生存过程中，对土地的耕耘、加工和改良，以及对植物的栽培"②，后来"西塞罗用'cultura mentis'（耕耘智慧）一词使 culture 一词具有了'为增进某种东西的质量所作的审慎的努力'之意"。③ 在中国古代的文献典籍里，也有大量涉及"文"、"化"和"文化"这些词汇的记载。"文"有文字、文辞、文采、文雅等意蕴，如"仓颉之初作书，盖依类象形，故谓之'文'，其后形声相益，即谓之'字'"④，"写情叙事，动之以文"⑤，"文质彬彬，然后君子"⑥；也有礼乐、文教、法度之内涵，如"文王既没，文不在兹乎！"⑦"故乐者……合奏以成文者也"⑧，"有不享则修文"⑨，"故远人不服则修文德以来之"⑩。"化"最初亦单用，有变化、造化、化生、风俗等意，如"兰芷变而不芳兮，荃蕙化而为茅"⑪，"化不可代，时不可违"⑫，"和，故百物皆

---

① ［美］约翰·R.霍尔、玛丽·乔·尼兹：《文化：社会学的视野》，周晓虹、徐彬译，商务印书馆 2002 年版，第 19 页。
② 范进：《康德文化哲学》，社会科学文献出版社 1996 年版，第 20 页。
③ 林喆：《法律思维学导论》，山东人民出版社 2000 年版，第 288 页。
④ 许慎：《说文解字叙》。
⑤ 《旧唐书·柳宗元传》。
⑥ 《论语·雍也》。
⑦ 《论语·子罕》。
⑧ 《荀子·乐论》。
⑨ 《国语·周语》。
⑩ 《论语·季氏》。
⑪ 《楚辞·离骚》。
⑫ 《素问·五常政大论》。

化"①，"逼上并下，荒殖其货，侯服玉食，败俗伤化"②；更有用教育感化的方法改变人心风俗的"教化"之意，如"就贤体远，足以动众，未足以化民"③，"黄霸汲黯之化莫得而行"④。后来由于深受儒家思想的影响，历代封建王朝即用"文化"一词泛指文治与教化，以此倡导和标榜德治与仁政，如"凡武之兴，为不服也，文化不改，然后加诛"⑤，"设神理以景俗，敷文化以柔远"⑥。可见从语源上来看，凡是人为制造或思考出来的每种事物都具有文化的一面，尽管古代东西方对"文化"一词的理解有着许多的不同。正是基于这种意义，英国著名人类学家爱德华·泰勒在1871年出版的《原始文化》一书中给文化下了一个经典性的定义："文化，或文明，就其广泛的民族学意义来说，是包括全部的知识、信仰、艺术、道德、法律、风俗以及作为社会成员的人所掌握和接受的任何其他的才能和习惯的复合体。"⑦ 而且，泰勒在该书第一章中正式将人类学界定为"关于文化的科学"，从而把文化作为一种研究对象纳入社会科学的研究领域之内。

泰勒是在民族学意义上来定义文化的，并且他将文化与文明完全等同起来，这给后来的文化研究带来诸多的争执与不便。大多数文化学者尤其是人类学与社会学学者一般使用"文化"概念而很少使用"文明"概念；而一些历史学家则喜欢"文化"与"文

---

① 《礼记·乐记》。

② 《汉书·叙传》。

③ 《礼记·学记》。

④ 柳宗元：《封建论》。

⑤ 刘向：《说苑·指武》。

⑥ 王融：《曲水诗序》。

⑦ ［英］爱德华·泰勒：《原始文化》，连树声译，上海文艺出版社1992年版，第1页。

明"兼用，有时还更注重"文明"的概念①；大多数学者更多时候是对这两个概念的混用，或者视二者为同一对象而不加区别，或者将二者紧密联系起来而在某种场合下相互替换②。从词源上来看，"文明"（Civilization）一词"与拉丁文'Civis'（公民）、'Civilis'（公民的）、'Civitas'（有组织的社会）等术语有关，原只出现在法律语言中，用以确定由刑事诉讼到民事诉讼程序的转变"③，明显含有社会进步之意。而且，文明一词在词源上与公民、有组织的社会有关，所以文明是关于引进和保持一种秩序的观念，或者说文明是关于取代或是替代天性的秩序的概念，"文明意味着一种优化，它把一种秩序作为最好的，可能是唯一好的东西来提倡，它蔑视所有低级或无秩序的替代品"④。在中国古代的文献典籍里，"文明"一词同样具有社会进步以及光明的意思而与"野蛮"一词相区别，如"见龙在田，天下文明"⑤，"辟草昧而致文明"⑥。因此，文明尽管也为人类所创造，但却更为强调社会进步之意，这是文化这一概念所没有的。正是基于文明与文化的这一区

---

① 比如汤因比，他在《历史研究》一书中自始至终谈论文明问题，很少提及文化。而且他把文明等同于社会，并将文明作为划分不同性质的社会的基本标准，其实他在全书中着力考察的二十余个不同的社会也就是二十余个不同的文明。参见［英］汤因比：《历史研究》（上卷），曹未风等译，上海人民出版社 1997 年版，绪论部分。

② 布罗代尔指出："如果要开列各种先例的单子，仅仅从黑格尔以来，不顾原有定义、随意混用文化和文明二词的大小作家，我可以把他们的名字写满整整一页。我以为有意无意的混淆实际上比我们想象的还要严重得多。"参见［法］费尔南·布罗代尔：《资本主义论丛》，顾良、张慧君译，中央编译出版社 1997 年版，第 130 页。

③ 范进：《康德文化哲学》，社会科学文献出版社 1996 年版，第 26 页。

④ ［英］齐尔格特·鲍曼：《通过社会学去思考》，高华等译，社会科学文献出版社 2002 年版，第 145 页。

⑤ 《易·乾·文言》。

⑥ 李渔：《闲情偶寄》。

别，所以"文化一词由来已久（西塞罗已经谈到精神文化）"①，但"文明"一词，大约到18世纪中叶资产阶级革命时期才引起那些逐渐处于上升阶段的知识分子和中等阶层的关注，用以表达他们孜孜以求的理性主义政治的愿望，以此结束那种野蛮的、丧失理性的政治状态。因而，"文明一词从其诞生之日起，就具有强烈的启蒙色彩"②，它标志着社会进步的内涵而与"落后"、"野蛮"相对立。出于这种原因，当英国人与法国人通过资产阶级革命奠定理性主义的文明政治后自豪地谈论着他们的文明的时候③，后起的德国则由于经济落后、政治上缺乏统一，因而即使是康德在使用"文明"这一概念时也缺乏英国人和法国人那种对拥有文明的自豪感。但是德国的理论家们并没有自惭形秽，他们一方面毫不犹豫地把英、法资产阶级反封建的思想武器吸收过来；另一方面又恰如其分地结合本国国情，进行创造性的理论活动，突出了民族意识的地位。④德国人于是把目光转移到"文化"这一概念上，在他们看来，"文化的概念强调的是民族差异和群体特性，是德国人之所以为德国人的根本所在"⑤。尤其在斯宾格勒那里，文明变成了文化

---

① ［法］费尔南·布罗代尔：《资本主义论丛》，顾良、张慧君译，中央编译出版社1997年版，第125页。

② 尹伊君：《文明进程中的法治与现代化》，载《法学研究》1999年第6期。

③ 基佐于1828—1830年间在巴黎大学授课讲述法国文明史时，一种自豪感溢于言表。在他看来，文明就是社会和人类的完善，或者说社会进步和精神进步，而法国是文明最完美、最有感染力且又最有力地冲击着欧洲人的想象力的国家。因此，基佐自豪而肯定地说："我如果相信有另一种比法国文明史更伟大、更有教益、更适宜于代表欧洲文明过程的欧洲历史的话，我一定会选择它。然而我有理由选择了法国。"参见［法］基佐：《法国文明史》（第一卷），沅芷、伊信译，商务印书馆1993年版，第8—9页。

④ 参见苗力田、李毓章主编：《西方哲学史新编》，人民出版社1990年版，第503页。

⑤ 尹伊君：《文明进程中的法治与现代化》，载《法学研究》1999年第6期。

最为发展的同时也是无机的或僵死的形式，文明与文化呈现出本质上的区别，即"文化"是自然的、多样的、勃兴的，而"文明"则是人为的、理智的、僵死的①。

由此可见，尽管文明与文化有着错综复杂的紧密联系，但是二者之间却有着富有意义的显著区别。要正确认识文化的内涵，尤其是准确把握法律文化解释的进路，就必须寻求文明与文化相互区别的基础。

首先，从词源上来看，文化是一个派生于自然的概念，主要意指"人对自然的支配"；而文明则是一个来自公民的或社会的概念，因此主要被用来指社会对人的本能的制约，即"人对其自身的支配"。② 对自然的支配需要知识，因此文化的属性是知识的，其对应概念是蒙昧；对自身的支配需要秩序，因此文明的属性是秩序的，其对应概念是野蛮。尽管文明也必须建立在一定知识的基础上，但文明本身不是知识，而是人类运用知识所达致的某种特定状态。所以文明尽管离不开文化，但其本身并不是文化，而是文化存

---

① 斯宾格勒这样赞美文化："我看到的是一群伟大文化组成的戏剧，其中每一种文化都以原始的力量从它的土生土壤中勃兴起来，都在它们整个生活期中坚实地和那土生土壤联系着；每一种文化都把自己的影像印在它的材料，即它的人类身上；每一种文化各有自己的观念，自己的情欲，自己的生活、愿望和情感，自己的死亡。……这种文化是纯化了的生活精髓，它们和田野间的花儿一样无终极目的地生长着。它们和动植物一样属于歌德的活生生的自然，而不是属于牛顿的死板板的自然。"参见 ［德］奥斯瓦尔德·斯宾格勒：《西方的没落——世界历史的透视》（上册），齐世荣等译，商务印书馆1963年版，第39—54页。

② 美国社会学家巴斯等人就持有这种观点，但他们基于这种认识而把文化限定为技术方面，却是我不赞同的。参见 ［美］菲利普·巴格比：《文化：历史的投影》，夏克等译，上海人民出版社1987年版，第191页。

在、集合和汇聚的场所①，或者说是一定文化所凝聚而成的特定形态。

其次，既然文明的属性是秩序的，而人类社会的不断发展导致社会关系的日趋复杂，人类调控社会秩序的难度和强度也与日俱增，这使人类文明基于秩序整合的要求不断得以发展和推进。因此，文明是一个标志进步的目标性概念，"'文明'是指一个过程，至少是指一个过程的结果，它所指的是始终在运动，始终在'前进'的东西"②。由于文化的属性是知识的，而"在绝对的他在中的纯粹的自我认识……乃是科学或普遍性的知识的根据和基地"③，所以人类所理解的"时间和空间总有个'此时'和'此地'"④，"此时"与"此地"不同，所获知识也就有可能迥然有别，文化也就会呈现出多元性与多样性的特征。"这即是说，人类的文化需求是多样化的，而人类追求文明的天性和趋向是一致的。"⑤ 比如古代中国与古代罗马都有秩序整合的文明倾向，但二者调整秩序所运用的知识手段及其所体现的文化特性却有着显著不同：中国文明张扬"礼"的作用，罗马文明则青睐"法"的规范。

最后，不同的文明固然需要一定的文化作为基础，不同的文化

---

① 布罗代尔曾从马塞尔·莫斯那里借用"文化场"的说法，认为某些文化特征在特定场所的存在、集合和汇聚是构成某种文化的最起码表现。如果在地域的同一性之上再增加时间的稳定性，我们就能够把整个库存称作文明或文化。而所谓整个"库存"也就是已被确认的文明形式。参见［法］费尔南·布罗代尔：《资本主义论丛》，顾良、张慧君译，中央编译出版社1997年版，第153页。

② ［德］诺贝特·埃利亚斯：《文明的进程》（第一卷），王佩莉译，生活·读书·新知三联书店1998年版，第63页。

③ ［德］黑格尔：《精神现象学》（上卷），贺麟、王玖兴译，商务印书馆1997年版，第12页。

④ ［英］罗素：《人类的知识》，张金言译，商务印书馆1983年版，第12页。

⑤ 尹伊君：《文明进程中的法治与现代化》，载《法学研究》1999年第6期。

也固然依托不同的文明或者产生不同的文明，"但是建基于不同文化之上的文明却是可以互相借鉴、移植，而不丧失其功能效用的"①。"文明之间既有输出，又有借鉴"②，这在人类历史上虽不乏失败者，但亦有成功的典范。然而，文化却由于具有其所属不同国家和民族的特殊个性，因而是不可移植的，或者一经移植即丧失其原有的功效而成"逾淮之枳"③。所以，马克斯·韦伯在分析资本主义在中国为何遭受阻碍时颇有意味地指出，"虽然中国没有西方古代（直到帝制时期）、东方和中世纪共同的政治资本主义，但并非没有纯粹经济的资本主义"，因此"中国人有能力，甚至比日本人更有能力吸收在技术和经济方面都在近代文化领域中获得全面发展的资本主义"。韦伯这里指的资本主义显然是一种文明形态，在这个意义上他断言中国不可能达不到资本主义的要求。可是中国为什么"没有造就这样的资本主义"呢？韦伯从儒教与道教入手，全面分析了中国特有的文化特征，他认为正是这些文化特征阻碍了资本主义在中国的最终生成。④ 韦伯的这种分析的确颇具启发意义，尤其是日本、新加坡、韩国以及中国香港、澳门地区自近代以来学习西方先进的科学技术和管理经验，经过长时期的努力，终于建成了高度发达的资本主义文明，但同时却保留了浓厚的东方文化，这似乎为韦伯当年所作出的判断提供了一些适当的注脚。由此

---

① 尹伊君：《文明进程中的法治与现代化》，载《法学研究》1999年第6期。

② 〔法〕费尔南·布罗代尔：《资本主义论丛》，顾良、张慧君译，中央编译出版社1997年版，第154页。

③ 《晏子春秋·内篇杂下·第十》："橘生淮南则为橘，生于淮北则为枳。"

④ 关于韦伯的这种分析，详见〔德〕马克斯·韦伯：《儒教与道教》，王容芬译，商务印书馆1995年版。

可见，文明具有普适性，文化则属于一种"地方性知识"①。

这样看待文化与文明的关系，我们才能真正而有效地把握文化所特有的意蕴，从而为法律史解释提供一种独特的视角和崭新的研究进路。文明立场与文化判断的相互区别，将为文化研究减少甚至消除许多不必要的麻烦与不便，更为法律文化这一颇具争议的概念及其作为法律史解释的理论进路澄清是非、另辟蹊径。

这里必须指出的是，尽管泰勒的文化定义混淆了文化与文明的界限，后来受到了许许多多的指责和批判，其他形形色色的文化定义对其进行了或多或少的修正、补充和完善，但其将文化作为一种整体来看待的精神一直构成了考察、分析和研究文化现象的核心特征。而且，泰勒将文化作为人类学研究的对象这一立场也一直成为西方文化研究的主流。不仅如此，泰勒将文化作为一种"复合整体"看待的学术态度使得组成文化复合整体的单元或要素，诸如知识、信仰、艺术、法律、道德、风俗等，都可从文化这一复合整体中分解出来，从而导致大量带有附加词的文化概念的出现，如政治文化、宗教文化、法律文化等。这些概念尽管受到了一些学者的批评或质疑，但它们在相关专业领域的研究运用的确赋予了这些相应领域新的意蕴，并且拓宽了这些领域的学术视野。更具意味的是，由于泰勒的文化概念过于宽泛而繁杂，不利于深入推进一些专门领域的理论研究，因而许多学者开始把文化概念引入特有的专门领域之中，从而使一些带有附加词的文化概念具有了特别的理论分析功能。法律文化作为这样的概念之一，也颇受一些法学家的重视而被引入法律领域的研究之中。尤其是一些人类学者认为，"真正能够传播与演化的文化真正要素，乃是社会制度——即由一群能利用物质工具，而固定地生活于某一种环境中的人们所推行的一套有

---

① "地方性知识"是美国人类学家克利福德·吉尔茨所提出的一个具有文化解释意义的概念，详见 Clifford Geertz, *Local Knowledge*, Basic Books, 1983。

组织的风俗与活动的体系"，① 这为把法律制度视为一种文化并把文化解释的方法引入法律领域的做法提供了一条有效的学术路径。

美国学者 L. 弗里德曼在 1969 年第 6 期的《法律与社会评论》上最先提出"法律文化"的概念，他认为在一个充分发达的法律制度中文化因素指的是，"共同制约法律制度并且决定法律制度在整个社会文化中地位的价值与观念"。② 在弗里德曼看来，法律文化是用以"解决法律制度中的执行者与运用者（以及受害者的态度）的信念、情感与法律制度起作用的方式有密切的关系"③ 这一问题的，因此必须从培育出这种法律制度的传统和文化中得到解释。正是从这个角度，埃尔曼进一步认为，"无论是政治文化，还是法律文化都应被视作它们文化环境中的子系统"。④ 可见法律文化这一概念的提出，最初是为了对法律制度或者法律现象作出一种更为有效的解释，即一种文化学意义上的解释。这种解释更多地体现了一种法律研究的学术立场和学术方法，尽管其仍将法律文化视为文化整体的一个构成因素而有一种将法律文化作为学术论域和学术对象的倾向。在这个意义上，梁治平先生的阐释可谓深中肯綮，"法律的文化解释在引入一种新的分析方法的同时，也确立了一个新的对象。这里，方法只是研究者'主观地'加以运用的一套策略，对象却是研究者已经发现并且意欲给出解释的一个'客观地'存在的世界，它们性质不同，但又关系密切，以致可以借用一个词

---

① ［英］马林诺夫斯基：《文化论》，载《费孝通译文集》（上册），群言出版社 2002 年版，第 291 页。

② 转引自 ［美］H. W. 埃尔曼：《比较法律文化》，贺卫方、高鸿钧译，清华大学出版社 2002 年版，第 13 页。

③ 转引自 ［美］H. W. 埃尔曼：《比较法律文化》，贺卫方、高鸿钧译，清华大学出版社 2002 年版，第 14 页。

④ 转引自 ［美］H. W. 埃尔曼：《比较法律文化》，贺卫方、高鸿钧译，清华大学出版社 2002 年版，第 14—15 页。

来表达，那就是法律文化"。① 基于这种认识，梁治平先生在 20 世纪 80 年代中期就提出"用法律去阐明文化，用文化去阐明法律"② 的原则，为法律文化的研究开拓了崭新的理论进路。

（三）理论的进路：从文化解释到法律文化解释

的确，文化作为"最复杂的整体"，我们可以从不同的视角依次对其进行界定，也可以将各种不同的表述集合在一起予以其一个折中的定义。但问题是，不同的概念理解对学术研究具有不同的指引作用，"概念引导我们进行探索，概念表达我们的兴趣，指引我们的兴趣"③。那种大杂烩式的文化概念与理论方法将使我们无所适从而陷入困境之中。"折中的方法之所以自拆台脚，不攻自破，倒不是因为它只在一个方面有所用途，而是因为可派用场的地方太多。因此，必须加以选择。"④ 所以格尔茨赞同马克斯·韦伯的观点，认为"人是悬在由他自己所编织的意义之网中的动物"，而"所谓文化就是这样一些由人自己编织的意义之网，因此，对文化的分析不是一种寻求规律的实验科学，而是一种探求意义的解释科学"⑤。从这个角度来看，"作为由可以解释的记号构成的交叉作用的系统……文化不是一种引致社会事件、行为、制度或过程的力量（power）；它是一种风俗的情景，在其中社会事件、行为、制度或

---

① 梁治平编：《法律的文化解释》，生活·读书·新知三联书店 1994 年版，第 2 页。

② 梁治平：《比较法与比较文化》，载《读书》1985 年第 9 期。

③ ［英］维特根斯坦：《哲学研究》，陈嘉映译，上海人民出版社 2001 年版，第 235 页。

④ ［美］克利福德·格尔茨：《文化的解释》，韩莉译，译林出版社 1999 年版，第 5 页。

⑤ ［美］克利福德·格尔茨：《文化的解释》，韩莉译，译林出版社 1999 年版，第 5 页。

过程得到可被人理解的——也就是说，深的——描述"①。人类学、社会学使用文化概念不只是将不同的文化作为一些对象加以研究，更重要的是通过对不同文化的描述作出解释从而获得一种对不同文化的理解。而且，文化研究如果仅仅停留于一种对不同文化的民族志描述的基础上而裹步不前，也有违理论研究的基本目的。"任何一种社会学理论的任务都是要搞清一切可能存在的人类社会所共有的特征"②，而不是在一种浅层次描述的领域内搜寻一些逸闻趣事，或者罗列一些没有消化的特性。因此，理论的主要任务在于解释，"理论作为一种解释，其主要优点就在于，它能引导人们通向新的理解和知识。理论能提出新的关系或预见，而这些又有可能在新的研究中得到证实"③。唯有通过解释，我们才能透过纷繁复杂的不同文化现象获得对不同文化的意义理解，从而寻求人类社会的一些共同特征。

所以，笔者赞同格尔茨的看法，解释是文化最为基本也最为重要的学术功用。在文化研究上，"独白几乎没有价值"，"只有探讨才保有价值"。④ 文化分析首先是在研究者与研究对象之间的一种对话与交流，然后在此基础上对研究对象进行一种持续不断的探讨。在这里，文化分析作为一种解释性的理论方法，其目的并不在于追求结论或观点的客观一致，而"是（或者应该是）对意义的推测，估价这些推测，而后从较好的推测之中得出解释性结论"⑤。

---

① ［美］克利福德·格尔茨：《文化的解释》，韩莉译，译林出版社1999年版，第17—18页。

② ［德］诺贝特·埃利亚斯：《文明的进程》（第一卷），王佩莉译，生活·读书·新知三联书店1998年版，第8页。

③ ［美］C. 恩伯、M. 恩伯：《文化的差异——现代文化人类学通论》，杜杉杉译，辽宁人民出版社1988年版，第84—85页。

④ ［美］克利福德·格尔茨：《文化的解释》，韩莉译，译林出版社1999年版，第38页。

⑤ ［美］克利福德·格尔茨：《文化的解释》，韩莉译，译林出版社1999年版，第26页。

文化分析的解释性结论并不在于追求一种简单明了的价值判断，因为解释本身就是一种创造性活动。在这个意义上，诚如法国人类学家列维·斯特劳斯所言："科学说明不在于从繁到简，而在于用可理解性较高的复合物替换可理解性较低的复合物。"① 因此解释的力量正来源于这种可能性，即"用复杂但可以理解的内容取代复杂但无法理解的内容"②。文化分析正是通过以复杂的描述取代简单的描述，才使得其得出的解释性结论具有原生活力而不显得武断与生硬。文化解释的根本使命不在于一锤定音地回答我们那些最深刻的问题，而是使我们得以接近别人曾给出的回答，从而通过反复的对话和探讨以增强那些问题的可理解性。文化解释的意义探寻是一个持续而反复的过程，正是在这一过程中，我们得以不断接近孜孜以求的"真理"。

从解释性功用的角度看待文化，为法律文化这一颇显迷惑甚至混乱的概念提供了一条清晰而有效的理论进路。既然我们将文化理解为"从历史上留下来的存在于符号中的意义模式"③，同样我们也可以把法律文化看作这样一种具有解释性功用的意义模式，从而通过法律文化的解释使法律呈现出一个意义丰富的世界。"这一意义世界既可能蕴藏在法律之中，亦可能存在于法律之外……既可以是法律原本呈现出的意义，更重要的是解释者通过自我理解呈现出新的意义。"④ 当然，这一意义世界并不是一个可以经由人们任意解释或随意想象而编造的虚构幻想，解释的创造性活动必须在文化的意义之网内才可能有所作为，不同时空背景下的具体事实和知识

---

① ［法］列维·斯特劳斯：《野性的思维》，李幼蒸译，商务印书馆1987 年版，第 282 页。

② ［美］克利福德·格尔茨：《文化的解释》，韩莉译，译林出版社1999 年版，第 43 页。

③ ［美］克利福德·格尔茨：《文化的解释》，韩莉译，译林出版社1999 年版，第 109 页。

④ 尹伊君：《社会变迁的法律解释》，商务印书馆 2003 年版，第 118页。

往往也制约着解释者的创造性活动。因此，法律文化的解释总是一个解释者基于现实问题的思考而回到历史中去寻求意义世界，连通过去通往未来的双向、持续而反复的对话过程。法律文化的解释必须在文化的意义之网中寻求一个整体意义的世界，而不是支离破碎或者孤立地看待法律问题。法律作为文化意义之网的有机环节，不可能摆脱文化的整体环境。从时间维度来看，法律与文化传统相通；从空间维度来看，法律与政治、宗教、人口、贸易、风俗、习惯等因素相连。① 所以法律绝非立法者武断意志的产物，而是"由在内部默默起作用的力量形成的"②。法律文化的解释进路就是要探讨这些诸多因素所组成的意义之网，并就这些力量所赋予法律的意义世界寻求一种理解的基础。

因此，尽管我们可以从两个角度来认识和运用法律文化：一是把法律文化作为一种立场和方法；二是把法律文化作为一种论域和对象，亦即"作为方法意义上的法律文化和作为对象意义上的法律文化"。③ 但是笔者更倾向于把法律文化作为一种学术研究的立场与方法，这样才可以避免把法律文化"弄成"法律科学的一个分支而使其变得简化与浅薄。那种纯粹局限于对象研究的法律文化进路，"实际上是在研究法律中的文化，而不是文化中的法律"④，这只会在法律中寻找一些断砖残瓦般的文化因素，而不能透过文化现象的解释探求法律的真正精神，从而导致法律文化的狭隘适用而

---

① 孟德斯鸠认为，法律与国家的自然状态、政治所能容忍的自由程度、宗教、性癖、财富、人口、贸易、风俗、习惯等因素都有关系，应该从所有这些观点去考察法律。而且，他认为这些关系综合起来就构成"法的精神"。参见［法］孟德斯鸠：《论法的精神》（上册），张雁深译，商务印书馆 1963 年版，第 7 页。

② Friedrich Carl Von Savigny, On the Vocation of Our Age for Legislation and Jurisprudence, Littlewood & Co. Old Bailey, 1831, p. 30.

③ 刘作翔：《法律文化理论》，商务印书馆 1999 年版，第 67 页。

④ 魏宏：《法律的社会学分析》，山东人民出版社 2003 年版，第 203 页。

使其丧失应有的解释张力。

如前所述，通过法律史解释以探寻法律史的意义世界，乃是法律史研究的根本目的与最高境界。意义探求既是法律史研究的起点，也是法律史研究的终点或归宿，而其间解释则构成了法律史研究的最为基本也最为重要的主题。法律史的意义必须通过我们的解释才能呈现出来，才能对我们现在所面临的问题有所启示。正是法律史的这种意义探求，才使得法律史不只是过去曾经发生或者存在过的东西，而且它通过我们赋予其的意义仍然活跃于我们的现在。所以福柯总是非常睿智地追求撰写一部关于现在的历史而不是关于过去的历史①，这表明历史的意义通过我们的解释仍然呈现于并且影响着我们的现在。法律史解释的这种使命必须通过一些有效的学术路径予以推进，而文化所具有的解释功用与解释张力正好吻合了这一需要。文化作为人类社会自己编织的意义之网，它"不仅是我们赖以生活的一切，在很大程度上，它还是我们为之生活的一切"②，因此通过文化的解释，可以深化我们对于历史的意义世界的理解，而法律文化解释则为法律史研究提供了一种更为特别也更具效用的探求意义的理论进路。

三、法律文化解释的立场与方法

一般而言，立场是指认识和处理问题时所处的地位和所持的态度。而学术立场，大致是指学术研究在认识和处理问题时所坚持的出发点。出发点不同，决定了我们看待问题的态度、方法以及视域都会存在很大的差别，有时甚至会得出截然相反的结论。因此学术立场如何，实在关系着学术研究的结论是否具有有效性和生命力。既然立场是看待问题的态度，基于立场的不同，人们分析问题的方

① 参见［法］福柯：《规训与惩罚》，刘北成、杨远婴译，生活·读书·新知三联书店 1999 年版，第 33 页。

② ［英］特瑞·伊格尔顿：《文化的观念》，方杰译，南京大学出版社 2003 年版，第 151 页。

法也就有所差别。因此，立场与方法在通常情况下总是极相适应地联系在一起。法律文化作为法律史解释的学术立场，其与考据派或者实证主义法史学等的学术进路有着不同的旨趣和方法在这个意义上，作为一种方法的法律文化，是对作为一种立场的法律文化在法律史解释中的贯彻、延续、深化和具体运用。所以，作为一种方法的法律文化，就是要把作为一种立场的法律文化在法律史解释中通过一些有效的途径或进路得以贯彻。毫无疑问，我们生存于文化之中，文化的确是我们认识自己而必须努力揭开其面纱的一种对象。但由于"文化为人类社会所特有，文化借助语言这种认识工具，在集体的认知资本的基础上得到组织并具有组织作用"①，因而"文化的规则和规范生成一些社会过程，又在整体上再生成由这同一种文化所获得的社会复杂性"②。可见，文化不只是我们认知的对象，而且也是我们认识社会或者社会复杂性的一种不可或缺的重要途径。在这个意义上，"文化就不仅具有认识的维度，而且也是进行认识实践的认识机器"③，我们在确立文化作为一种认识对象的同时，事实上也就意味着我们把文化作为一种认识我们自己的立场与方法。法律文化也就在这个层面上获得了一种方法论的意义。

（一）法律文化解释的基本立场

1. 经验解释

法律文化解释首先意味着我们把法律看作是人类社会生活的组成部分，是人类生活经验的总结，其间贯穿着一种经验理解的精

---

① ［法］埃德加·莫兰：《方法：思想观念》，秦海鹰译，北京大学出版社 2002 年版，第 7 页。

② ［法］埃德加·莫兰：《方法：思想观念》，秦海鹰译，北京大学出版社 2002 年版，第 7 页。

③ ［法］埃德加·莫兰：《方法：思想观念》，秦海鹰译，北京大学出版社 2002 年版，第 8 页。

神。"吾人所有一切知识始于经验"①，而"任何经验都有自己的经验视域；任何经验都有其现实的、确定的知识取向（Kenntnis-nahme）的核心，有其直接由自身被给予的确定性内涵"②，因此要对我们所创造的知识以及在知识的基础上所建构起来的文化做出判断，我们就必须回到经验世界，而"回溯到经验世界就是回溯到'生活世界'，即回溯到这样一个世界，在其中我们总是已经在生活着，并且它为一切认识作用和一切科学规定提供了基础"③。在一定意义上，"文化是被社会（集团）的成员所掌握和共同拥有的，并且作为社会性的遗产而传给下一代的生活方式"④，理解文化必须从人类社会的生活经验出发。休谟作为一个彻底的经验主义者，一直捍卫经验与传统，反对以理性指导现代，"休谟拒绝构建未来乌托邦的玄理妙论，而是历史性地描述我们是什么，我们是如何发展到今天的"。⑤ 休谟主张，正义准则、法律秩序的准则，都是历史过程的产物、传统和经验的产物，普通法就是在人们长期经验生活的缝隙里成长起来的。休谟甚至认为，现代性是以它的理性遗弃的传统（事物）为基础的⑥，要真正理解法律，必须从经验分析出发，从传统出发，"如果不在传统中确定立场，就无所谓有或

---

① ［德］康德：《纯粹理性批判》，蓝公武译，商务印书馆1997年版，第29页。
② ［德］埃德蒙德·胡塞尔：《经验与判断》，邓晓芒、张廷国译，生活·读书·新知三联书店1999年版，第48页。
③ ［德］埃德蒙德·胡塞尔：《经验与判断》，邓晓芒、张廷国译，生活·读书·新知三联书店1999年版，第58页。
④ ［日］石川荣吉主编：《现代文化人类学》，周星等译，中国国际广播出版社1988年版，第5页。
⑤ ［英］韦恩·莫里森：《法理学——从古希腊到后现代》，李桂林等译，武汉大学出版社2003年版，第109页。
⑥ ［英］韦恩·莫里森：《法理学——从古希腊到后现代》，李桂林等译，武汉大学出版社2003年版，第136页。

者无，特定性与多样性、正义或不公，也将丧失有意义表达的根基"。① 在这个意义上，诚如哈贝马斯所言，"如果不把法律看作是经验性行动系统，哲学概念就始终是空的"②。所以，尽管呈现在我们面前的文化现象都负载着自身的文化逻辑，并且我们的学术研究也必须通过逻辑来论证，但终究"逻辑只能是观念本身的属性，在观念之前，逻辑只不过是一种没有意义或社会内容的尚未发展的力量而已"。③ 因此，尽管美国法官霍姆斯是一个十足的法律现实主义者，但他的这个论断却折射出文化经验解释的光辉。他认为，"法律的生命始终不是逻辑，而是经验"，因为"法律所体现的乃是一个民族经历的诸多世纪的发展历史，因此不能认为它只包括数学教科书中的规则和定理"。④ 所以，法律文化解释旨在了解不同时代、不同族群的独特生活经验，丰富我们关于人类社会普遍经验的认识，并为我们着手解决现在面临的问题以及未来将遇到的境况提供一种弥足珍贵的经验借鉴。

2. 同情理解

基于这种对人类社会生活的经验解释，法律文化解释可以有助于我们形成一种语境化的同情理解，从而对"生活于我们之前"和"生活于我们之外"的法律有着一种切合实际的认识。法国年鉴学派的一代宗师马克·布洛赫就曾深刻指出，只有"理解"才是历史研究的指路明灯，"'理解'一词既孕育着困难，又包含着

---

① ［英］韦恩·莫里森：《法理学——从古希腊到后现代》，李桂林等译，武汉大学出版社 2003 年版，第 136 页。

② ［德］哈贝马斯：《在事实与规范之间：关于法律和民主法治国的商谈理论》，童世骏译，生活·读书·新知三联书店 2003 年版，第 80 页。

③ ［美］马歇尔·萨林斯：《文化与实践理性》，赵丙祥译，上海人民出版社 2002 年版，第 268 页。

④ 转引自［美］E. 博登海默：《法理学：法律哲学与法律方法》，邓正来译，中国政法大学出版社 1999 年版，第 151 页。

希望，同时，又使人感到亲切"。① 理解之所以重要，是因为"世界是阐释性存在"②，世界通过我们的理解向我们呈现出多姿多彩的景象，而历史理解的基本功能可以使往昔的文化价值历久常新，从而丰富我们的内心世界③。任何一个特定的人群都有着自己的生活经验，而且这种经验一经在文化选择的基础上形成和发展起来，也就难以摆脱而去选择另外一种经验生活方式。因此，"任何一个文明和社会都只能以它自己的方式去经验世界，而这意味着它同时失去了以另外一种方式经验世界的可能性"。④ 这种经验的有限性需要我们"力求语境化地（设身处地地、历史地）理解任何一种相对长期存在的法律制度、规则的历史正当性和合理性"。⑤ 这样，我们才能对"生活于我们之前"和"生活于我们之外"的法律有着一种切合实际的认识，而不是仅凭我们的生活经验就对它们妄加揣测或非议。在这个意义上，"文化解释的主旨即是要尽可能摒去误解、曲解，深入古代人的世界去了解他们独特的经验，同时丰富我们关于人类普遍经验的认识"。⑥

---

① ［法］马克·布洛赫：《历史学家的技艺》，张和声、程郁译，上海社会科学院出版社 1992 年版，第 105 页。

② 雅斯贝尔斯认为这是尼采认识世界的一个基本论点，在尼采看来，没有彼岸性存在，我们必须取消在根本性世界与仅仅表现出来的世界之间的传统划分方法。参见 ［德］卡尔·雅斯贝尔斯：《尼采——其人其说》，鲁路译，社会科学文献出版社 2001 年版，第 305—352 页。

③ 法国历史学家亨利—伊雷内·马鲁认为历史认识通过理解实现了主观性与客观性的统一，从而不断向我们提供新的实在和再一次实际存在。参见 ［法］保罗·利科：《法国史学对史学理论的贡献》，王建华译，上海社会科学院出版社 1992 年版，第 43—53 页。

④ 梁治平编：《法律的文化解释》，生活·读书·新知三联书店 1994 年版，第 62 页。

⑤ 苏力：《语境论——一种法律制度研究的进路和方法》，载《中外法学》2000 年第 1 期。

⑥ 梁治平编：《法律的文化解释》，生活·读书·新知三联书店 1994 年版，第 63 页。

3. 相对合理

在一种经验解释和同情理解的基础上，法律文化解释可以使我们进一步坚持文化相对性原则，增强我们对异文化法律的认同感。由于我们生活经验的有限性，每个人都可能有意无意地接受了一套固有的价值观，因此，在看待其他人群的生活经验方式上要保持一种完全中立的态度几乎是不可能的。这就要求我们在经验解释和同情理解的过程中，始终坚持文化相对性原则，即"根据文化的自身标准来评判它"。① 事实上，我们在坚持文化相对性原则而承认任何一种文化的合理性与正当性的同时，也意味着我们是把它视为一个更大的文化或社会的一部分，甚至是整个人类文化或社会的一部分来看待的，这有助于我们加强对人类文化或人类社会的整体把握和普遍认识。因而，不同文化的对立恰恰通过相互映衬或对照而形成一种"文化认同"，从而铸就了人类整体文化的特性，同时也使其本身更具有一种独特的个性。在这个意义上，"西方文明中的认同在于自我与本我、文化与自然的对立。没有这个对立，就不可能有文化的特性，与其他存在样式相对立存在的特定样式，如特定的生活风格、礼仪、道德观等就不可能被构造出来，非文化的或者是没有被教化的或者是没有被文明化的就不可能作为识别范畴存在"②。法律文化解释正是力图通过"从对立到认同"的认知模式而对人类历史上以及当今世界上不同的法律作出一种相对合理的解释，从而为探求人类社会的普遍经验提供一种借鉴。

4. 开放心态

法律文化解释可以有助于我们将法律放置在社会和历史的特殊背景下进行一种整体性的考察，并将不同人群的法律都视为人类社会整体文化的一部分而赋予其特殊的意义，这对我们保持一种对待

---

① ［美］戴维·波普诺：《社会学》，李强等译，中国人民大学出版社1999年版，第77页。

② ［美］乔纳森·弗里德曼：《文化认同与全球性过程》，郭建如译，商务印书馆2003年版，第150—151页，注释1。

法律的开放心态具有不可或缺的意义。随着实证主义的研究方法蔚然成风，法律越来越被限制在一个比较狭窄的范围之内，法律史的解释视域日益脱离文化的整体框架而走向封闭。而法律文化解释却具有完全开放的性质，它把法律放置在社会或文化的整体架构中进行考察，充分调动各个学科门类的知识和方法，打破了传统学科分界的限制，不拘泥于单一的方法，也不为某一类素材所束缚。这样，"法学家以文化为参照而解释法律，不但可以丰富人们对法律的认知，而且也可以使法学家解释法律的内容不断深化"。① 不仅如此，由于文化相对主义的贯彻，法律文化解释可以有助于我们摆脱种族中心主义的思想窠臼，从而以一种开放的心态面对不同人群的法律制度，并进而对它们进行一种较为全面而客观的分析，为自己的法律理论与法律实践提供宝贵的借鉴。尤其是随着全球化浪潮的到来，保持这种看待不同法律的开放心态，特别显得重要。

5. 意义探求

法律文化解释不仅旨在考察法律的现实状态，更重要的是要追寻这些法律制度背后所体现或隐藏的意义。"文化领域是意义的领域"②，文化解释的任务旨在于揭示我们生活世界的意义。诚如奎因所言："有意义的事情不是去谈论，绝对地说一种理论的对象是什么，而是去谈论关于对象的某种理论如何在另一种理论中是可解释的或可重新解释的⋯⋯"③ 法律文化解释并非寻求一种理论对象或者客观规律，也不只是对一些法律现象作出一种表象上的"浅

---

① 谢晖：《法律的意义追问——诠释学视野中的法哲学》，商务印书馆2003年版，第296页。

② ［美］丹尼尔·贝尔：《资本主义文化矛盾》，赵一凡等译，生活·读书·新知三联书店1989年版，1978年再版序言，第30页。

③ 转引自［美］理查德·罗蒂：《哲学和自然之镜》，李幼蒸译，商务印书馆2003年版，第179页。

描"，更重要的在于透过这些现象作出一种意义上的"深描"，①或者说是在于把法律史放置在文化理论的意义之网内进行解释。最早使用"法律文化"这个概念的弗里德曼就曾认为，法律文化作为"公众对法律制度的了解、态度和举动模式"，是"法律行为从而产生"的深层次的原因。② 因此弗里德曼坚持认为："法律文化是指那些为某些公众或公众的某一部分所持有的针对法律和法律制度的观念、价值、期待和态度。"③ 这种概念的界定明显隐含着法律文化的解释功能，是把法律文化作为一种探寻法律或法律制度背后所隐藏之意义的立场或态度来看待的。法律文化解释正是从这样的一个角度来探寻法律对人类社会生活的意义，以及人类社会生活本身所赋予法律的内在逻辑，从而使法律在人类社会生活中的意义得以清晰地呈现出来。

（二）法律文化解释的分析方法

1. 法律文化解释的综合分析方法

法律文化解释旨在把法律看作文化的一个部分并通过文化进行解释。而"文化是一个连续统一体，是一系列事件的流程"，"决定文化的因素就存在于文化流程自身之中"，因此"从科学分析和科学解释的立场出发思考问题，就应当把文化当作自成一格的事物，当作基于其自身的公理和法则而运转，因而归根结底也只能根

---

① "浅描"、"深描"是美国文化人类学家格尔茨所借用的两个重要概念，他认为文化的解释理论正是一种探寻意义的"深描"。详见前引《文化的解释》，第一章。

② ［美］劳伦斯·M. 弗里德曼：《法律制度——从社会科学角度观察》，李琼英、林欣译，中国政法大学出版社 2004 年修订版，第 226 页。

③ ［美］劳伦斯·M. 弗里德曼：《法律文化的概念：一个答复》，沈明译，载［意］D. 奈尔肯编：《比较法律文化论》，高鸿钧等译，清华大学出版社 2003 年版，第 53 页。

据其自身的要素和发展来说明的一类事物和进程"。① 人类学家考察文化和社会，大都将其视为一个整体来看待，泰勒最初对文化一词所下的定义就隐含了这种整体性观念。文化是自成一格的事物，并不是"规范、价值观、活动、目标等事物的简单组合，而是由多元文化因素互相关联而形成的完整体系"，② 因而每种文化都有自己一定程度的一体化和统一性，它们依赖于一定的基础，按照一定的原则或系统组织起来。这种具有整体性的文化有着自己内在的结构，并不是各个部分的简单聚合，"整体并非仅是其所有的部分的总和，而是那些部分的独特的排列和内在关系，从而产生了一种新实体的结果"。③ 因此，"只有依据整个文化背景而不是某种抽象的绝对标准，方可理解行为和信仰的习惯方式"，④ 那种将文化有机体加以生硬割裂或者将视域仅局限于极为狭小的领域内的研究态度，是很难对事物有着全面而深入的认识的。法律文化的分析和解释，必须力图把法律放置在文化或社会的总体结构中加以考察。功能主义、结构主义以及文化生态论等，都把社会作为整体加以研究，而且认为这个整体不能变为仅仅是各个组成部分的总和。法律文化解释对这些分析方法的运用，当然严格遵循整体性原则。这种整体分析的优势在于，"它要求将法律'放回'社会、历史中去，把法律同其他社会现象联系起来进行研究"，⑤ 从而为法律研究提供了一个更为广阔的解释空间，使法律承载的政治意义、伦理意义以及人们赋予它的其他各种意义也都凸显出来，增强了法律史解释

---

① ［美］L. A. 怀特：《文化的科学——人类与文明研究》，沈原等译，山东人民出版社 1988 年版，序言第 2 页。

② ［美］S. 南达：《文化人类学》，刘燕鸣、韩养民编译，陕西人民出版社 1987 年版，第 48 页。

③ ［美］露丝·本尼迪克特：《文化模式》，王炜等译，生活·读书·新知三联书店 1988 年版，第 48 页。

④ ［美］罗伯特·F. 墨菲：《文化与社会人类学引论》，王卓君、吕迺基译，商务印书馆 1991 年版，第 11 页。

⑤ 尹伊君：《社会变迁的法律解释》，商务印书馆 2003 年版，第 27 页。

的有效性。

可见，法律文化作为法律史解释的立场和方法，必须从文化自身中寻求有效的解释进路。而文化所具有的整体性特征，使得文化解释一直致力于打破传统学科门类的限制，不为单一的方法以及单一的专门知识所拘束。"文化论应当包括比较社会学，统一所有社会科学，而充作其他一切日后所认为必需的猜想的基础"，① 故而法律文化解释必须综合运用诸多社会科学的理论、思想和观念：从传统的哲学、经济学、社会学、伦理学、人类学理论到新兴的哲学解释学、现象学、结构主义、符号学观念等②，有时甚至还得借助自然科学的既有成果。西方一些学者主张必须破除那些与法律本身相关的思想和行动的狭隘性和孤立性，否则，"我们法律概念的狭隘性不仅阻碍了我们对法律的视野，而且阻碍了我们对历史的视野"，③ 而且，"过于狭隘的法律观点妨碍了其他学科的学者（历史学家、政治学家、社会学家和哲学家）有效地研究法律"。④ 可以说，法律文化作为一种方法，其所采用的分析工具和解释方法具有很强的综合性，我们每多一种分析的工具和解释的方法，法律便会在我们面前多呈现出一层意义，我们的文化解释也就更具有有效性和说服力。因此，法律文化解释必须打破那种狭窄的学科视域，充分吸收其他学科领域，尤其是哲学、社会学和人类学的前沿成果，并运用它们的研究方法对法律作出一种具有整体性和综合性的研究。这样，在法律文化的解释视域里，"法学的研究不应当只是实在法或法律的研究，而应当是关于法的全方位、全过程、立体贯

---

① ［英］马林诺夫斯基：《文化论》，载《费孝通译文集》（上册），群言出版社 2002 年版，第 290 页。

② 详见胡旭晟：《"描述性的法史学"与"解释性的法史学"》，载胡旭晟：《法学：理想与批判》，湖南人民出版社 1999 年版，第 263 页。

③ ［美］哈罗德·J. 伯尔曼：《法律与革命——西方法律传统的形成》，贺卫方等译，中国大百科全书出版社 1993 年版，序言第Ⅲ页。

④ ［美］哈罗德·J. 伯尔曼：《法律与革命——西方法律传统的形成》，贺卫方等译，中国大百科全书出版社 1993 年版，序言第Ⅳ页。

通的研究"①。

如前所述，传统法史学的研究进路侧重于"还历史本来面目"的事实描述，大致包括三个方面：（1）对历代的法律制度事实的描述，如对成文规范或惯例的描述等；（2）对历代的法律制度的运作，如立法和执法活动过程的描述；（3）对历代法律制度、法律思想的实际功能和影响的描述。在此基础上，传统法史学还会借题发挥，基于"鉴古明今"的价值追求而进行一些所谓的"总结历史的经验教训"、"发掘历史文化遗产"、"取其精华、去其糟粕"的研究工作。② 因此，传统法史学的研究方法颇显单一，主要是整理和考证法律史料的事实描述性工作，以及在此基础上再做出一些价值判断。简言之，传统法史学的学术研究维度限于事实与价值，其研究方法则以史料考证为准绳。法律文化解释正是要突破传统法史学的事实描述与价值判断，而把法律放置在文化的意义之网中进行考察和解释。法律文化作为"一种集历史与现实、宏观与微观、静态与动态、观念与制度在内的宏观的整体性文化"③，其所具有的解释张力必将打破狭隘的学科划分与单一的研究方法，从而通过将跨学科的事实和建立在事实基础上的理论联系起来，实现知识的"统合"④，从而创造出一种共同的解释基础。

2. 法律文化解释的具体分析方法

（1）功能分析方法

功能分析方法的创始人是英国人类学家马林诺夫斯基，其中心

---

① 江山：《历史文化中的法学》，法律出版社 2003 年版，第 190 页。

② 参见范忠信：《法律史研究的"文化解释"使命》，载倪正茂主编：《批判与重建：中国法律史研究反拨》，法律出版社 2002 年版，第 292—297 页。

③ 刘作翔：《法律文化理论》，商务印书馆 1999 年版，第 2 页。

④ 美国哈佛大学昆虫学和动物学教授爱德华·O. 威尔逊引用威廉·休厄尔《归纳科学的哲学》一书中首次提出的"契合"概念，认为"契合"的根本旨趣即在于实现"知识的统合"。详见［美］爱德华·O. 威尔逊：《论契合：知识的统合》，田洺译，生活·读书·新知三联书店 2002 年版，第 8 页。

思想是文化为个体的需要服务。在功能学派看来，"文化是包括一套工具及一套风俗——人体的或心灵的习惯，它们都是直接地或间接地满足人类的需要"，① 因此文化解释除非"先对于某一文化加以功能的研究，否则在功能未解释及各要素间的关系未明了时，文化的形式亦无法明了"。② 基于这种信念，功能学派坚持文化要素的动态性质，并且主张文化研究必须注重于制度、风俗、工具以及思想的功能。马林诺夫斯基还从根本上区别了三种层次的需要。第一层指人的"最基本的生物学上的需要"，诸如对食物的需要或性满足的需要，这些需要对他们的生存是不可或缺的。第二层指社会需要，如合作与团结的需要。为了基本需要得到满足，这些社会需要不得不被满足。第三层指社会整合的需要。这类需要包括制度或传统，涉及有利于社会需要满足的那些行为模式的跨代传递。动物缺乏文化，因而它们不可能依靠第二层需要的满足以满足它们的最基本的需要。而人类因为有了文化，为了满足最基本的需要他们可以依靠第二层的需要，并且通过第三层的需要以保障基本需要得到真正的满足。③

法律作为功能学派所述的满足人类第三层需要的一种制度领域，其与人类社会的基本需要的确有着难以分割的联系。法律在很大程度上是为了回答人们的现实生活的需要，具有着满足人类社会欲求的重要功能。社会由个人组成，当一些或者许多个人的行动相关时，必将组成一定的社会系统。卢曼认为，"所有系统都存在于多维环境中，潜在地体现了系统将必须应付的无尽复杂性"，因而"社会系统必须发展出降低环境复杂性的机制，以免系统与其环境

① ［英］马林诺夫斯基：《文化论》，载《费孝通译文集》（上册），群言出版社 2002 年版，第 210 页。

② ［英］马林诺夫斯基：《文化论》，载《费孝通译文集》（上册），群言出版社 2002 年版，第 209—210 页。

③ ［英］帕特里克·贝尔特：《二十世纪的社会理论》，瞿铁鹏译，上海译文出版社 2002 年版，第 48—49 页。最为详细的论述参见马林诺夫斯基的《文化论》一书。

相混淆"，① 从而实现社会系统的调节与整合。在卢曼看来，这种社会整合机制必须将价值和个人整合进角色，进而整合成组织系统内部的程序，而法律正好是调动与调整个体扮演角色的功能机制。"所以，由于法律管理和调整人们参与角色和程序以及社会分化一定在角色层次发生，因而如果社会想要分化或进化，法律就是极为重要的子系统。"② 没有一个自主的法律系统承担起规定角色者的权利、义务和责任的功能，社会就不可能在复杂的多维环境中实现整合。因此，法律文化解释应该充分运用功能分析方法以审视法律与人类需要之间的关系，从而使法律与人类的现实生活更为贴近，而不是疏离或相隔得很远。

最初的功能分析方法由于具有把全部文化事项描述为有功能的那种倾向，而且由于马林诺夫斯基"所讲的人类欲求具有普遍性，他的理论并没有解释出文化的多样性"，③ 因而存在有相当大的缺陷并为后世所诟病。所以，出于结构主义与功能主义都具有的整体论倾向，后来的功能主义者（如拉德克利夫·布朗、塔科特·帕森斯、罗伯特·默顿、J. C. 亚历山大等）大都吸收了结构主义的丰富养料，使功能主义过去视文化为行动的外在环境的那种倾向发生了很大的转变。所以，在 J. C. 亚历山大这些新功能主义理论家看来，"文化环境必须在一种实体的意义中被想象成内在于行动者的组织化结构"。④ 这种态度有助于我们将法律视为文化环境的内在部分，从而寻求一种行动意义上的"活法"

---

① ［美］乔纳森·特纳：《社会学理论的结构》（第 6 版）（上），邱泽奇等译，华夏出版社 2001 年版，第 64 页。

② ［美］乔纳森·特纳：《社会学理论的结构》（第 6 版）（上），邱泽奇等译，华夏出版社 2001 年版，第 76 页。

③ ［美］S. 南达：《文化人类学》，刘燕鸣、韩养民编译，陕西人民出版社 1987 年版，第 28 页。

④ ［美］J. C. 亚历山大：《新功能主义及其后》，彭牧等译，译林出版社 2003 年版，第 267 页。

解释。

（2）结构分析方法

结构分析方法最初奠基于社会学大师孔德和迪尔凯姆所提出的整体论思想，他们强调，社会是一个独特的实体，即具有其自身复杂性的实体。因此，理解社会必须从社会整体出发，而不能仅把社会看作是追求个人利益的人们的单纯的集合体。① 后来一些人类学家把结构分析方法引进到人类学的研究之中，从而使功能主义人类学开始转向结构—功能主义人类学，文化观念与文化理论也随之发生变化。拉德克利夫·布朗认为马林诺夫斯基的功能分析方法是把文化与文化的传递看作是满足人类生物需要的依据，但事实上社会是一个不可还原的复杂整体，不可能援引较低层次的生物学机制就能充分得以说明。社会必须由社会的机制来说明，这就需要引进"结构"这个概念来阐明社会的整体特征。社会的结构不同，其所呈现出来的功能也不一样。拉德克利夫·布朗认为："结构这个概念是指在某个较大的统一体中，各个部分的配置或相互之间的组合。"② 要理解一个社会，就必须从这种结构出发来加以考察。在社会结构所包括的任何关系中都有一种期望，即一个人应遵守某些规则或行为模式，而制度就是这种被期望遵从的行为模式。所以，"通过那些用来规定处于各种关系中人的正常或被希望的行为的制度，就一定能描述社会结构。一个特定地区社会生活的结构特点，是由处于制度关系中的个人所有的那些代代相传的配置所组成的，而通过总体上构成社会生活的行动和相互行动可以发现该社会的制度关系"。③

---

① 详见［法］埃米尔·迪尔凯姆：《社会学方法的规则》，胡伟译，华夏出版社 1999 年版。

② ［英］拉德克利夫·布朗：《社会人类学方法》，夏建中译，华夏出版社 2002 年版，第 159 页。

③ ［英］拉德克利夫·布朗：《社会人类学方法》，夏建中译，华夏出版社 2002 年版，第 165 页。

法律作为制度的一种，也是社会结构中具体的个人应被期望遵守的行为模式。人们通过法律这种规则的指引，可以实现社会结构的合理配置。结构分析方法最显著的特点是它对整体、对总体的强调，"它不仅要解决某一系统内现象之间的相互关系，而且要找出各个系统、各个领域现象之间的关系，打破这些现象之间的绝对界限，使之成为一个统一的整体"①。整个社会生活由各个不同的系统组成，"每一系统构成了人类本性的一个方面基础之上的活动模式，但它在社会语境中以不同的方式发展，以满足社会的某种目标"②。法律作为建立在一种正义意识之上的目标系统，"将一种意志的外在联结直接转化为普遍有效的秩序，通过它，力量的个人空间就可以通过在与其他个人、事物的世界及集体的意志的关系中得到说明"③。因此，我们必须通过各个系统之间的关联，才能寻求法律在整个社会生活中是怎样发生作用的，并追溯法律在整个社会历史结构中的发展轨迹及其对社会生活所产生的影响。所以，法律文化解释应该对具有不同社会结构背景的法律保持一种整体分析，而不是支离破碎地去拼凑解释，因而结构分析方法也许具有不可或缺的意义。

（3）冲突分析方法

功能分析与结构分析注重从社会生活那些和谐、共识的方面出发来解释人类社会的法律及其历史，但冲突分析方法却认为分化、矛盾与冲突才是社会结构的内在方面，"冲突理论家突出社会中分化的重要性，拒绝接受功能主义对共识的强调"④。冲突理论最早

---

① 夏建中：《文化人类学理论学派——文化研究的历史》，中国人民大学出版社1997年版，第262页。

② ［德］韦尔海姆·狄尔泰：《人文科学导论》，赵稀方译，华夏出版社2004年版，第50页。

③ ［德］韦尔海姆·狄尔泰：《人文科学导论》，赵稀方译，华夏出版社2004年版，第53页。

④ ［英］安东尼·吉登斯：《社会学》（第四版），赵旭东等译，北京大学出版社2003年版，第23页。

发端于马克思，"马克思思想就是对资本主义社会的矛盾性和对抗性的解释"，"就是用某种方式力图说明这种对抗性是与资本主义的基本结构分不开的，同时也是历史发展的动力"。① 马克思的冲突理论倾向于强调不平等的经济基础，并由此出发致力于不可避免的革命性冲突的论证，因而主要集中在政治层面上的分析。而韦伯则"含蓄地批评了马克思的冲突理论，认为历史的发展是由具体的经验性条件决定的"②，从而使冲突理论更多注重社会与文化层面的分析，为文化冲突分析方法开辟了崭新的道路。③

任何一种文化，由于其所产生、存在和赖以发展的各种条件或者境遇不一，因而都具有不同于别种文化的鲜明个性。法律作为文化意义之网中的重要组成部分，自然会带有特定人群的独特经验而形成一种独特的文化精神。各种文化中所蕴含的价值观念存在很大的差异，各种法律中所秉持的文化精神也有着很大的不同。即使在同一文化类型内部，也还存在各种不同的亚文化类型或者不同的群体文化意识。文化冲突正是不同性质的文化类型之间的差异性的反映和体现。而法律在这种冲突中必将受到极大的碰撞与冲击，从而呈现出自身的鲜明特征，并通过冲突与交流而获得新的发展。因此，法律文化解释必须借助冲突分析方法，以期对社会变迁作出一种富有法律意义的阐释，并通过这种阐释寻求法律及其历史的发展轨迹。

费孝通先生在 20 世纪 40 年代曾就中国由传统社会向现代社会

---

① ［法］雷蒙·阿隆：《社会学主要思潮》，葛智强等译，华夏出版社2000 年版，第 95 页。

② ［美］乔纳森·特纳：《社会学理论的结构》（第 6 版）（上），邱泽奇等译，华夏出版社 2001 年版，第 164 页。

③ 尤其是韦伯三种理想类型，即法理型、传统型与魅力型的统治的划分和分析，充分展示了韦伯冲突理论的鲜明特征，限于篇幅，本文不予以展开。详见［德］马克斯·韦伯：《经济与社会》（上卷），林荣远译，商务印书馆 1998 年版，"第一部分　社会学范畴理论"中的"第三章　统治的类型"。

转变的过程中所面临的一系列文化冲突进行了探索。在他看来，中国的传统社会是一个礼俗社会，这是一个没有具体目的，只是因为在一起生长而发生的社会。而现代社会则是一个法理社会，这是一个为了要完成一件任务而结合的社会。礼俗社会是一个熟人的社会，我们在其中会得到随心所欲而不逾规矩的自由。这和法律所保障的自由是不同的，在这里规矩不是法律，规矩是"习"出来的礼俗。但现代社会是个陌生人组成的社会，各人不知道各人的底细，所以必须得依赖法律。在我们社会的急速变迁中，尤其是从乡土社会进入现代社会的过程中，我们在乡土社会中养成的生活方式处处产生了流弊，而法律也就在这种社会变迁过程中呈现出一种特别的意义。①费孝通先生的这种分析，可以说是运用冲突分析方法的典范。把传统社会定义为礼俗社会，把现代社会定义为法理社会，极大地凸显了二者之间的内在冲突，从而为分析中国社会的转型提供了一种极富意义的解释框架。

（4）符号分析方法

"符号互动主义起源于对语言和意义的关注"②，符号学宣称语言使我们成为具有自我意识的人，意识到我们自己所具有的独特个性，并能够像别人观察我们那样从外部认识自己。符号作为用来代表另外一种东西的某种东西，其背后所指称的对象与隐含的意义对我们认识事物有着特别重要的作用。文化符号论的方法"既把有关语言的理论作为模式，又将非语言的文化现象（习惯、印象、姿势等）作为分析对象"③，试图在各种各样的文化领域发挥自身的重要作用。

---

① 详见费孝通：《乡土中国　生育制度》，北京大学出版社 1998 年版，第 9—11 页。

② ［英］安东尼·吉登斯：《社会学》（第四版），赵旭东等译，北京大学出版社 2003 年版，第 24 页。

③ 关一敏：《文化符号论》，蒋松岩译，载［日］绫部恒雄主编：《文化人类学的十五种理论》，周星等译，贵州人民出版社 1988 年版，第 205 页。

格尔茨在《文化的解释》一书中所提出的"深描说"，其实质就旨在于通过对记号或符号所构成的交叉作用的系统制度进行解释，以揭示行动与文化之间的关系，并由此来解释行动的意义。在格尔茨看来，人的行为是具体的象征性行为、是文本的符号，因为人的本质就是象征性动物，人类通过象征性符号来积累经验、进行沟通，并代代相传。人类学家所要寻求的正是通过对这些象征性符号的解释以揭示出行动的意义。所以在这个意义上，格尔茨认为自己所主张的文化概念实质上就是一个符号学的概念。①

当然，语言作为人类交流的最重要的工具，其构成了符号最为主要也最为重要的组成部分。事实上，符号分析也是在语言分析的基础上扩展适用而发展起来的，因此语言分析无疑仍是符号分析的核心。正如一些学者所说，"语言的确不只是最重要的符号学系统，而且语言学的确是最高级的符号学科学：一切其他记号系统都以某种方式归结于语言，虽然每个系统都有其个性"②，"语言是人类精神所创化的最有意义、最伟大的事业——一个完成的形式，能表达一切可以交流的经验"③，因此透过语言的符号分析，我们不仅可以充分挖掘人类社会累积和留存的经验，而且可以有效阐明不同人群的行动意义，并为不同人群的文化经验交流搭建一个可以相互沟通的平台。

不同时期、不同人群的法律同样构成了一个可以解释的符号系统，尤其是大量的法律文本为我们进行法律史研究提供了最为基本的解释对象。法律史的法律文化解释，就是要透过这些符号系统去充分探寻其背后所蕴含的丰富意义，并从这种意义探寻中得出解释

---

① ［美］克利福德·格尔茨：《文化的解释》，韩莉译，译林出版社1999年版，"第一章　深描说：迈向文化的解释理论"。

② ［法］保罗·利科主编：《哲学主要趋向》，李幼蒸、徐奕春译，商务印书馆2004年版，第381页。

③ ［美］爱德华·萨丕尔：《语言论》，陆卓元译，商务印书馆2002年版，第197页。

性结论，而非对这些符号系统进行整理、编排与考证，然后揭示出一种没有意义的事实幻像或者标画出一幅没有实体的历史景观。梁治平先生曾在《法辨》一文中充分运用符号分析方法，把汉文的"法"字与拉丁文、英文等之中可译作"法"的词汇进行比较分析，并就中国古代文献里诸如"刑"、"律"等与"法"字相关的古字进行意义追究，从而对中国传统法律的基本特征以及对我们今天的影响，得出了一种与前贤、时彦不同的独到看法。① 而蔡枢衡先生则在更前时期充分吸收中国传统的训诂学、音韵学等知识方法，对中国刑法史进行了一番颇具符号学意蕴的分析和探索，其所得出的解释性结论往往出人意料，发前人之所未发，为中国法律史研究树立了新的典范。②

（5）比较分析方法

对文化和社会的研究，可以说就是比较的研究。古希腊哲学家所提出的大量命题，大都是从比较中得出来的。但真正将比较作为一种有意识的、系统的方法而大量应用于社会科学的研究，是在欧洲理性主义盛行和近代文化科学兴起之后。一般而言，通过对不同事物的比较研究，至少可以起到"拉开距离"和"辨析差异"的学术功效，"通过拉开距离，旧知可以得到重新审视，新知能够以其本来面目得到辨析"。③ 就法律的比较而言，"比较所导致的反躬自省能够促使对哪怕是单个法律制度的更为充分的理解"。④ 正是在这个意义上，比较法作为一种新兴的法律思维和科学方法从20世纪以来获得了长足的发展。

比较方法的运用对法律史的法律文化解释尤显重要。只有通过

---

① 详见梁治平：《法辨》，载《中国社会科学》1986年第4期。

② 详见蔡枢衡：《中国刑法史》，广西人民出版社1983年版。

③ ［美］根特·弗兰肯伯格：《批判性比较：重新思考比较法》，贺卫方、王文娟译，载梁治平编：《法律的文化解释》，生活·读书·新知三联书店1994年版，第175页。

④ 转引自［美］H. W. 埃尔曼：《比较法律文化》，贺卫方、高鸿钧译，清华大学出版社2002年版，第17页。

对不同人群的法律进行比较，我们才能认识和理解不同时期不同地方不同人群对待法律的不同态度，以及法律自身所具有的不同样态。因而，"比较乃是思维本身的一项特征，是人类认识和理解世界的基本手段"，[①] 法律文化解释必须通过比较方法的运用，深化我们对法律的认识。

比较方法的运用得以"类型"的划分为前提。而依据何种标准划分出不同的"类型"，往往带有一种认知上的前见。正是基于这种缺陷，比较法很容易陷入种族/文化中心主义的误区，诱使我们误把比较当作发现具体法律的途径。这种对比较法褊狭的、功利主义的认识，是对比较方法真正本质的误解。因此，法律的比较研究必须打破文化中心主义的前见和功利主义的偏见，摒弃分辨优劣和追求同一的拙劣目的，除去发现具体法律的冲动或兴趣。事实上，"比较乃是人们通过对研究对象外部具有同类属性的其他对象的观察而达至对研究对象新的认识的途径"。[②] 比较法承认差异，是在承认差异的基础上使不同人群的法律都能超越单纯的国内基础而成为我们研究的认知对象。在这个意义上，"比较法首先是法律科学的一种认知方法，而不是具体的发现法律的途径"。[③] 比较分析方法在法律文化研究中的运用，应该在这样一个角度以一种宽容、平和、开放的同情理解心态来看待不同时期不同地区不同人群的不同法律。

四、法律文化解释的缺陷及其克服

法律文化解释有着自己独特的理论进路和跨学科整合研究的优势，从而使自己的理论进路具有着自身的鲜明特性。但与此同时，

---

① 梁治平编：《法律的文化解释》，生活·读书·新知三联书店1994年版，第36页。

② 尹伊君：《社会变迁的法律解释》，商务印书馆2003年版，第23页。

③ ［德］K. 茨威格特、H. 克茨：《比较法总论》，潘汉典等译，贵州人民出版社1992年版，第82页。

其也存在相应的缺陷。这些缺陷如果不加以克服，将会使法律文化的研究进路多少失去些解释力，有时甚至会产生误导。尤其是中国近现代法律文化的转型，使我们深刻认识到克服法律文化解释的局限性是何等重要。

（一）具体缺陷及其克服

1. 判断前见及其克服

任何一个研究者都处于特定的经验生活方式中，经验生活的有限性决定了研究者在看待另外一些人群的经验生活时，往往带有自己经验生活的判断前见。而且，文化作为一种整体性的社会现象，更多地属于一种集体性的信仰、倾向、守则和价值观，单独的个人行为或个人现象也许可能与其吻合，也许可能与其背离，或者若即若离。因而，在"社会现象独立于个人的特殊现象"① 的情形下，研究者的解释也许是基于自身的感情或者个人的立场而作出的，这更加增添了文化解释上的个人成见。

法律文化解释同样带有研究者这种价值判断甚至事实描述上的前见。因此，克服法律文化解释方法的所有成见，当是运用这一方法的根本任务。笛卡尔的怀疑论、培根的偶像论都力图将以前所有的观念置于怀疑的地位，并通过一种科学的方法来考察和检验事物，这种怀疑主义的态度有助于我们排除常识导致的谬误和文化解释的前见。同时，排除文化解释的前见，研究者还应排除研究过程中的感情用事，学会用智力而不用感情去思考。"总之，感情可以作为科学的对象，但不能作为科学真理的标准。"② 此外，也许是最重要的，我们应将作为一种立场和方法的法律文化与作为一种论域和对象的法律文化联系起来，把基于立场和方法的法律文化解释

---

① 详见［法］埃米尔·迪尔凯姆：《社会学方法的规则》，胡伟译，华夏出版社 1999 年版，第 7 页。

② 详见［法］埃米尔·迪尔凯姆：《社会学方法的规则》，胡伟译，华夏出版社 1999 年版，第 28 页。

再放置到作为论域和对象的法律文化中加以检验与评价，然后再根据作为立场和方法的法律文化进行新一轮的修正解释，如此反复，一直到结论具有最大解释力或有效性。①

2. 类型局限及其克服

法律文化解释往往强调文化类型的划分，力图通过不同类型的比较以强调"差异最大化"或者寻求同一性。如果是强调"差异最大化"，就"容易将法律文化这个本来是构建出来的研究对象实体化，并根据这种实体化的差别势必从学理逻辑上得出中西法律文化完全无法沟通的结论"。② 而事实上，现实的法律文化总是一个流变的传统，不同的法律文化相互之间进行接触而相互产生影响也是司空见惯的事情，因而，"类型学的法律文化研究因此也势必难以回答法律文化的流变和变迁以及地域的差异"。③ 而且，类型学的法律文化尽管强调文化主体的立场、态度和观念，但同一文化中还存在亚文化、异端或小传统，也许研究者对文化类型的整体解释实际上压抑了甚至消解了亚文化、异端或小传统所具有的解释力或创造力。因而，这种文化的解释在另一层面又可能成为一种反文化的解释。④ 如果是追求同一性，到底又以什么作为标准，这很容易导致"种族/文化中心主义"。

法律文化解释要克服这些缺陷确非易事，这里的关键在于如何确立"可比较性"的标准。"比较作为一种理解的途径就指向不同

---

① 这是一种方法论与对象论之间的"循环解释"，与梁治平先生倡导的从文化的整体到部分，再从部分到整体的"循环解释"有着根本的区别。参见梁治平编：《法律的文化解释》，生活·读书·新知三联书店1994年版，第32页。

② 苏力：《法律文化类型学研究的一个评析》，载苏力：《阅读秩序》，山东教育出版社1999年版，第94页。

③ 苏力：《法律文化类型学研究的一个评析》，载苏力：《阅读秩序》，山东教育出版社1999年版，第94页。

④ 苏力：《法律文化类型学研究的一个评析》，载苏力：《阅读秩序》，山东教育出版社1999年版，第95页。

人类生活现实之间的转译。对'可比较性'问题的理论思考就是探讨这种转译活动的可能性、正当性和可接受性。"① 这可以从三个方面着手：一是功能与意义并重。功能分析有助于我们从人类的基本需要出发而寻求文化的同一性，意义探求则可以帮助我们认识不同人群的文化的差异性。二是文化与社会并重。"文化是代代相传的人们的整体生活方式"，"社会指共享文化的人的相互交流，而文化指这种交流的产物"，② 人们在交流中创造文化，而人类互动交流的形式又来自对文化的共享，这有助于我们充分有效地解释文化的传播及流变。三是"文化并置"③，即变我们不熟悉的文化为熟悉的文化，同时变我们熟悉的文化为陌生的文化。文化并置"力图使用大量来自异文化的事实作为探针，切入本国的特定事实，以获得本文化批评的效果"④，这有助于促使我们在本文化和异文化之间找到强有力的联系点，并促使我们对不同文化意义之网中的法律进行一种平等的分析和研究，从而在平等的交流与比较中获得对不同法律的合乎语境的认识，并通过这种认识获得文化自省。

3. "政治正确"及其克服

文化有可能成为我们研究运用中认识论或方法论的"政治正确"，从而沦为一种懒惰主义的解释借口。法律史的法律文化解释在具体运用过程中，也往往会成为我们解释的终极依据。我们往往可能在具体解释的过程中，凭借一种"为什么会这样，是因为文化的不同"的简单理由而敷衍了事，从而仅通过一种文化现象的

---

① 张旭东：《批评的踪迹：文化理论与文化批评：1985—2002》，生活·读书·新知三联书店 2003 年版，第 218 页。

② ［美］戴维·波普诺：《社会学》，李强等译，中国人民大学出版社 1999 年版，第 63 页。

③ 详见王铭铭：《社会人类学与中国研究》，生活·读书·新知三联书店 1997 年版，第 317 页。

④ ［美］乔治·E. 马尔库斯、米开尔·M. J. 费彻尔：《作为文化批评的人类学：一个人文学科的实验时代》，王铭铭、蓝达居译，生活·读书·新知三联书店 1998 年版，第 192—193 页。

"浅描"而取代了深层次的"深描",使我们的研究停留在一种表象上而缺乏一种深度。在这个层面上,"败坏文化的符号学探讨方法的最快方式莫过于放任它变成一种直觉主义和炼金术的结合物",这就需要我们"一方面抑制主观主义,另一方面抑制神秘主义,试图使符号形式的分析尽可能紧密地与具体的社会事件和场合,即普通生活的公众世界联系在一起,以那样一种方式组织这种分析以使理论公式和描述性解释之间的关系不致被诉诸尚未澄清的知识而弄得模糊不清"①。而且,这也需要我们正视法律文化的效用及其局限所在,它只是我们解释法律的一种方法而已,并不是包治百病的灵丹妙药。在学术研究中,任何一种理论进路都是有局限性的,超越了自己适用的范围也就会丧失自己的解释力。所以维特根斯坦认为利用任何理论命题作为梯级而超越了它们时,我们就会终于认识到它们是无意义的,因此我们必须超越这些命题,然后才会正确地看待世界,也就是我们在登上高处之后必须把梯子扔掉。② 法律文化作为法律史解释的理论进路,也应当如此。

(二) 个案分析:中国近现代法律文化的转型

的确,法律文化解释对我们中国的法学研究与法律实践有着不可忽视的重要作用:它既可以使我们对自己的法律文化传统有着一种比较清醒的认识,同时也可以使我们对西方的法律传统保持一种合乎语境的判断。但是,法律文化解释所存在的局限也是非常明显的,如果不努力加以克服,不仅会使我们的法律史解释面临窘境,而且也会对法律实践产生误导。中国近现代法律文化的转型,可以说为我们提供了不少的经验与教训。

中国的近现代化进程是在西方列强入侵的历史情境下被迫起步

---

① [美] 克利福德·格尔茨:《文化的解释》,韩莉译,译林出版社1999年版,第38页。

② 参见 [奥] 维特根斯坦:《逻辑哲学论》,贺绍甲译,商务印书馆2002年版,第105页。

的，可以说，这种起步从一开始就使"中国人所面临的亦非单纯的对传统的态度问题，而是面临着民族文化与西方文化双重夹迫下的痛苦选择"①。一方面，西方文化思想体系引入中国，与我们的传统文化形成了一种具有强烈反差的对照；另一方面，我们自己面临西方文化的冲击时，所作出的一种强烈的反应便是彻底否定和摒弃自己的传统文化，从而在文化样态的角度硬性地割断了穿越传统以走向现代化的纽带。这种文化类型局限的结果最终导致中国的近现代化进程一直处在民族文化与西方文化、传统与现代化的多重夹迫下而走向极端。无论是"西体中用"，还是"中体西用"，抑或"中西互为体用"等，大都停留在一种民族性与世界性之紧张关系的旋涡里难以自拔。于法律领域而言，其所遭受的命运在这样的社会状态和文化路向下，也就显得过于艰难而异常尴尬。一方面我们大量引进（甚至可以说是全盘搬用，即使是社会主义法律制度，最初也是搬用苏联的）西方的法律制度；另一方面我们不自觉地对中国的法律传统作一简单的否定和摒弃。传统被粗暴而武断地打倒，西方的法律制度和法治观念因为缺乏生长的土壤而难以扎根，社会的失序也就可想而知。即使是改革开放以来的法治建设与法学研究，也仍然缺乏一种具有主体意识的内在自觉与意义关怀。那么，我们是否可以通过法律史的法律文化解释，以对我们的法律传统作一番实质意义的同情性理解与考察？我们是否可以保持一种法律史的解释进路，从而确立一种探求法律史意义的历史主义研究范式？这些都需要我们跳出文化类型划分的局限，坚持一种真正的法律文化进路以寻求法律史的意义解释。"法的历史主义不是关于历史的知识，而是维护历史上存在的一个阶段，也就是说，拒绝在成文法中所承认的现代性"，② 这样的历史主义坚持一种文化解释的

① 启良：《新儒学批判》，生活·读书·新知三联书店1995年版，自序第1页。

② ［德］罗尔夫·克尼佩尔：《法律与历史——论〈德国民法典〉的形成与变迁》，朱岩译，法律出版社2003年版，第24—25页。

精神，摒弃文化类型的局限，是一种具有主体意识和内在自觉的能够自我反思并系统化的自我完善的思想大厦。抱着这样一种态度，我们就可以避免一些毫无意义的争论而冷静、务实地做一番深入的研究。

　　这种法律文化解释的态度并不意味着我们就要坚持狭隘的民族主义立场，并在此基础上形成文化判断的前见甚至偏见。其实，即使是 19 世纪历史法学抵制理性主义的普世要求而遭人非议的保守主义立场与民族主义态度最终也为萨维尼主张"逐步克服完全的门派之争"而抛弃，① 所以我们不妨以一种文化解释的历史主义的态度来审视和对待西方的法律传统。尤其是"在这种全球一体化的商品生产和货币经济中，民族特性意味着竞争劣势。商品生产与货币经济二者强烈地作用于民族国家法律的趋同和国际一体化，这种一体化在私法范围内已经广为发展"，② 那么我们的眼光更应该在文化的意义之网内兼收并蓄，博纳百川，并对西方的法律传统做一番系统化的全面梳理工作，甚至可以关注着一向不为我们关注（诸如非洲黑裔民族之类）的法律传统。

　　可惜的是，自清末以降，我们的法制变革一直处于传统与现代化、民族性与世界性的双重夹迫之中而难以摆脱西化或者本土化这样一些主张的思想束缚。尤其是在西方列强的武力征服和殖民统治的日益扩张和深入之下，"救亡图强"的民族主义情绪一直是法制变革的内在驱动力，甚至也是法制变革的最终目的，从而成为一种法学研究与法律实践的"政治正确"。基于这种民族主义情绪的张扬，法制变革往往成了一种应景之作，有时甚至要有洋人的支持才有可能启动法制变革。沈家本修律有着对中法、西法比较清醒的认识，曾经指出"当此法治时代，若但征之今而不考之古，但推崇

---

　　① ［德］罗尔夫·克尼佩尔：《法律与历史——论〈德国民法典〉的形成与变迁》，朱岩译，法律出版社 2003 年版，第 24 页。

　　② ［德］罗尔夫·克尼佩尔：《法律与历史——论〈德国民法典〉的形成与变迁》，朱岩译，法律出版社 2003 年版，第 11 页。

西法不探讨中法，则法学不全，又安能会而通之，以推行于世"，①同时亦主张"有志之士当讨究治道之原，旁考各国制度，观其会通，庶几采撷精华，稍有补于当世"，② 因而提出了"参考古今，博辑中外"③ 的修律指导思想。但是沈家本毕竟是一个深受中国传统法律影响的法学家和法制变革的先行者，在"救亡图强"的急迫背景下，尽管他认为"参酌各国法律，首重翻译"，"欲明西法之宗旨，必研究西人之学，尤必编译西人之书"，④ 并且主持翻译了几十种外国的法律法规和法学著作，然而满清政府摇摇欲坠的统治已没有充足的时间允许他详细考究西方的法律传统，因此他对西法的认识也就略嫌肤浅。民国政府时期的政制变革和法制改革同样存在清末修律时固有的"救亡图强"的民族主义情绪，即使那些"持自由观念的知识分子，可以抵抗公开的专制，但不能抵御民族主义情感的魅力"。⑤ 在这种民族主义情绪的驱动下，当时的知识分子都很容易向政治靠拢，患有一种"文人论政"的急切病症。尤其是那些海外留学生，他们把各时代、各国家、各派别的思想学说及其所拟制度带回中国，都迫切希望立即通过政制变革或者法制改革以实现强国梦想。这样，他们对西方的思想以及政治实践大都缺乏一种历史法学派的态度，既没有详细考察西方制度所依托的社会背景，也没有对中国自己的文化传统所造就的社会现实进行冷静而务实的考究。因此，无论是对西方文明的种种因素，还是对中国文化的传统精神，我们很难辨别何为精华何为糟粕，何是营养何是毒药。

时至今日，中国已经在社会制度的各个方面步入了现代化的进

---

① 《寄簃文存·卷六·薛大司寇辞稿序》。
② 《寄簃文存·卷六·政治类典序》。
③ 《寄簃文存·卷六·重刻明律序》。
④ 《寄簃文存·卷六·新译法规大全序》。
⑤ 邓丽兰：《域外观念与本土政制变迁——20 世纪二三十年代中国知识界的政制设计与参政》，中国人民大学出版社 2003 年版，第 327 页。

程，而加入世界贸易组织则标志着中国已经开始全方位地融入了经济全球化的浪潮之中。尤其是"一国两制"的施行，使我国呈现出多种法域并存的局面，在这多种法域之中，具有世界性影响的大陆法系与普通法系均存在于特别行政区之内，大陆则倾向于大陆法系传统的社会主义法律体系。因此，仅就法律文化现象而论，当今世界的主要法系汇集于一个国家的法律体系之中的宏伟奇观，必将为中国的法学研究与法律实践提供一个良好的契机，从而为21世纪中国法律文化的转型和法治的实现创造重要的前提条件。尽管文化与法律文化都具有一定语境下的特有意义，但法治作为人类社会的一种文明成果，却是可以普遍适用的。人类社会需要秩序，秩序的整合需要法律，因此任何社会都不可能脱离法律的约束，只是这些法律所呈现的状态也许在不同的社会可能有着不同的表现而已。但是，人类社会有了法律，并不意味着就有了法治，即使一个国家或民族有着自己的源远流长甚至博大精深的法律文化，但并不一定象征着其也就具有了法治。"法治不只是一种制度化模式或社会组织模式，而且也是一种理性精神和文化意识"①，良好的法治运行需要一种文化精神的支撑。

中国的传统法律文化法自君出，权尊于法，充满了专制主义色彩；引礼入法，礼法结合，礼的等差性与法的特权性双管齐下，共同推动国家机器的运转；天理、国法、人情相互沟通，"法情允协"、"执法原情"，往往以伦理亲情破法、坏法或乱法；家国同构、家族本位，严格维护家庭本位的社会结构；重公轻私，重刑轻民，以致刑与法同义，权利观念无从产生。② 所有这些，都与西方的法治观念和法治精神相去甚远。但同时法律作为一种"地方性知识"，中国的传统法律毫无疑义也反映和体现着自己的生活经

---

① 王人博、程燎原：《法治论》，山东人民出版社1998年第2版，第190页。

② 参见张晋藩主编：《中国法制史》，中国政法大学出版社1999年版，绪论。

验，有着其存在的合理性，而且其中的一些法律传统总是在文化精神的层面对我们不断产生或多或少、或深或浅的影响。在这个意义上，大陆、香港、澳门、台湾四个地区都深深地镶嵌在传统文化的精神底蕴之中，有着共同的文化之根。因此，"一国两制"的实施，其制度分治精神下的多种法域并存的格局，并不必然导致法治对抗，而且也正是这些相对独立的多种法域，它们在一定程度上的对立也许可以更好地相互对话、相互交流和相互沟通，从而在这一过程中达成一种法律文化的认同①。

纵观人类社会法律文化变迁的历史与现实，可以发现，一种新的法律文化的形成往往都是多种法律文化相互碰撞、相互融合而产生的结果。自清末以降，主宰世界法律文化潮流的两大法系——普通法系与日耳曼法系——均与中国发生了正面碰撞，并且留下了深刻的痕迹和深刻的影响。时至今日，香港的普通法系法域、台湾与澳门的大陆法系法域与大陆至今难以准确定性的社会主义法域并驾齐驱。如果我们抱着一种多元法律文化或者多元法律价值的博大胸怀，克服文化类型划分的局限，不以西化或本土化为基准而为文化前见或偏见所束缚，冷静、理智而务实地面对这三大法域作一番认真而全面的实质性研究，将多种法律文化的基本精神与各自的优势所在融会贯通起来，则21世纪中国法律文化的转型也许不会像20世纪那样充满悲伤与辛酸，并且也许会为世界法律文化的发展做出一种极富创造性意义的贡献。

五、结论

社会学法理学的创始人庞德认为，"法理学被认为是法律科学，但它却肯定不只是一门对法律律令进行条理化和系统化工作的

---

① 参见李交发等：《法治建设论——中国治国基本方略的理论思考》，湖南人民出版社1998年版，第330页。

学科"①，因此仅从法律本身出发对法律史进行解释，难免顾此失彼或捉襟见肘。庞德对法律史解释的方法——进行了分析和批判②，最后提出了一种社会工程解释的主张。庞德在详细考究了分析法学派、历史法学派与哲理法学派等 19 世纪若干法学派以后，颇具洞见地指出："19 世纪所有的法学派都受制于这样一种批判，即这些法学派都努力只根据法律本身且只从法律本身的方面出发建构一种法律科学。"③ 而"社会学法学家从功能的角度看待各种法理学方法"④，因此庞德创立的社会学法学派正是要"试图把分析、历史、哲学和社会学等方法统合起来并通过某种形式的社会哲学而把法理学与其他社会科学统合起来"⑤。庞德这种统合社会科学以图对法律史作出一种统合性解释，从而建立一种具有统合性分析特征的社会学法理学的真知灼见，引领了 20 世纪社会学法理学甚至综合法理学风起云涌的历史潮流，并使整个法学研究焕发着勃勃生

---

① 罗斯科·庞德：《法律史解释》，邓正来译，中国法制出版社 2002 年版，第 227 页。

② 在《法律史解释》一书中，庞德分析了伦理解释、宗教解释、政治解释、人种学解释和生物学解释、经济学解释、著名法律人的解释以及文明解释。在后来的五卷本《法理学》一书中，又增加了地理解释。庞德认为这七种解释法律史的方法大都是从历史的角度出发探究法律科学的方法。除前引《法律史解释》外，另可参见［美］罗斯科·庞德：《法理学》（第一卷），邓正来译，中国政法大学出版社 2004 年版，第五章。

③ ［美］罗斯科·庞德：《法理学》（第一卷），邓正来译，中国政法大学出版社 2004 年版，第 91 页。

④ 罗斯科·庞德：《法理学》（第一卷），邓正来译，中国政法大学出版社 2004 年版，第 91 页。

⑤ 邓正来：《社会学法理学中的"社会"神——庞德法律理论的研究和批判》，载《中外法学》2003 年第 3 期。

机。然而可惜的是，后来的社会学法理学以及法律社会学①的承继者的研究视域却日趋狭窄，大多没有跳出社会学的理论框架，统合社会科学的法律研究难以为继。尽管"从社会的角度思考问题，也就是用更加开阔的视野去观察，意味着对想象力的培养"②，但随着学科专业的日益细化，社会学的开阔视野也必将受到诸多限制，因而运用社会学单纯的理论与方法来分析和研究法律，也就难以跳出学科门类的窠臼。"普遍存在的学院科系的武断的专业化"③同样使社会学不能摆脱科层式的技术手段，从而使方法变成了僵硬的方法论。这样看来，法律史解释需要打破学科门类的专业限制，避免学科专业划分下的方法论的控制意识。我们必须"根据特定的问题，来对研究进行不同形式的专业化"④，这就需要不只属于某一学科门类的研究视角，而法律文化正好提供了这一视角所需的独特的理论进路。法律文化解释借助文化特有的解释功能，并将其具体运用到法律史的特有领域，力图透过文化现象以捕捉到法律及其历史对我们所具有的意义。它不仅打破了学科门类的专业划分及限制，更重要的是彻底改变了我们法律史研究的理论进路，使我们过去对法律史的研究旨趣由事实描述与价值判断而转向意义探求。

---

① 关于社会学法理学与法律社会学的区别，我们学界一般没有严格加以辨析，有些学者甚至将二者等同起来。其实，二者有着严格的区分。社会学法理学是把法律作为一种特殊的社会现象来理解，力图通过对某一社会现象的分析来理解法律的本质，因而属于法学学科的重要分支。而法律社会学则把法律作为社会控制的一种形式，试图通过对法律的研究来解释社会的本质，所以应属于社会学的一个分支。当然，由于二者都运用社会学的理论与方法进行研究，因此许多研究风格都颇为相似。

② ［英］安东尼·吉登斯：《社会学》（第四版），赵旭东等译，北京大学出版社 2003 年版，第 2 页。

③ ［美］C. 赖特·米尔斯：《社会学的想象力》，陈强、张永强译，生活·读书·新知三联书店 2001 年版，第 244 页。

④ ［美］C. 赖特·米尔斯：《社会学的想象力》，陈强、张永强译，生活·读书·新知三联书店 2001 年版，第 244 页。

这样的结果是大大拓宽了法律史研究的学术视野，使"学者们的兴趣从实体规范转向程序和过程，从法典转向审判，从表达转向实践，从大传统转向小传统，从意识形态转向日常生活，从国家转向社会"①，从而使跨学科的学术交流与合作不断得到加强，并在这一过程中不断深化我们对法律史的认识。

---

① 梁治平：《法律史的视界：方法、旨趣与范式》，载梁治平：《在边缘处思考》，法律出版社 2003 年版，第 241 页。

第二章　传统与法治*

　　中国的近现代化进程是在西方列强入侵的历史情境下被迫起步的，可以说，这种起步自一开始就缺乏一种内在的自觉。因而，一百余年以来，由于"中国人所面临的亦非单纯的对传统的态度问题，而是面临着民族文化与西方文化双重夹迫下的痛苦选择"①，这种内在自觉的缺失，导致中国的近现代化进程一直在民族文化与西方文化、传统与现代化的双重夹迫下走向极端。洋务运动与康梁变法在固守传统的立场上，企图通过物质技术的改进和法律制度的革新以实现富国强民，而五四运动一反传统，力图从思想文化的更新上取得突破，以此推进中国的现代化进程。这些运动最终未能成功，原因固然很多，但其中重要的一点则是对待文化发展路向的态度采取一种简单化的极端主义。这种极端主义态度既使我们对传统文化缺乏一种语境化的同情理解，也使我们在阐释和移植西方文化时发生一连串的"误读"或"歪译"，从而使江南之橘变成了逾淮之枳。而始自清末的法治建设进程，在这样的社会状态和文化路向下，也就显得过于艰难而异常尴尬。一方面我们大量引进（甚至可以说是全盘搬用，即使是社会主义法律制度，最初也是搬用苏联的）西方的法律制度；另一方面我们不自觉地对中国的法律传统作一简单的否定和摒弃。传统被粗暴而武断地打倒，西方的法律制度和法治观念因为缺乏生长的土壤而难以扎根，社会的失序也就可

---

　　* 本章曾以题《传统与法治——在梅因〈古代法〉上的展开》刊发于《湖南社会科学》2008 年第 5 期。

　　① 启良：《新儒学批判》，生活·读书·新知三联书店 1995 年版，自序第 1 页。

想而知。一个世纪以来的法治现代化进程向我们展示着一个深刻的道理，即我们必须对自己的传统作一冷静的审视、同情的理解和"创造性的转化"①，否则我们的法治建设将因缺乏基础性支撑而成为空中楼阁。而梅因的《古代法》在这一方面所作的论述和努力，的确为我们提供了一种穿透传统走向法治现代化的研究进路。

一、梅因古代法的分析思路

梅因对古代法的分析思路是颇具特色的，他首先从罗马法入手，指出了罗马法与英国法在起源上的差别，从而一步步深入揭示了传统与法治的紧张关系。

在梅因看来，"罗马法律学在理论上是来自一部法典，而英国法律在理论上则被认为是来自古代的不成文惯例，这是他们制度的发展和我们制度的发展之所以不同的主要原因"。② 由于罗马法律学在理论上被认为是来自一部法典，因而过于强调理论和逻辑的运用；而英国法律在理论上被认为是来自古代的不成文惯例，因而注重对具体案件的分析和解决，比较倾向于对经验的力量进行张扬。这在很大程度上导致了近现代大陆法系和英美法系的形成与分野。但我们必须注意，梅因所指的这种情况仅仅是"在理论上"，而"在事实上"，情况则并非如此。其实，就罗马法而言，在"十二表法"公布以前，即已存在许多法律现象并有相应的约束和规范。而且，由于这些法律现象在当时还仅停留在事实层面，"没有作为有意识观察的对象"，因而也几乎没有受到"道德或形而上学的概念的影响"，所以它们赖以保存的文件（如《荷马史诗》）远比后来编纂的文件（如《国法大全》）更为真实可贵。所以，梅因指出："如果我们能通过任何方法，断定法律概念的早期形式，这将对我们有无限的价值。这些基本观念对于法学家，真像原始地壳对

① 著名学者林毓生先生在这一方面颇多论述，参见其著作：《中国传统的创造性转化》，生活·读书·新知三联书店1988年版。
② ［英］梅因：《古代法》，沈景一译，商务印书馆1959年版，第1页。

于地质学家一样的可贵。这些观念中，可能含有法律在后来表现其自己的一切形式。我们的法律科学所以处于这样不能令人满意的状态，主要由于对于这些观念除了最最肤浅的研究之外，采取了一概加以拒绝的草率态度或偏见。"① 基于这种信念，梅因通过对遗嘱继承的早期史、财产的早期史、契约的早期史、侵权和犯罪的早期史进行原始历史性的分析和研究，大大拓宽了我们对于这些法律问题的早期历史认识，从而加深了对这些法律问题的真正理解和现实把握。

事实上，任何事物的生长过程都可能形成自己的传统，这种传统是事物内在发展规律的外在表现，也是认识和揭示事物本质及其走向的一种标识。而传统的形成是一个长期的、渐进的过程，我们唯有回到事物发展的原初状态才能真正揭示传统之所以得以形成的真正缘由。同时，人类社会的发展总是脱离不了自己的传统，总是在一定传统的基础上不断地演进和超越。从这层意义上来说，揭示传统就是要挖掘事物的起源，而事物的起源则不只意味着事物的来由，也展示着事物当前的面貌，更预测和规制着事物的发展方向和趋势，因而，起源也就是目的，而传统恰是其间重要的纽带和不可缺失的桥梁。梅因所谓"断定法律概念的早期形式"，正是在这个意义上显得"像原始地壳对于地质学家一样的可贵"。这种对法律制度的原始历史性分析，有助于我们充分认识法律的起源状态，准确把握当前的法律现象，并对今后的法律发展趋势作一大体预测。

当然，法律的生长过程是错综繁杂的，基于这一过程演变而成的法律传统也显得扑朔迷离。梅因紧紧把握住从习惯法到法典这一转换过程，从千千万万的法律现象中跳离出来，通过对这一转换过程的论述，充分阐明了传统在法律的历史发展中所起的重要作用。在梅因看来，习惯法阶段贵族阶层作为法律的受托人和执行人垄断了法律及法律知识，尤其是在文字尚未发明以前，这种垄断为习惯得以真实性的保留和以后法律的发展创造了良好的条件。但是由于

---

① ［英］梅因：《古代法》，沈景一译，商务印书馆1959年版，第2页。

文字的发明，贵族们滥用对于法律知识的独占权力已经"阻碍了当时在西方世界开始逐渐普遍的那些平民运动获得成功"，① 因而基于民主情绪的要求，法律开始逐渐法典化，用文字向全社会公布开来。这种法典（如十二表法）的公布赋予全社会最主要的好处就是"保护这些社会使它们不受有特权的寡头政治的欺诈，使国家制度不致自发地腐化和败坏"。② 而且，从习惯法向法典转化这一过程在古罗马衔接紧密，"一个特定社会从其初生时代和在其原始状态就已经采用的一些惯例，一般是一些在大体上最能适合于促进其物质和道德福利的惯例；如果它们能保持其完整性，以至新的社会需要培养出新的惯行，则这个社会几乎可以肯定是向上发展的"，③ "'罗马法典'只是把罗马人的现存习惯表述于文字中"，④ 因而其法典由于真实地再现了罗马早期社会的习惯，从而使自己获得了强大的生命力。这是西方法治和民主政治得以形成和发展的历史基础。

　　而在古东方，情形则与古罗马大不一样了。贵族阶层垄断了法律知识，并使法律长时期处于一种秘而不宣的神秘状态，尤其是"统治的贵族们逐渐倾向于变为宗教的而不是军事的或政治的，并因此不但不失去反而获得了权力"，⑤ 因而使得这些贵族可以利用垄断的法律知识进行法律汇编来欺骗世人，"而汇编中所包括的确

---

① ［英］梅因：《古代法》，沈景一译，商务印书馆 1959 年版，第 9 页。

② ［英］梅因：《古代法》，沈景一译，商务印书馆 1959 年版，第 11 页。

③ ［英］梅因：《古代法》，沈景一译，商务印书馆 1959 年版，第 11 页。

④ ［英］梅因：《古代法》，沈景一译，商务印书馆 1959 年版，第 11 页。

⑤ ［英］梅因：《古代法》，沈景一译，商务印书馆 1959 年版，第 10 页。

实已被遵守的规则，还不及祭司阶级认为应当被遵守的规则多"。① 也就是说，古东方的法律汇编或法典由于贵族阶层长期垄断法律知识这一历史现实，"在实体上面附加着残酷妄诞的巨大附着物"，② 没有很好地真实再现古东方早期社会的习惯，因而导致了古东方法律发展的道路与古罗马截然相反。这种状态不仅长期压制了人们的民主情绪，造成了专制精神的异常强大，而且也使法律一直沦为权力的奴婢，难以形成真正的法治传统。而且尤为值得重视的是，"亚细亚国家的地理构造促使各个社会比西方社会的面积更大，人口更多；根据公认的社会规律，一套特定制度传布的空间越广，它的韧性和活力也越大"，③ 因而古东方的专制制度一经确立，便根深蒂固而久为流传，直至今日法治观念与民主政治仍很难在东方国家扎根生长。

二、现代法治需要的传统

上面的解读还只是说明了传统与法治的形成有着紧张的关系，其实，这是一个不证自明的事实。任何法律制度的生成都必须依赖于特定的时空环境和文化传统，否则法治的形成将因缺乏基础性支持而绝无可能。对于中国的法治现代化来说，关键的问题不在于要不要传统，而在于如何理解传统，怎样阐释传统以使之切合现代社会的具体情境，或者说如何穿越传统以走向现代法治。这才是我们应该关注的焦点。

传统是什么？这绝不是一个能够简单化的问题，我们也不企望用一个一劳永逸的概念来机械地对待它。麦金太尔在《谁之正义？

---

① ［英］梅因：《古代法》，沈景一译，商务印书馆 1959 年版，第 10 页。

② ［英］梅因：《古代法》，沈景一译，商务印书馆 1959 年版，第 12 页。

③ ［英］梅因：《古代法》，沈景一译，商务印书馆 1959 年版，第 10 页。

何种合理性?》一书中详细地讨论了亚里士多德等四大西方传统，提出了一个有关传统的理论。但麦金太尔并没有给传统下一个定义。"他之所以不从定义下手，主要是由于他认为要了解到底什么构成一个传统，我们必须去研究一个一个的传统本身，在研究过这些传统之后，对于'传统'一词的意义也就自然有了了解。"① 麦金太尔的这种立场表明：（1）传统是具体的，要对它进行概念化的描述是非常困难的；（2）没有给传统下定义并不表示我们不了解它，更不意味着我们不能恰当地使用它；（3）要了解和使用传统，就必须得对一个个具体的传统本身进行分析。这种思路反对就传统只笼统地提出一些方法或命题，甚或是"大写的真理"，它试图对传统本身作一种"语境化"的分析。

以此来反观我们的法律理论研究与法治实践，我们当前存在的最大问题就是缺乏这种"语境化"的分析。一方面我们大力引进西方的法律思想与法律制度，并以此来衡量和评价我们过去长期存在的传统法律，结果断定我们的法律传统只是诸如专制的产物；另一方面引进的西方法律思想与法律制度由于不能获得本土资源的认同和支撑而失去其普适性，我们非但没有反思自己的传统本身，反去责怪西方的法律传统，犯了"自己糊里糊涂吃错了药，反说药出了问题"的毛病。因此，无论是对中国的法律传统，还是就西方的法律传统，我们都缺乏一种同情的理解和"语境化"的分析。这种以一种法律传统来评判另外一种法律传统的做法，使我们丧失了对两种法律传统各自特质的切实把握，同时也使我们丧失了理解和考察传统的学术自觉性，因而最终也无法理解我们当前的法律制度的创新和变革，当然也就难以把握法治现代化的发展方向和法治的未来。

---

① 石元康：《从中国文化到现代性：典范转移?》，生活·读书·新知三联书店 2000 年版，第 5 页。

"传统很明显的是一种具有承先启后的作用的东西"。① 正因为承先启后，所以传统总是一个流动的、发展的动态过程，也是一个开放的、整体的架构体系。正因为传统的流动性，所以传统不断得以发展；正由于传统的开放性，所以传统的内涵不断得以更新和予以扩展。这样来理解传统，不仅需要我们就具体的传统作"语境化"的分析，也要求我们对置身于自己之外的传统予以尊重。因此，对于一种相对长期存在并获得了特定时空环境条件下人们之认可的法律制度或法律规则，或者说人们自觉遵守的法律传统，我们必须"力求语境化地（设身处地地、历史地）理解任何一种相对长期存在的法律制度、规则的历史正当性和合理性"②。过去的法律传统在一定程度上符合当时特定的社会历史情境，我们当前已经摒弃了过去的一些传统，完全是因为我们是处在我们这个时代。但由于我们目前所乐于从事的工作，往往是对现在存在和在我们眼前活动的社会进行分析，故而我们最容易犯"六经注我"的错误，即"用某种大一统的思想尺度作武断的裁决"③。这种由于缺少历史基础的帮助而对传统的歪曲理解，梅因对其进行了尖锐的抨击："用我们自己时代的道德观念来评价其他时代的人们，其错误正如假定现代社会机器中的每一个轮子、每一只螺钉在较原始的社会中都有其相对物的那样错误。"④ 梅因通过对契约等法律现象的早期历史进行研究，发现早期的这些法律现象与我们今天的情形存在很大的差别。如果我们仅凭今天的情形就断定过去也一直如此，那就未免陷入僵化的机械主义的泥淖之中。同时，这种武断的态度也最

---

① 石元康：《从中国文化到现代性：典范转移?》，生活·读书·新知三联书店 2000 年版，第 6 页。

② 苏力：《语境论——一种法律制度研究的进路和方法》，载《中外法学》2000 年第 1 期。

③ 启良：《新儒学批判》，生活·读书·新知三联书店 1995 年版，第 1 页。

④ ［英］梅因：《古代法》，沈景一译，商务印书馆 1959 年版，第 175 页。

容易忽视我们过去的法律传统，凭着一时的激情和奇想对过去的历史作一种无端的揣度。

此外，自清末以降，西方文化尤其是西方的法律文化不断引入中国，这使中国的传统与现代化的关系更趋复杂。人们的头脑里常常有一思维上的死结，即一方面现代化需要创新，创新则必须突破传统；而另一方面现代化是我们自己的现代化，因此创新也就离不开传统，创新是在自己传统的基础上创新。这种思维死结往往将传统看作"吾家旧物"，视为一个静态的封闭的体系，将外来的传统拒绝于自己的传统之外。其实，世界各国各民族的文明史从来都不是在一种完全封闭的状态下演进和发展的，即使是古代中国，也曾深受佛教等外来文化传统的深刻影响。因此，传统从来不是一成不变的，它总是在多种文化的相互渗透和相互交融中不断脱胎换骨，没有多元文化的相互影响，传统的延续发展几乎是不可能的。可以说，我们当前的法治现代化进程在很大程度上是在拥抱西方的法律文化传统，但由于我们缺少对自己的法律文化传统的学术自觉性，缺乏一种法治现代化的主体意识，因而导致我们对西方的法律文化传统的认识有如隔雾看花，最终的结果就是不自觉地将两种法律文化传统对立起来，而不去追溯二者各自依赖的社会历史基础和特定的时空背景，不能从实质精神上将二者融会贯通起来，这是我国当前法学研究和法治实践最难克服的毛病。

三、现代法治的理性基础

根据韦伯的理论，现代化的法治只存在于法理型权威统治的社会，这一社会的合法性"依赖对理性根据的要求，对规范性规则模式的'正统性'以及在此规则之下被提拔到权威地位的那些人发布命令的权利的信任"①。简单地说，现代社会的合法性来自对理性法律的确认。韦伯认为现代社会经历了法理型权威的成长，这

----

① ［英］韦恩·莫里森：《法理学——从古希腊到后现代》，李桂林等译，武汉大学出版社 2003 年版，第 293 页。

种形式在现代西方社会中正逐步占据统治地位。

韦伯这种将现代化的法治建构在对理性法律确认的基础上的看法可谓是西方长期以来的文化传统，事实上古希腊的自然法思想之所以对罗马法学以及后世的资本主义法律产生了深远的影响，在很大程度上应归功于古希腊思想家一直将法律视为理性的表现这一命题。韦伯的贡献在于，他对理性与法律、理性与社会、理性与国家、理性与统治等关系问题进行了更为细致的分析，尤其是通过对三种"理想类型"权威的模式和四种社会行动的类型①进行研究，韦伯认为"现代社会似乎建立在其本身变得理性的权威的基础上；也就是说，它被理解为一种经过计算的社会构成形式，使社会或社会组织的功能统一成为可能"②。正因为法理型权威建立在理性的基础上，才使现代社会统治的合法性成为可能，现代化法治也在这个意义上才受到尊重和推崇。

为了论证现代化法治如何在理性的基础上获得了合法性与权威性，韦伯将理性法律划分为"工具理性"和"价值理性"两种理想类型。所谓"工具理性"，"是由于关于环境和人类的其他客观行动的期望所决定的行动；这些期望被用作获得活动者自己理性地追求和计算的目的的'条件'或'手段'"。③ 基于"工具理性"的要求，理性法律既要求法律概念、规则、原则和体系具有严密的逻辑自洽性，同时也需要司法程序的理性化，其根本目的就在于通过法律建构一种可预测性、可计算性的秩序状态，以"确保我们

---

① 三种"理想类型"权威的模式是指传统型权威模式、魅力型权威模式和法理型权威模式，详细分析见马克斯·韦伯：《经济与社会》，林荣远译，商务印书馆 1997 年版。四种社会行动的类型是指工具理性的、价值理性的、情绪理性的与传统理性的社会行动，详见马克斯·韦伯：《社会科学方法论》，杨富斌译，华夏出版社 1999 年版，第 59—62 页。

② ［英］韦恩·莫里森：《法理学——从古希腊到后现代》，李桂林等译，武汉大学出版社 2003 年版，第 293 页。

③ ［德］马克斯·韦伯：《社会科学方法论》，杨富斌译，华夏出版社 1999 年版，第 59 页。

能够预测服从要求和不服从要求的后果"①。所谓"价值理性",
是指"由对于某些伦理的、美学的、宗教的或其他行为方式有意
识的信念所决定的行动,它并不取决于它的成功的前景"。② 换句
话说,"价值理性"是一种基于主观评判而对某种终极价值的信
仰。基于"价值理性"的要求,理性法律被认为是从终极价值公
理中推导和演绎出来的,其概念、规则、原则和制度无非对价值公
理的基本原则进行阐释。韦伯通过对西方法律发展的历史传统进行
考察,认为罗马法的形式主义原则拓展了法律的工具理性,而中世
纪基督教所赋予法律的神圣性树立了法律的价值理性。可见,工具
理性关注的是实然意义上的法律,追问的是"法律是什么";而价
值理性关注的是应然意义上的法律,或者说是追寻法律背后的东
西,追问的是"法律应该是什么"。工具理性和价值理性的高度统
一和结合,便构成现代化法治所要求的理性法律的基础。

韦伯的这种思路很切合我们中国的传统和当前的现实。中国的
传统法律从来就极少关注理性,儒家也好,法家也罢,都将对法律
的需要建立在德性即人性善恶的基础上。儒家倡导性善,因而主张
德礼教化,而法律仅仅是统治的一种辅助手段,是对德礼教化无能
为力状态的一种纠正。法家力主性恶,认为人人皆有好恶趋利避害
之心,因而主张以刑赏二柄迎合此种人性心理。这种看待法律的态
度纯粹是一种出于对人的德性的经验判断,缺乏西方法律传统的理
性主义精神。在这样的态度下,法律也就纯粹被视为一种统治的手
段和工具,缺乏一种对终极价值公理的追问。故而,儒家为追求一
个善的世界重德而耻刑,"道之以政,齐之以刑,民免而无耻;道
之以德,齐之以礼,有耻且格",③ 从而陷入了道德理想主义的乌

---

① [英] 韦恩·莫里森:《法理学——从古希腊到后现代》,李桂林等
译,武汉大学出版社 2003 年版,第 294 页。
② [德] 马克斯·韦伯:《社会科学方法论》,杨富斌译,华夏出版社
1999 年版,第 59—60 页。
③ 《论语·为政》。

托邦。法家则针对人的"趋利避害"之心，极力鼓吹"缘法而治"①，"行刑重轻"②，认为"重刑连其罪，则民不敢试；民不敢试，故无刑也"③，"重一奸之罪，而止境内之邪，此所以为治也"④，充满了残酷的重刑主义色彩。这种发轫于对人的德性的经验判断的法律观念，只能发展成为一种统治运用的策略，成为一种运用刑罚手段进行有效控制的典型工具主义。所以韩非子为什么要那样不遗余力地去阐释法势术相结合的"治国方略"，我们也就有了一个比较清醒的认识。

正因为我们的传统法律缺乏像西方法律传统一样的理性基础的支持，所以到了近代它也就走进了死胡同。这样说是否意味着无法在中国的文化传统里演绎出符合现代化法治的理性精神来？如果是这样，引进西方法律的工具理性尚还好办（事实上自清末以降，我们一直都在做这个工作，尽管其间有所中断），而如何使西方法律的价值理性在中国扎根生长则似乎是一个巨大的难题。那么，缺乏价值理性支撑而徒有工具理性的法律是否能够构建成功现代化的法治，最终是否会蜕变成工具主义性质的法律？或者我们能否脱离西方法律传统的理性精神，依靠自己法律传统的创造性转化而向现代社会的法治转型？或者换种方式追问，我们能否通过对中国法律传统的工具主义态度进行一种现代化阐释，使之转化为一种工具理性，从而在这个基础上逐步树立起价值理性来？这些问题都不是三言两语就可简单回答的问题，它需要我们回归到自己的历史当中去追寻自己的文化传统。历史不仅反映着过去的传统，也累积着我们过去的智慧和教训，还潜在地展示着我们今后的发展方向，梅因的《古代法》也正是在这样一个意义上应该引起我们的注意和警醒。

美国的杰出律师约翰·梅西·赞恩以超常的素质撰写了一部

---

① 《商君书·君臣》。
② 《商君书·去强》。
③ 《商君书·赏刑》。
④ 《韩非子·六反》。

《法律的故事》，在书的末尾，他是这样向我们叙说的："法律的故事向我们揭示了这样一个事实：演变和改革是缓慢的、循序渐进的。个人的愿望，某一个人的理论对法律只能产生极小的影响，甚至根本产生不了什么影响，因为法律必须代表广大民众的理想和愿望。保留几百年前的某些标准，遵循祖先的某些习俗和传统，是理智的，也是必需的。更主要的是要改造这个世界，使其更好地造福于子孙后代。法律最偏爱的是正常的普通人。它还必须顺应那些已被证实了的原则，因为它担负着人道主义的重任。我们不能将人类本身的错误归罪于法律，它为我们提供了法则，让我们去公正、合理地援用它，当我们自己没有做到公正合理时，非但不自我反省，反而去指责它，而它却始终默默无语。"①

---

① ［美］约翰·梅西·赞恩：《法律的故事》，孙运申译，中国盲文出版社 2002 年版，第 436 页。

第三章 历史法学的使命

一、自然法思想的进步与局限

自然法思想一直是西方法律领域中的重要传统之一。这一传统自起源迄今，历经的变化与遭遇的命运可谓一言难尽。在古希腊和古罗马的法律理论中，自然法思想已经崭露头角，尤其是亚里士多德、斯多葛学派与西塞罗的倡导和阐述为此后自然法思想的发展厘定了基本的理论框架，并奠定了基本的理论方法。尽管后来的自然法思想在西方法律领域中风云变幻、派别林立、学说纷纭，但把法律视为理性的体现并在自然理性的基础上通过法律以实现社会正义的观念一直成为自然法思想的核心内容。随着十七八世纪古典自然法哲学以各种各样的形式在欧洲的盛行，法国 1789 年大革命将其推上了政治实践的顶峰，而美国独立革命则又在另外一种意义上回应着古典自然法思想的绝响余音。十七八世纪的古典自然法法学家坚持认为法律是理性的体现，"理性能够设计出普遍有效的法律制度的全部细节"①，并在此基础上对法律调整的某些原则和原理进行了详尽的阐释，从而为现代文明的法律秩序奠定了坚实的理论基础。尤其是基于自然法哲学的倡导而掀起的一场席卷当时整个欧洲的立法运动，对大陆法系的最终形成起着至关重要的作用。自然法思想的倡导者认为，通过运用理性的力量，人们能够发现一个理想的法律制度。因此，他们都力图系统地建构和规划出自然法的各种规则和原则，并将其全部纳入一部法典之中，从而启动了一场强有

---

① ［美］E. 博登海默：《法理学：法律哲学与法律方法》，邓正来译，中国政法大学出版社 1999 年版，第 63 页。

力的立法运动。

但是，自然法哲学在取得这些伟大的历史成就的同时，也面临着自身方法的局限和问题，"这些法律哲学家处理法律问题的那种有条有理的方法，却常常是以非历史的简单程式和任意的假设为其特点的"①。这些"自然法哲学家都把理性看作是鉴别何谓理想的和最完美的法律形式的指导"，"他们所关注的乃是法律的目的和意图，而不是它的历史和发展过程"②，因而他们往往无视法律的历史过程而专注于通过理性来建构法律领域的理论大厦。这样，自然法哲学家几乎"都是通过参照一种有关特定时空之社会秩序的理想图景以及一种根据该理想社会秩序而形成的有关法律目的的观念去评估各种情势和努力解决各种问题的"③。他们往往诉求于理性以营造法律的目的，围绕这些目的而规划法律领域的理想社会图景。他们总是试图在某些自由、平等和正义的原则的基础上建构一种普遍有效而充满智慧的法律秩序，并且宣称这些原则乃是自然理性的永恒要求。这些主张非常吻合资产阶级革命的时代背景和政治需求，而在拿破仑政权下通过的《法国民法典》无疑是这些主张的最集中表现。这些缺乏历史基础的主张随着法国大革命的反复以及整个欧洲革命的曲折发展进程，最终未能实现自然法哲学家已经着手力图以教条主义的方式实现的那些理想目的，而不得不满足一时或者部分的成果，这就为某种反对大革命所确立的理性主义前提的倾向的出现提供了现实的政治土壤。

二、历史法学的形成

最先对大革命的激进行为进行谴责和批判的学者当首推英国的

---

① ［美］E. 博登海默：《法理学：法律哲学与法律方法》，邓正来译，中国政法大学出版社 1999 年版，第 63 页。

② ［美］E. 博登海默：《法理学：法律哲学与法律方法》，邓正来译，中国政法大学出版社 1999 年版，第 87 页。

③ ［美］罗斯科·庞德：《法律史解释》，邓正来译，中国法制出版社 2002 年版，第 7 页。

埃德蒙·伯克，他在《法国大革命的反思》一书中强调了传统和渐进发展的价值，对大革命先驱者所倡导的非历史的理性主义进行了猛烈的抨击。他认为法国大革命对法国的政治和法律秩序所进行的变革是一种极为鲁莽的政治行动，并且坚持主张历史、习惯和宗教才是社会行动的真正指南。而在德国，人们对法国大革命的理性主义原则和世界主义倾向产生了更为强烈的抵制和反对，从而掀起了一场具有浪漫的、非理性的、鼓吹民族主义的性质的颇有影响的运动，并在文学、艺术以及政治理论等领域都得到了充分的表现。在法学领域，这场运动的代表就是以萨维尼为核心人物而久负盛名的历史法学派。

当 19 世纪初《法国民法典》伴随拿破仑的军旅征服欧洲大陆时，德国社会也响起一片仿效法国的立法呼声。1814 年，德国哲学法学派的领袖人物蒂博在爱国热情的鼓动下，奋笔疾书，十四天内写出了《论制定一部统一的德国民法典的必要性》一文，倡言依照《法国民法典》，在三四年的时间内，为德国制定一部民法典，并借由法制的统一，最终促成德国民族和国家的统一。蒂博设想由一个包括实务界人士和法学家们所共同组成的委员会来从事法典的制定工作。认为依凭"博学多识、事理通达"的法学家们的精心构制，一定可以为德国人民制定出一部永为垂范的德国民法典。可见，蒂博的设想深受自然法思想的影响，反映了其理性主义的哲学诉求，并迎合了当时德国所处的政治现实与社会环境，因而获得了激烈的反响与强劲的支持。而在萨维尼看来，当时的德国，主观上缺乏制定一部统一民法典的能力，客观上也没有为一部法典提供其生命力赖以依存的社会历史基础。为了对蒂博的观点进行反驳，萨维尼也于 1814 年发表了《论立法与法学的当代使命》，庞德称这本小册子"标志着历史法学派的诞生"①。正是在这本书中，萨维尼态度鲜明地对理性主义的立法观念进行了驳斥，同时从时间

---

① ［美］罗斯科·庞德：《法律史解释》，邓正来译，中国法制出版社 2002 年版，第 21 页。

的维度（即法律是一种发展的历史过程）和空间的维度（即法律总是体现了特定的民族的生活）对自己的立法主张进行了简明扼要的阐释。

在萨维尼看来，法律绝不是那种应当由立法者以专断刻意的方式制定的东西。他认为，法律只不过是特定地域人群的生存智慧与生活方式的规则形式，是那些内在的、默默起作用的力量的产物。它深深地根植于一个民族的历史之中，总是体现着特定民族的生活。"在人类信史展开的最为远古的时代，可以看出，法律已然秉有自身确定的特性，其为一定民族所特有，如同其语言、行为方式和基本的社会组织体制"①，因此就像一个民族的语言、构成和行为方式一样，法律首先是由一个民族的特性，亦即由"民族精神"② 决定的。萨维尼指出，每个民族都在自己的历史发展中逐渐形成了一些传统和习惯，而通过对这些传统和习惯的不断运用，它们逐渐地变成了法律规则。因此，只有对这些传统和习惯进行认真的研究，我们才能发现法律的真正内容。所以，在萨维尼的眼里，法律既不是专断的意志也不是理性刻意设计的产物，而是有着自己缓慢、渐进、有机发展的历史进程，"对于法律来说，一如语言，并无绝然继裂的时刻。"③ 同时，法律也不是孤立存在的，而是整个民族生活中的一种功能，因此"法律随着民族的成长而成长，随着民族的壮大而壮大，最后，随着民族对于其民族性的丧失而消

---

① ［德］弗里德里希·卡尔·冯·萨维尼：《论立法与法学的当代使命》，许章润译，中国法制出版社 2001 年版，第 7 页。

② "民族精神"一词在《论立法与法学的当代使命》一书中并未出现，而只有诸如民族的"共同信念"和"共同意识"之类的词汇。萨维尼直到晚年才真正使用"民族精神"这一概念，可见其已是萨维尼长期深思熟虑而坚持的一种学术立场。

③ ［德］弗里德里希·卡尔·冯·萨维尼：《论立法与法学的当代使命》，许章润译，中国法制出版社 2001 年版，第 9 页。

亡"。① 所以，他毅然断言："民族的共同意识乃是法律的特定居所。"② 萨维尼的学生普赫塔同意其导师的观点，并在此基础上进一步阐发历史法学的基本精神，而稍后英国的梅因与美国的卡特则在另外一种意义上继续推进了萨维尼这种解决法理学问题的历史研究进路，从而使历史法学几乎垄断了 19 世纪的整个法律领域。

至此，我们可以发现，历史法学的使命在于以历史主义的态度反对自然法学的理性主义诉求，同时又树立起民族主义的大旗以抵制自然法学的世界主义倾向。其在 19 世纪的崛起与在 20 世纪的衰落带给我们正面与反面的思考是极其深刻的，尤其对我们的法律实践与法学研究具有极其重要的启示。

三、历史法学的宗旨

任何事物都有着自己的生长和发展过程，法律也不例外。这一过程极有可能形成事物自身具有的传统，而这种传统是事物内在发展规律的外在表现，也是认识和揭示事物本质及其走向的一种标识。因此，采取一种历史主义的研究进路可以有助于我们把握事物发展的历史进程，并在其发展的不同历史阶段进行一种"历史逻辑连贯性"的动态考察，从而比较准确地发现和认识事物所具有的传统或本质。历史法学正是在这样一个意义上拓宽了法理学研究的学术视野，同时也真正奠定了法律史这门学科的学术地位。萨维尼及其历史法学派始终将法律视作一个历史上形成的文化现象，它萌生于特定民族的灵魂深处并在那里经过长期的历史进程而孕育成熟。基于这样一种观念，历史法学主张应对一个民族和国家历史上存在过的法律进行一种全面而深入的研究，循沿历史、体认、发现和重述特定的民族生活及其法律规则，追溯每一既定的法律制度直

---

① ［德］弗里德里希·卡尔·冯·萨维尼：《论立法与法学的当代使命》，许章润译，中国法制出版社 2001 年版，第 7 页。

② ［德］弗里德里希·卡尔·冯·萨维尼：《论立法与法学的当代使命》，许章润译，中国法制出版社 2001 年版，第 7 页。

至其起源，从而发现其根本的原理原则，体味其基本精神。这种研究进路尤为梅因所继承而发扬光大，他认为："如果我们能通过任何方法，断定法律概念的早期形式，这将对我们有无限的价值。这些基本观念对于法学家，真像原始地壳对于地质学家一样的可贵。"① 基于这种信念，梅因通过对遗嘱继承的早期史、财产的早期史、契约的早期史、侵权和犯罪的早期史进行原始历史性的分析和研究，大大拓宽了我们对于这些法律问题的早期历史认识，从而加深了我们对这些法律问题的真正理解和现实把握。

事实上，事物传统的形成是一个长期的、渐进的历史过程，我们唯有回到事物发展的原初状态才能真正揭示历史传统之所以得以形成的真正缘由。同时，人类社会的发展总是脱离不了自己的历史传统，总是在一定历史传统的基础上不断地演进和超越。从这层意义上来说，揭示传统就是要挖掘事物的起源，而事物的起源不只意味着事物的来由，也展示着事物当前的面貌，更预测和规制着事物的发展和趋势。梅因所谓"断定法律概念的早期形式"，正是在这个意义上显得"像原始地壳对于地质学家一样的可贵"。这种对法律制度的原始历史性分析，有助于我们充分认识法律的起源状态，准确把握当前的法律现象，并对今后的法律发展趋势作一大体预测。正是沿着这样一种思路，历史法学始终强调法学研究的首要任务应是对历史上的法律渊源的发掘和阐述，从而在历史法学派内部形成了强调罗马法是德国历史上最重要的法律渊源、主张对罗马法进行深入研究的罗马学派和认为体现德意志民族精神的是德国历史上的日耳曼习惯法、强调应加强对古代日耳曼法研究的日耳曼学派，并使罗马法与日耳曼法在 20 世纪施行的《德国民法典》中得到了充分的体现。

但与此同时，"由于萨维尼认为所有法律都是历史上生长的法

---

① 　[英] 梅因：《古代法》，沈景一译，商务印书馆 1959 年版，第 2 页。

律，所以他和历史法学派均回头将注意力放在历史发展中的法律上"①，并"认为所有在德国法律史上发生过作用的力量都应有同样的意义"②，这就使历史法学陷入了一种方法论意义上的尴尬境地。当时德意志并未真正实现统一，"帝国权力的分化和德意志地方邦国的强大决定性地促进了罗马法的继受"③，而"由日耳曼发展而来的立法形式已渐渐不能满足于时代的需要"，因此罗马法作为罗马帝国的法律在许多地区全盘地为许多法律领域所接受，可日耳曼法仍处于一种"前科学"状态，杂乱无序，零散多样。这样，历史法学要对自然法哲学的理性法进行抵制，必须依赖罗马法所提供的概念设置和思想方法才能把握困难的法律问题并合理地予以探讨、阐明，同时使之成为理智的讨论对象。所以尽管历史法学派反复强调习惯与习惯法的重要意义，但在实际研究中他们大多对体现于原初形式中的罗马法偏爱有加，而较少全力以赴研究日耳曼习惯法，即使偶尔涉入日耳曼法领域，其理论方法仍然脱离不了罗马法的思维窠臼。这就使萨维尼及其追随者产生了一种绝对非历史的观点，"即罗马人所创造的法律形式和制度当属于一种较高及较纯的概念——思想世界，并且具有永恒的效力"④。于是由历史法学派又逐渐产生了深受罗马法影响的法典编纂学派（以《学说汇纂》为理论指导的一个学派，又称为学说汇纂学派或潘德克顿学派），它把自己的任务仅仅限于对罗马法律材料的教条式系统整理。这种整理在很大程度上又回归到理性主义的怀抱之中，但由于历史法学过于强调历史过程而忽视理性因素，因此对这些原始材料的整理往

---

① ［德］K. 茨威格特、H. 克茨：《比较法总论》，潘汉典等译，贵州人民出版社 1992 年版，第 259 页。

② ［德］K. 茨威格特、H. 克茨：《比较法总论》，潘汉典等译，贵州人民出版社 1992 年版，第 260 页。

③ ［德］K. 茨威格特、H. 克茨：《比较法总论》，潘汉典等译，贵州人民出版社 1992 年版，第 250 页。

④ ［德］K. 茨威格特、H. 克茨：《比较法总论》，潘汉典等译，贵州人民出版社 1992 年版，第 260 页。

往不再一定要以基于所谓的理性为标准，而是直接见诸罗马法的规定。"在这种情况下，法律的适用就降为一种纯'技术'过程，一种只听从抽象概念那种臆想的逻辑必然性的计算过程，而对实际的理智、对社会的评价、对伦理的、宗教的、法律政策及国民经济的权衡斟酌则根本没有发生联系。"① 因而，学说汇纂学派基于历史主义的要求在罗马法的基础上实现了概念设定的精确无误和最佳选择，但"对于法律生活的真正力量并无认识，亦没有提出其原则在伦理、现实或社会权利方面的问题，所以它就颇有经院哲学的繁絮炫弄和法律游戏之嫌"②。历史法学由强调人类生活本身转而陷入概念法学的藩篱之中，由倡导历史主义而最终又回归到浸透了自然法精神的罗马法的框架里，并最终使《德国民法典》成为"最精确、最富有法律逻辑语言的私法典"与"优良的法律计算机"而独树一帜，正应了中国一句俗语——无心插柳柳成荫。这种高度抽象概括且系统化的《德国民法典》，使得"在德国，没有任何人会像法国、奥地利和瑞士人一样对他本国的法典怀有热情爱羡或心心相通的情感。即使是德国法律家以这部法典那无可否认的技术质量而感到骄傲，亦不过是一种冷漠的、几乎是迫不得已的承认而已"③，从而也大大影响了其被外国继受的程度（这也许恰好给历史法学倡导民族主义以抵制世界主义作了一个颇具意味的注脚）。

四、历史法学的民族主义立场

历史法学最遭人误解和非议之处即在于其所倡导的民族主义或民族精神。在萨维尼及历史法学派看来，法律是民族精神的体现，

---

① ［德］K. 茨威格特、H. 克茨：《比较法总论》，潘汉典等译，贵州人民出版社 1992 年版，第 261 页。

② ［德］K. 茨威格特、H. 克茨：《比较法总论》，潘汉典等译，贵州人民出版社 1992 年版，第 261—262 页。

③ ［德］K. 茨威格特、H. 克茨：《比较法总论》，潘汉典等译，贵州人民出版社 1992 年版，第 268—269 页。

是特定的民族生活的规则形式，因此，法律根源于民族的良知。在这里，"民族是一个文化概念，任何法典的编纂如果仅仅是复述已经存在的法律，那么这法典是无生机的，也是不必要的，如果它阻碍了法律从民族精神中自然滋长的过程的话，那么它是有害的"①，可见萨维尼及其追随者对民族精神的表述总是与历史主义紧密地联系在一起，其所强调的是把法律视为复杂的经验环境的结果，而不是从根本上不能更改的理性产物。正是基于这样一种历史逻辑起点，历史法学所树立起来的民族主义大旗就成功地抵制了仿效《法国民法典》的立法呼声，从而使德国法的法典化无疑被延续了。

这样看来，萨维尼及历史法学派无疑被视为保守主义的阵地，甚至被指斥为目光狭隘的民族主义分子，这与自然法哲学的普世主义情怀和世界主义倾向是大相径庭的。如果仅从萨维尼与蒂博之间关于民法法典化的论战中的只言片语来看，萨维尼的确通过主张"民族特性"及其他地方性而强调其历史法学派的纲领以抵制理性法的普世主义要求。在其著作中，萨维尼也的确推崇过日耳曼法律，并赞誉："日耳曼法律虽然不能作为学术论著的样板并且已经确实消失了，但却与我们有'直接的、深入大众的相互联系'，其在某一天很可能'被唤醒'。"② 但我们别忘了，萨维尼对此充满疑虑。"萨维尼从不怀疑的是，一部民族的法律只是学者的法律，通过罗马法的继受和再整理，也就是说必须从非民族决定的根源来发展民族法律。"③ 萨维尼甚至认为，法的"民族因素"在其封闭性中是"不完善的和局限的"，必须通过"承认无所不在的、完全

---

① ［美］艾伦·沃森：《民法法系的演变及形成》，李静冰、姚新华译，中国政法大学出版社 1992 年版，第 180 页。

② ［德］罗尔夫·克尼佩尔：《法律与历史——论〈德国民法典〉的形成与变迁》，朱岩译，法律出版社 2003 年版，第 23—11 页。

③ ［德］罗尔夫·克尼佩尔：《法律与历史——论〈德国民法典〉的形成与变迁》，朱岩译，法律出版社 2003 年版，第 24 页。

一致的人类的道德尊严和自由”加以填补和续写，并通过“贸易运输”等才能弥补民族国家法律的不足①。由此可见，萨维尼并不是一个目光狭隘的民族主义分子，其有着广阔的学术视野与学术胸怀，也许“民族精神”仅仅是其及历史法学派抵制理性法的普世主义要求的一种战略立场上的方法选择而已。而且，从萨维尼的学术研究路向来看，他研究的对象也主要是罗马法及其在欧洲的近代继受，明显贯穿着超民族与超国家的学术主题。其七卷本《中世纪罗马法史》与未竟长篇巨制八卷本《现代罗马法体系》，论域宏富，取材精当，视野磅礴，为后来的《德国民法典》甚至现代私法体系奠定了理论基础。所以，“德国在创建自己民族国家的法律时，更多取源于所继受的‘外来的’的罗马法，而不是自己历史上的法律制度”，② 其间也多半属于历史法学的杰出贡献。

　　萨维尼及历史法学这种民族主义立场与视界开放的学术胸怀形成了巨大的反差和矛盾，在 20 世纪以来民族性与世界性的紧张关系的宏观背景下再来反思这种矛盾现象，也许会带给我们一些富有深刻意味的启示。

---

① ［德］罗尔夫·克尼佩尔：《法律与历史——论〈德国民法典〉的形成与变迁》，朱岩译，法律出版社 2003 年版，第 11 页。

② ［美］哈罗德·J. 伯尔曼：《法律与革命——西方法律传统的形成》，贺卫方等译，中国大百科全书出版社 1993 年版，第 15 页。

第四章 福柯的惩罚思想及对法学的意义

20 世纪的西方思想界学派林立，异彩纷呈，社会理论发生了深刻的变化和转向。被誉为"20 世纪最后一位思想大师"的米歇尔·福柯，其学术风格明显有别于传统的思想先驱者。福柯（Michel Foucault）是法国著名思想家，生于 1926 年，早期就读于亨利第四公立中学（巴黎高等师范学校的预备学校之一）和巴黎高等师范学校，其间深受马克思主义、存在主义和后来结构主义的思想影响。巴黎高等师范学校毕业后，福柯在瑞典的乌普萨拉大学执教，随后又曾在华沙与汉堡的法语学院任院长，而后返回法国巴黎，开始发表一系列确立其学术地位的重要著作，如《疯癫与文明：古典时期的疯癫史》。不久以后，福柯离开法国去突尼斯大学执教，在 1968 年五月事件过后一年，又重返法国，在新建立的万森大学执教。1970 年，福柯成为法国学术象牙塔的典型——法兰西学院的思想系统史教授，开始了在法兰西学院的讲课，直到 1984 年因患艾滋病突然去世。

福柯的思想极富挑战性与反叛性，而且在饱含激情的行文里颇显清醒和冷酷。更耐人寻味的是，福柯的理论分析路径错综复杂，并且在有意停留于表面上的论述中取消了表面和深度之间的区别。福柯从不满足于探究现成的问题或已然取得的研究成果，总是独立进行研究，并通过历史阐述自己的哲学，从而将一个个具有冲击力的主题拓展到学术领域之中，带给学术界一种颠覆式的震动。仅从思想所受影响的痕迹来看，尼采、马克思、迪尔凯姆、弗洛伊德、阿尔都塞等思想家都对福柯产生了深刻的影响。在早期，由于得到哲学辅导老师、后来成为结构主义马克思主义主要代表的阿尔都塞的赏识，福柯开始对马克思主义学说和结构主义理论有所了解和研究，尤其是结构主义理论，基本上贯穿了其早期的全部著作，如《临床医学的诞生》（1963年）、《词与物》（1966年）、《知识考古学》（1969年）。这一时期，福柯致力于使用的考古学方法深深地扎根于法国结构主义思想之中。但是后来福柯发现了结构主义的缺陷，并与结构主义拉开了距离。尽管其后期作品仍在一定程度上留有结构主义的痕迹，但其采用的谱系学的哲学立场明显接近尼采的"虚无"主义。这一时期创作的《规训与惩罚》（1975年）、《性经验史》（1976—1984年）等，都可见尼采对福柯的影响之大。首先，福柯借用尼采的谱系学概念，使自己的历史学跟任何会混合过去、现在与未来的元叙事绝然对立；其次，像尼采一样，福柯提出了反本质主义的观点，着重于一种对表象的研究；最后，也最具典型意义的是，像尼采一样，福柯利用权力概念，并自始至终把这个起到双重作用的概念贯穿到其历史研究之中。

由此可见，福柯的这些著作，不是三言两语就可以说得清楚的。这不仅因为福柯研究的范围极为广泛，方法极为独特，而且还因为福柯坚持反本质主义的观点而反对笛卡尔以来的明晰表述的传统，故而在表达自己思想时采取的特殊的修辞风格也显得匠心独运。因此，"用一些容易理解的措辞加以诠释，出于实用目的挑选几句引文来说明他的观点，或者将他的论述转述成那些传统的关键概念，这些努力经常徒劳无功"。① 而且，"福柯具有不同于传统社会理论与历史学的议事议程"，② 因此某些用传统的标准评价其著作的批评往往在一定程度上都是一些外在的批评，不能击中其要害

---

① ［美］海登·怀特：《米歇尔·福柯》，载［英］约翰·斯特罗克编：《结构主义以来——从列维‑斯特劳斯到德里达》，渠东等译，辽宁教育出版社、牛津大学出版社1998年版，第83页。

② ［英］帕特里克·贝尔特：《二十世纪的社会理论》，瞿铁鹏译，上海译文出版社2002年版，第148页。

并公正地对待其著作。在本文中，笔者主要围绕福柯的《规训与惩罚》一书对其惩罚思想（严格来说是一种关于惩罚史的研究）予以梳理和概括，并试图从法学的角度对其所具有的意义进行探讨。

一、公开处决的潜在危险性

福柯在《规训与惩罚》一书的开头为我们展示了一次公开处决和一份作息时间表。公开处决展现了 18 世纪中叶因谋刺法国国王而被判处死刑的达米安被残酷处死的公共景观，而作息时间表则来自 19 世纪上半叶"巴黎少年犯监管所"的规章。福柯认为它们各自代表了一种惩罚方式，从二者的对比来看，整个惩罚体制发生了重大的变化：作为一种公共景观的酷刑消失了！福柯所要考虑的正是这样一种变化。

在福柯看来，古典时期①法律中的酷刑并不意味着古代或者中世纪宗教法庭某种残余或缺陷的延续或遗留，其在复杂的刑罚机制中占有明确的地位，并有着自己独特的权力关系。刑事司法程序的关键在于展示罪行真相，而在绝对君主制的古典时期，"在刑事案件中，确立事实真相是君主及其法官的绝对排他的权力"，② 国王希望通过公开处决的酷刑表明，"在君主的司法面前，一切人都必须鸦雀无声"。③ 因此在这种司法程序中，产生事实真相的机制主要包含两个因素：一个是由司法机关秘密进行的调查；另一个是被告的仪式行为。被告的肉体将这两种因素联结在一起，并充当了司法拷问和刑事逼供的指向对象。通过公开处决的残酷刑罚，犯罪真

---

① 福柯这里所谓的"古典时期"，不是指古希腊罗马时期的古典古代，而是指近代绝对君主制和法国大革命时期，大体上与西方文学史上所说的古典主义文学时期一致。

② ［法］米歇尔·福柯：《规训与惩罚》，刘北成、杨远婴译，生活·读书·新知三联书店 1999 年版，第 39 页。

③ ［法］米歇尔·福柯：《规训与惩罚》，刘北成、杨远婴译，生活·读书·新知三联书店 1999 年版，第 39 页。

相直接鲜明地表现出来。首先，无论犯人受到何种酷刑，他都要用肉体来承担他的罪行和对他施加的司法正义，从而使犯罪者成为自己罪行的宣告者；其次，公开处决的刑罚沿用、复活了忏悔的场面，能够具有一种充分的公开忏悔的效果；再次，公开处决可以与罪行本身联系起来，从而使得司法正义可以在公众面前重现犯罪，揭示其真相，最终使这种罪行与犯人同归于尽；最后，行刑的缓慢过程、突如其来的戏剧性时刻、犯人的哀号和痛苦可以成为司法仪式结束的最后证据。可见，公开处决的司法程序，"从司法拷问到处决执行，肉体一再产生或复制犯罪的真相"。① 所以，肉体在神圣的刑事程序中构成了一个基本因素，是以君主的绝对权力为中心安排的程序的合作者。

　　不仅如此，福柯认为，公开处决不能仅仅被理解为这样一种司法仪式，它也是一种政治仪式，归根结底属于一种展示权力的仪式。由于法律体现了君主的意志，法律的效力体现了君主的力量，因此犯人的罪行不仅是对直接受害者的侵犯，也是对君主人身和人格的冒犯。这样，"君主的干预并不是在两个敌对者之间进行的仲裁，也不只是强制人们尊重个人权利的行动，而是对冒犯他的人的一个直接回答"。② 换句话说，君主通过公开处决的刑罚对他个人所受到的冒犯进行报复，"惩罚权是君主对其敌人宣战权利的一个层面"。③ 因而，维持着公开处决和酷刑实践的是一种恐怖政策，即用罪犯的肉体来使所有的人意识到君主的无限存在，"公开的酷刑和处决的仪式，使所有的人都看到，使君主能实施法律的那种权

---

① ［法］米歇尔·福柯：《规训与惩罚》，刘北成、杨远婴译，生活·读书·新知三联书店1999年版，第51页。

② ［法］米歇尔·福柯：《规训与惩罚》，刘北成、杨远婴译，生活·读书·新知三联书店1999年版，第52页。

③ ［法］米歇尔·福柯：《规训与惩罚》，刘北成、杨远婴译，生活·读书·新知三联书店1999年版，第52页。

力关系"。① 所以，福柯一针见血地指出："公开处决并不是重建正义，而是重振权力。"②

可见，酷刑在古典时期的法律实践中之所以根深蒂固，是因为它能揭示真相和显示权力的运作。残暴是犯罪的组成要素，而惩罚则用酷刑进行回击。罪与罚通过残暴联系结合起来，犯人的肉体首当其冲必须向惩罚献祭。与此同时，"公开处决的目的是以儆效尤，不仅要使民众意识到最轻微的犯罪都可能受到惩罚，而且要用权力向罪人发泄怒火的场面唤起恐怖感"。③ 惩罚的效果不仅通过痛苦反击犯人而得以突出，而且通过恐怖规训民众而予以凸显。在这个意义上，惩罚本身也是一种特别的规训，一种通过公开处决仪式的规训。但正是公开处决的这种仪式，在显示君主威慑力量的同时，也带来了一个狂欢节的侧面：法律被颠覆，权威受嘲弄，罪犯变成英雄，荣辱颠倒。而且最重要的是，"民众在展示罪恶的恐怖和无敌的权力的仪式中感到自己比任何时候都更接近那些受到刑罚的人，而且与那些人一样，民众感到自己比任何时候都更严重地受到不受限制的合法暴力的威胁"。④ 在强大的君主权力和刑事机制面前，民众切实感到自己的渺小，因而团结一致便成了他们必然的选择。这种团结比君主权力更容易获得新的更大的力量。所以，作为最后手段的公开处决并不能吓倒民众，正如老子所云："民不畏死，奈何以死惧之?!"⑤ 很显然，统治者的惩罚大展示是冒着被民众拒斥、抵制和反抗的风险的，往往极易演变为民众动乱甚至民众

---

① ［法］米歇尔·福柯：《规训与惩罚》，刘北成、杨远婴译，生活·读书·新知三联书店1999年版，第54页。

② ［法］米歇尔·福柯：《规训与惩罚》，刘北成、杨远婴译，生活·读书·新知三联书店1999年版，第53页。

③ ［法］米歇尔·福柯：《规训与惩罚》，刘北成、杨远婴译，生活·读书·新知三联书店1999年版，第63页。

④ ［法］米歇尔·福柯：《规训与惩罚》，刘北成、杨远婴译，生活·读书·新知三联书店1999年版，第68页。

⑤ 《老子·七十四章》。

起义这些政治问题。在这里，公开处决暴露了它的专横、暴虐、报复心以及"用惩罚取乐的残忍"，因此它不仅在颠覆权力自身，而且也为国王暴力与民众暴力之间的较量提供了一个舞台，所以它非常具有危险性。这就需要一种重新安排惩罚权力的策略，以终止君主与犯人之间的实力较量，并使惩罚产生更稳定、更有效、更持久、更具体的效果。

二、刑事司法的人道转向

正因为公开处决仪式这种潜在的危险，18世纪的改革者认为，在这种危险的仪式化的暴力中，双方都超出了正当行使权力的范围，从而导致暴政面对着叛乱，二者互为因果。这是一种双重的危险。因此，刑事司法不应该报复，而只应该给予惩罚。而且基于"人性"的尊重，惩罚必须予以限制，酷刑必须得到排除。"我们向人的心灵作了调查，在那里，发现了君主惩罚犯罪的真正权利的基本起点"，① 因而严酷的刑罚"不但违背了开明理性所萌发的善良美德……也违背了公正和社会契约的本质"。② 在这里，"人是万物的尺度"③ 成了惩罚的基本法则，即惩罚必须以"人道"作为"尺度"。

在刑罚人道化主张的背后，有着深刻的社会背景。18世纪刑罚的放宽过程是一种双重运动，即犯罪的暴烈程度减弱了，惩罚也相应地不那么激烈。随着经济压力的变化，生活水准的普遍提升，人口的膨胀，财富和私有财产的增加，犯罪行为与非法活动开始发生变化和转向，一种从流血的犯罪向诈骗犯罪的转化，财产关系在司法和道德方面获得越来越高的关注和评价。因此，非法活动中的

---

① ［意］贝卡利亚：《论犯罪与刑罚》，黄风译，中国大百科全书出版社1993年版，第8页。

② ［意］贝卡利亚：《论犯罪与刑罚》，黄风译，中国大百科全书出版社1993年版，第11页。

③ 古希腊名人普罗泰戈拉的名言。

变化是与惩罚活动的扩展和改进相互关联的。福柯认为这个过程与改革者的批判话语有着一种明显的、具有重大意义的一致性。在改革者看来，传统司法中惩罚的过分性质与其说是惩罚权力的滥用造成的，不如说是与某种无规则状态联系在一起，如法官职位的化公为私、立法与司法不分、法外特权的存在等。这些无规则状态正是由于权力分布杂乱无章，权力集中于若干点上，从而造成了冲突和断裂的结果。这种权力功能失调与君主"至上权力"的体制密切相关，因为君权的绝对性往往导致司法程序听命于独断专行的权力，而不受制于一种普遍而稳定的规则。改革者的批判矛头直接指向君主的"至上权力"，其改革运动的真正目标就在于确立一种新的惩罚权力结构，使权力分布得更加合理，既不过分集中于若干有特权的点上，也不过分地分散成相互对立的机构。简而言之，就是要使对非法活动的惩罚和镇压变成一种有规则的功能。这就需要建构一种关于惩罚权力的新结构和新技术。

改革者的新策略极大地张扬了一般的契约论。按照这种理论，公民在一劳永逸地接受社会的各种法律时也接受了可能用于惩罚他的那种法律。罪犯破坏了契约，成了整个社会的敌人，也就必须接受施加于他的惩罚。这样，"惩罚权已经从君主的报复转为保卫社会了"，① 因而如何为惩罚权力确立一个适度的原则以防止其向君主那种可怕的"至上权力"回归，就显得异常必要。改革者扯起"人道"的幌子，力图使惩罚权力得到有效控制。在他们看来，人们不应从罪行的角度，而应从防止其重演的角度，来计算一种刑罚。人们需要考虑的不是过去的罪行，而是未来的混乱。人们所要达到的效果应该是使作恶者不可能再有重犯自己罪行的愿望，而且也不再有仿效者。总之，"惩罚应该是一种制造效果的艺术"，② 人

---

① ［法］米歇尔·福柯：《规训与惩罚》，刘北成、杨远婴译，生活·读书·新知三联书店 1999 年版，第 100 页。

② ［法］米歇尔·福柯：《规训与惩罚》，刘北成、杨远婴译，生活·读书·新知三联书店 1999 年版，第 103 页。

们不应用大量的刑罚来对付大量的犯罪，而应该按照犯罪的效果和刑罚的效果以使刑罚和犯罪相对称。所以，预防犯罪在改革者的眼里成了惩罚经济学的原则及惩罚的恰当比例的尺度，即在进行惩罚时应该使其正好足以防止罪行重演。这样，惩罚的机制就发生了变化。在过去使用公开酷刑和处决的刑罚中，惩罚是对犯罪的回答，既展示罪行，又展示制服罪行的君主权力。而现在，惩罚虽然必须归因于犯罪，但却是用最谨慎的方式和最大的节制方式来表示权力的干预。这种变化显示了"惩戒不再是一种展示的仪式，而是一种表示障碍的符号"。① 作为公共景观的酷刑消失了，展示君主权力的公开处决的仪式消失了，一种表示惩罚的符号却深深地铭刻在人们的脑海里，并在人们的精神中时刻"复活"，不断制造人们意欲从事犯罪和非法活动的心理障碍。改革者认为，他们通过这种惩罚符号的技术而赋予惩罚权力一种经济而有效的手段，这种手段可以适用于整个社会，能够把一切行为编成符码，从而控制整个弥散的非法活动领域。② 这种符号技术运用最少原则（刑罚与罪行大体相当）、侧面效果原则（刑罚应对没有犯罪的人造成最强烈的效果）、绝对确定原则（关于一种犯罪及其可能获得的好处的观念与关于一种特定的惩罚及其明确的伤害后果的观念相互联系）、详尽规定原则（所有犯罪都必须明确规定）等主要原则装备了新的惩罚权力机制，在其刑罚人道化的背后，是一种精心计算的惩罚权力经济学。这些原则引起了惩罚权力作用点的变化：肉体从过度痛苦和公开羞辱的仪式游戏中得以解脱，精神在表象和符号的游戏里为权力所俘虏。改革者为惩罚权力甚至统治权力终于开出一种通用的处方："权力以符号学为工具，把'精神'（头脑）当作可供铭写的物体表面；通过控制思想来征服肉体；把表象分析确定为肉体政

---

① ［法］米歇尔·福柯：《规训与惩罚》，刘北成、杨远婴译，生活·读书·新知三联书店 1999 年版，第 104 页。

② ［法］米歇尔·福柯：《规训与惩罚》，刘北成、杨远婴译，生活·读书·新知三联书店 1999 年版，第 104 页。

治学的一个原则，这种政治学比酷刑和处决的仪式解剖学要有效得多。"① 它作为景观、表象、符号和话语而无处不在，通过不断地对公民大脑反复灌输符码而运作，并通过在犯罪观念前设置障碍来消除犯罪。

与此同时，另一种惩罚策略——监禁的刑罚也潜移默化地扩展开来。起初，关于刑事监禁的观念受到了许多改革者的公开批判。因为它不能与罪行的特点相对应，不能对公众产生效果，不能对其进行有效监督，更重要的是，它是一种专制活动，是专制主义的一个形象和一种特权手段。但随后一些模范教养所、监禁所或者监狱②在实施惩罚的实践中，先后确立了教养原则、劳动原则、隔离原则等一系列机制，与改革者们所设想的各种惩罚之间，在了解人的途径、惩罚权力控制人的方法、实现改造的手段等方面有着全然不同的活动方式。在这里，刑罚的作用点不是表象，而是肉体、时间、日常行为态度，"这种惩罚干预不应基于一种表象艺术，而应基于一种有计划的对人的操纵"。③ 惩罚使用的手段不是被强化的和被传播的表象体系，而是被反复使用的强制方法，不是符号，而是活动：时间表、强制性运动、有规律的活动、隔离反省、集体劳动、保持沉默、专心致志、遵纪守法、良好的习惯。

至此，在 18 世纪晚期，人们面对着三种组织惩罚权力的方式：司法—政治的、符号—技术的、驯服—肉体的。它们分别对应着三个系列的因素：（1）君主及其威力、社会共同体、管理机构；（2）标志、符号、痕迹、仪式、表象、操作；（3）被消灭的敌人、处于恢复资格过程中的权利主体、受到直接强制的个人、受折磨的肉体、具有被操纵的表象的灵魂、被训练的肉体。这三个系列的因

---

① 〔法〕米歇尔·福柯：《规训与惩罚》，刘北成、杨远婴译，生活·读书·新知三联书店 1999 年版，第 113 页。

② 福柯认为这些教养所、监禁所或监狱等机构是后来监狱的"原型"。

③ 〔法〕米歇尔·福柯：《规训与惩罚》，刘北成、杨远婴译，生活·读书·新知三联书店 1999 年版，第 144 页。

素塑造了 18 世纪后半期鼎足而立的三种机制的形象。它们是惩罚权力动作的三种方式，是三种权力技术学。①

现在问题在于：为什么第三种方式最终被采纳了？惩罚权力的强制的、肉体性的、隔离的、隐秘的模式，为什么会取代表象的、戏剧性的、公开的、集体的模式？为什么体罚（不是酷刑）以监狱为制度依托，取代了惩罚符号的社会游戏和冗长的传播符号的节日？简而言之，监狱是怎样诞生的？这是福柯在《规训与惩罚》一书中需要解决的核心问题。

三、规训机制的诞生

福柯认为，在任何一个社会里，人体都受到极其严厉的权力的控制，人体是权力的对象和目标。惩罚权力的运作方式之所以得以改变，正是因为权力控制人体的方式发生了变化。在 17 世纪和 18 世纪，出现了主要围绕着肉体、个人的肉体的权力技术。通过这些程序，围绕这些个人的肉体和整个可视范围，人们保证了个人肉体的空间分布（他们的分离、他们的行列，把他们分类和进行监视）和组织。也正是通过这些技术，人们对肉体负起责任，通过锻炼、训练等，人们试图增强他们有用的力量。权力的合理化技术和严格的节约同样也以可能的最便宜的方式运转起来，借助于监视、等级、审查、诉状、报告的系统——这整个技术可以称为工作的纪律惩戒技术。② 福柯指出，纪律作为一种支配人体的技术，"其目标不是增加人体的技能，也不是强化对人体的征服，而是要建立一种关系，要通过这种机制本身使人体在变得更有用时也变得更顺从，或者因更顺从而变得更有用"③。因此，纪律就制造出驯服的、训

---

①　［法］米歇尔·福柯：《规训与惩罚》，刘北成、杨远婴译，生活·读书·新知三联书店 1999 年版，第 147 页。

②　［法］米歇尔·福柯：《必须保卫社会》，第 228 页。

③　［法］米歇尔·福柯：《规训与惩罚》，刘北成、杨远婴译，生活·读书·新知三联书店 1999 年版，第 156 页。

练有素的肉体，"驯顺的"肉体。在这种规训肉体的过程中，纪律通过层级监视的手段，使规训权力变成一种"内在"体系，并且完全控制和覆盖着整体，并从监督者和被监督者之间获得权力效应。不仅如此，纪律在相对封闭的规训系统的核心都有一个小型处罚机制，从而确立了一种"内部处罚"。这样，"纪律分割了法律所不染指的领域"①，因而其本身也带有一种特殊的惩罚方式，可以提供一种规范化裁决。而且更重要的是，纪律通过检查将层级监视与规范化裁决结合起来，从而确保了更为重大的规训功能。福柯在他的一系列著作和演讲中显示出，这些规训技术从 16 世纪以后逐步走出军营、学校、医院、作坊和修道院，推广到一切可以运用这些技术的地方。福柯特别以英国哲学家、法学家边沁提出的全景敞视监狱作为这种规训技术的最佳例证。在这种监狱设想里，每个被隔离的囚犯都处于中心瞭望塔上的监视者的视野之内，从而在其身上造成一种有意识的和持续的可见状态，促使其在监视者的权力威慑之下予以自我控制而变得规矩起来。在这样的机制里，权力运作呈现出自动化和非个性化的特征，"一种虚构的关系自动地产生出一种真实的征服"②。无须使用暴力，久而久之，罪犯习惯了这些规范化训练，就会变得驯服，就会按照权力的要求行为并实行自我制裁。这种全景敞视主义的规训机制逐渐扩展，遍布了整个社会机体，在福柯看来，一个"规训的社会"或者"监视的社会"就形成了。

特别值得注意的是，福柯认为在这样的规训社会里，权力也呈现出一种全景敞视方式，而且在纪律/规训机制的维持和保障下进行有效的运作。保障原则上平等的权利体系的一般法律形式，是由纪律的那些实质上不平等和不对称的微观权力系统维持的。全体人

---

① ［法］米歇尔·福柯：《规训与惩罚》，刘北成、杨远婴译，生活·读书·新知三联书店 1999 年版，第 202 页。

② ［法］米歇尔·福柯：《规训与惩罚》，刘北成、杨远婴译，生活·读书·新知三联书店 1999 年版，第 227 页。

民组成基本的主权权威的意愿虽然可以通过代议制政治直接或间接得以实现，但是提供征服各种力量和肉体的保障的是起基础作用的纪律。因而，"真实具体的纪律构成了形式上和法律上自由的基础"。① 全景敞视主义以具有普遍性的强制技术，继续在深层影响着社会的法律结构，并使高效率的权力机制对抗已获得的形式框架。这样看来，纪律似乎是在另一种范围内所构成的同类的法律，但福柯认为正好相反，"纪律应该被视为一种反法律（counter - law）"。② 这不仅因为纪律在个人之间造成的"私人"联系是一种强制关系，完全不同于契约关系；而且因为司法体系是根据一般的规范来确定司法对象，纪律却是对对象进行区分、归类并作出具体规定。福柯进一步认为，通过"以规范化为目的的纪律"系统，通过"纪律—规范化"系统，18 世纪所建立起来的这种新的权力，是一种生产性、创造性和知识性的权力。③ 这与传统的具有镇压性和消极性的权力形态有着很大的差别。这种新的权力通过知识的建构得以运转，凭着对专业知识的掌握和垄断日益向建立在法律基础上的权力进行挑战。随着纪律/规训方法的日益扩展，这种新的权力技术渗透到社会的所有角落，并从下面侵入了司法审问。这样，现在刑事司法的应用点也就随之发生变化，不再是与国王肉体相对立的罪犯肉体，也不再是一种理想契约的法律主体，而是受规训的个人。④ 这就使得"今天理想的刑罚目标应该是一种无限期的规

---

① ［法］米歇尔·福柯：《规训与惩罚》，刘北成、杨远婴译，生活·读书·新知三联书店 1999 年版，第 248 页。

② ［法］米歇尔·福柯：《规训与惩罚》，刘北成、杨远婴译，生活·读书·新知三联书店 1999 年版，第 249 页。

③ ［法］米歇尔·福柯：《不正常的人》，钱翰译，上海人民出版社 2003 年版，第 53 页。

④ ［法］米歇尔·福柯：《规训与惩罚》，刘北成、杨远婴译，生活·读书·新知三联书店 1999 年版，第 254 页。

训"。①

在福柯看来，正由于规训机制征服了法律制度，尽管司法仍被说成是"平等"的，法律机制仍被说成是"自治"的，但是它们却包含着规训征服的一切不对称性。这种状况就标志着监狱这种"文明社会的刑罚方式"的诞生。② 福柯的结论有些让人吃惊，而且令人难以理解。因为如果把监狱视为一种拘押形式，那么似乎很早就已存在，这并非在福柯所言的规训社会出现以后才诞生的。但我们别忘了，福柯所指的监狱并不仅指一种拘押场所（在福柯看来，这一点对于监狱的特征描述没有多大意义），监狱作为文明社会的刑罚方式，其最为显著的标志应在于"一种机构试图通过施加于人们肉体的精确压力来使他们变得驯顺和有用"。③ 从这个角度来说，监狱并不与新法典一起诞生，这种形式在刑法体系系统地使用它之前就存在了；但只有在规训机制征服了法律制度的那个重要时刻，它才可能获得现在这样的形式——一种对人的肉体的规范化训练的形式。所以，在这个意义上，监狱是规训的发展和普遍化的一种必然结果，其本身就是一种彻底的规训机构，一种"全面规训"的机构。

福柯这样来认识和分析监狱，可以有助于我们改变一些对监狱的传统看法。在这种视野里，监狱不只是一种实施制裁和惩罚的场所，因为这种规范化的训练能把对犯罪的惩罚变成对犯人的改造，使犯人有益于社会。监狱为了对犯人进行有效的规范化训练和改造，必须充分认识犯人，尤其应该充分认识犯人实施犯罪的生活背景，以此进行具有针对性的矫正。因此，法律上的司法判决针对着

---

① ［法］米歇尔·福柯：《规训与惩罚》，刘北成、杨远婴译，生活·读书·新知三联书店 1999 年版，第 254 页。

② ［法］米歇尔·福柯：《规训与惩罚》，刘北成、杨远婴译，生活·读书·新知三联书店 1999 年版，第 260 页。

③ ［法］米歇尔·福柯：《规训与惩罚》，刘北成、杨远婴译，生活·读书·新知三联书店 1999 年版，第 259 页。

的仅是一种犯罪行为，而监狱的惩罚技术则针对着犯罪者的生活。从这个意义上来说，真正的违法者并不是司法机关"发现"的，而是监狱"发现"的①。这样，监狱凭着这种"发现"生活的机制，进一步深深地嵌入了社会的机体之中。

与此同时，福柯认为在从公开处决到监狱刑罚的转变过程中，也产生了一种症状、一种象征：监狱并没有降低犯罪率，相反拘留却造成了累犯，蹲过监狱的人比以前更有可能重入监狱；监狱强加给囚犯的生存状态，必然制造出大量的过失犯，也鼓励了一种过失环境的形成，因为犯人在监狱的集结潜在地制造了一个社团，它可能成为"犯罪兵营"；获释犯人的处境必然使他们成为累犯，因为他们出狱后时时刻刻都受到警察的监视，难以找到工作，只得去流浪生活；监狱也把犯人家庭抛进贫困深渊从而制造了"过失犯"②，等等。总之，监狱的惩罚不是或不总是很成功的，存在许许多多的负面影响，尤其是制造了大量的"过失犯"。

如何理解这种监狱的"失败"？福柯作出了一种看似矛盾但却相辅相成的解释。在他看来，监狱及其一般的惩罚并不旨在消灭违法行为，而是旨在区分它们、分配它们、利用它们。监狱并不致力于使易于违法的人变得驯顺，而是倾向于把对法律的僭越吸收进一种一般的征服策略中。这样一来，监狱刑罚就成为一种操纵非法活动、规定宽容界限、有所放任又有所苛待、有所排斥又有所利用的方式，不再是简单地"遏制"非法活动，而是"区分"它们，给它们提供一种普遍的"经济机制"。③ 因此，如果从减少和消灭违法犯罪的功能来看，监狱的确在表面上"失败了"。然而，这种

———————

① ［法］米歇尔·福柯：《规训与惩罚》，刘北成、杨远婴译，生活·读书·新知三联书店 1999 年版，第 280—287 页。

② "过失犯"是福柯创造的一个具有专门意义的名词，专指因生活环境恶劣和性格缺陷而有犯罪倾向者。这与现代刑法的"过失犯"有着本质上的区别。

③ ［法］米歇尔·福柯：《规训与惩罚》，刘北成、杨远婴译，生活·读书·新知三联书店 1999 年版，第 307 页。

"失败"实际上并没有偏离监狱的目标，相反，却能达到目标，因为它能通过各种非法活动中"过失犯罪"这种特殊形式的暴露和分离，从而有助于确立一种公开的非法状态。这种状态在某种层次上具有不可简约的和秘密的使用价值。① 监狱刑罚制造了"过失犯"，过失犯罪成为警察监视的目标和工具，从而警察监视又给监狱提供了新的罪犯。警察—监狱—过失犯这种三位一体的组合，相辅相成，构成了一个永不中断的循环。不仅如此，在福柯看来，通过这种循环的逐渐扩展，监狱日益成为最极端的规训机构。它不断糅合社会各种机构的规训模式，扩大自己的数量和规模，从而把法律惩罚手段和规训机制统一起来。这样一来，禁闭、司法惩罚与各种规训机构之间的界限趋向于消失，趋向于构成一个宏大的"监狱连续统一体"。这个大"监狱网"越出监狱有形的高墙，包容了遍及整个社会的所有规训机制。通过这个"监狱网络"或"监狱群岛"，监狱把惩罚程序变成一种教养技术的有机体制，并从刑罚机构扩散到了整个社会机体。学校、工厂、救济院、医院、住宅区、慈善团体等社会规训机构日益与监狱连接和沟通起来，在规训技术的基础上寻求惩罚功能的共相；"监狱"及其广泛的网络允许募用重要"过失犯"，犯罪在愈益强化的监视下通过规训强制的积累而产生；通过社会各层面的运作，通过不断将矫正艺术与惩罚权力混合，"监狱"不仅使技术性规训权力"合法化"，也使合法的惩罚权力"自然化"；规训权力日益渗入惩罚领域，促成了一种新形式的"法律"——专业性的规范的出现，从而使司法权力的运作越来越受到专业知识的牵制和影响，甚至在一定程度上这些专业知识的拥有者就是司法裁决的法官……所有这些，都是"监狱网络"或"监狱体制"日益社会化的结果和政策要求，"监狱"正通过这些政策要求形成一种新的"权力—知识"型的规训机制。随着规训网络的日益发展，它们与刑法机构的交流日益扩大，它们获

① ［法］米歇尔·福柯：《规训与惩罚》，刘北成、杨远婴译，生活·读书·新知三联书店1999年版，第312页。

得愈益重要的权力，司法功能愈益大规模地转交给它们。因此，"监狱之城"的原型不是作为权力之源的国王人身，也不是启蒙思想家所谓的契约式的意志聚合，而是一种对各种性质与各种层面的因素的战略分配，这就使形形色色的技术性规训权力与"监狱"机制紧密地联系在一起。它们同监狱一样，都往往行使着一种致力于规范化的权力，用于对付一系列复杂的非法活动，并拥有一定的惩罚机制，而且与监狱紧密结合和统一运作。福柯认为，"所有这一切都是为了制造出受规训的个人"。① 个人的肉体和力量终于被深深嵌入在规训社会的机制里，现代社会因为规训权力的日益普遍化而形同一座整体性的"监狱"。在福柯看来，这种更为极权的控制正是现代社会的内在特征。福柯的结论是冷酷的，也似乎在向我们暗示：规训的本身也是一种惩罚，一种通过精心计算的驯服肉体的无形的惩罚，它把个人直接"扼杀"在惩罚的序幕里，使其成为惩罚舞台上的一具"僵尸"。

四、福柯的历史观及对法学的意义

福柯的思想对西方的社会科学和人文科学都产生了深刻的影响，并且这种影响还在进一步扩大和深化。由于福柯涉及的论域极为广泛，方法独到，往往似乎停留于一种表象的分析和叙事，语言逻辑风格具有极强的跳跃性，因此其学术专著大多艰深晦涩。所以真正了解和读懂福柯，的确不是一件易事。同时，福柯也不是传统意义上的法学家，尽管他撰写了《规训与惩罚》这样的刑罚史著作，并且在其他一些著作、演讲和论文中都或多或少涉及了一些法律问题，但是他所注意的问题始终不在刑罚或者法律本身。因此，通过福柯惩罚思想的阅读和评析，要对其对法学的贡献和意义进行一种归纳，极有可能会是对福柯的一种"误读"。尽管有着这样一种危险，笔者还是试图对这一问题谈一些不成熟的看法。

---

① ［法］米歇尔·福柯：《规训与惩罚》，刘北成、杨远婴译，生活·读书·新知三联书店 1999 年版，第 353—354 页。

近代以来，尤其是当代科学技术的迅速和高度发展，使得社会结构不断发生变化，传统的社会理论不断遭受新的挑战，许多社会理论家都力图为社会发展开出新的处方。福柯为了对自己所处的时代进行诊断，也提出了一系列新的核心概念、新的分析问题的视角与新的理论表达方式。福柯所关注的，总是一种关于现在的历史，或者说通过一种历史的研究所表达的现在。我们可以从《规训与惩罚》一书中获得这种强烈的印象。福柯自己在撰写该书时就曾坦陈心迹："如果这意味着从现在的角度来写一部关于过去的历史，那不是我的兴趣所在。如果这意味着写一部关于现在的历史，那才是我的兴趣所在。"① 正是这样一种立场，使得福柯的著作既充满了一种实际历史感，又具有一种强烈的穿透力。福柯的历史不是为了历史而描述的历史，不是依据形而上学信仰建立起来而具有理想的连续性的历史，而是从近处着眼带有独特性和剧烈性的历史。福柯认为，"历史学家故作远眺，暗地里却偷偷靠近充满希望的近景"，而"实际历史从近处着眼，却是为了抽身再从远处来把握"。② 因此，传统的社会理论尽管对他颇有影响，但在分析具体的现实问题时，福柯总是能够跳出它们的思维窠臼，构筑起自己分析问题的话语体系。当前，我国的法学理论之所以有人视其为"幼稚"，在很大程度上就在于我们缺乏福柯这种实际历史感的警醒，从而深陷于过去的法学理论而不可自拔。我们动辄就是古希腊、古罗马，即使是研究中国的传统法律，也大多停留在一种对过去历史进行复述的层面上。我们失去了一种关注现实问题的能力，因此我们患上了一种法学理论上的"失语症"。透过福柯的惩罚思想和关于刑罚史的研究，也许可以让我们保持一种关注现实的敏锐和批判现实的勇气。

---

① ［法］米歇尔·福柯：《规训与惩罚》，刘北成、杨远婴译，生活·读书·新知三联书店1999年版，第39页。

② ［法］米歇尔·福柯：《尼采、谱系学、历史》，王简译，载杜小真编选：《福柯集》，上海远东出版社2003年版，第158页。

　　正因为福柯撰写的是一部关于现在的历史的著作，因此他的刑罚史研究并不在于追溯刑罚的历史变化。福柯的目的是要通过惩罚技术的演变，深刻地揭示出隐藏在刑罚背后的动力或机制。福柯始终坚持认为，权力斗争伴随并说明新的意义的产生，分析某种知识的形成，必须从权力出发。"不同的权力产生不同的知识"，① 不同的权力也产生不同的真理，"真理—权力始终是一切惩罚机制的核心，在现代刑罚实践中依然如此，只不过形式不同、效果不同"。② 福柯通过惩罚技术的变化，所要追寻和探求的正是其后权力运作模式的变化及其所产生的新的意义。但是基于关注实际历史的立场，福柯的权力概念明显有别于传统意义上那种基于国家主权、法律形式或统治体系的理解。福柯坚持认为，"我们必须首先把权力理解成多种多样的力量关系，它们内在于它们运作的领域之中，构成了它们的组织"，③ 因此，"权力不是一种制度，不是一个结构，也不是某些人天生就有的某种力量，它是大家在既定社会中给予一个复杂的策略性处境的名称"。④ 而且在福柯看来，法律的规定从形式上划定了权力的界限，同时这个权力产生出并引导真理的效力，而真理又反过来引导这个权力，权力、法律和真理的这种三角关系始终纠缠不清，需要我们进行一种只与事实相关的分析。福柯正是运用这样一种权力分析方法来分析惩罚的历史及其意义的。这种孜孜以求关注权力的态度和独特的权力分析方法，可以为当前我们的法学理论日益远离权力而敲响一记警钟。在我们的理论视域里，或者是权力被驱逐出法学的殿堂，或者是法学成为权力的附庸和阐释

---

　　① ［法］米歇尔·福柯：《规训与惩罚》，刘北成、杨远婴译，生活·读书·新知三联书店1999年版，第253页。

　　② ［法］米歇尔·福柯：《规训与惩罚》，刘北成、杨远婴译，生活·读书·新知三联书店1999年版，第61页。

　　③ ［法］米歇尔·福柯：《性经验史》，佘碧平译，上海人民出版社2002年版，第68—69页。

　　④ ［法］米歇尔·福柯：《性经验史》，佘碧平译，上海人民出版社2002年版，第69页。

者。总之，我们失去了关注权力的能力与勇气，我们的许多说话都是无病呻吟或装腔作势。因为不能关注权力，我们无法说明新的意义。

当然，福柯对于法学的意义绝不仅限于这些，他在许多领域都提出了与传统西方思想家和我们通常所接受的全然不同的见解和研究路径。尽管福柯不是传统意义上的法学家，但他对现代社会国家和法律的分析与批判无疑具有一种启发和警醒作用。福柯在研究中所表现出来的考古学和谱系学的方法也别具一格：他注重表象分析，反对本质主义式的理解；他注重事实描述，反对主观理解和自我意识；他追求偶然和断裂，反对必然和连续……他的这些分析方法可以有助于我们对一种"政治正确"的"大理论"保持一种警惕，可以有助于我们对习以为常的法律理论进行反省，从而摆脱传统法学理论的桎梏。总之，"他为法学的研究提供了新的视角、方法和理论基础"，"他可能是本世纪后半叶最杰出的思想家。他对法学的影响已远远超过，或将远远超过与他同时代的法学家"。①

---

① 苏力：《阅读秩序》，山东教育出版社 1999 年版，第 143 页。

第二编

中国古代法律制度

第二编

中国外交中的难题

第一章　秦代刑事诉讼程序[*]

　　由于历史典籍的阙如，秦代的法律制度一直是法史学研究最为薄弱的领域，这与史传"治国皆有法式"的严密秦律不能相匹配。睡虎地秦墓竹简的出土，其中所发现的大量法律文献为秦代法律制度的研究洞开了神秘的大门。此后随着龙岗秦简、里耶秦简等的相继出土，秦律的面貌日益变得清晰起来。但是这些出土法律文献除了睡虎地秦简中的《封诊式》、《法律答问》载有秦代司法运行的一些零散记载而外，鲜有关于秦代刑事诉讼程序的完整体现。张家山二四七号墓出土的汉代竹简不仅有力地推进了汉代法律制度的研究，而且其中的《奏谳书》除了主要搜集了汉初司法奏谳的十七个案例，还留下了两个春秋战国时期的案例和三个秦王（始皇）嬴政时期的案例，为秦代刑事诉讼程序的了解奠定了重要的基础。但是仅仅依据这些考古文献的支撑只能管窥秦代刑事诉讼程序的某些方面，无法全面复原秦代刑事诉讼程序的整体面貌，而岳麓书院藏秦简所发现的大量司法案例，可以为我们进一步深入认识和分析秦代的刑事诉讼程序提供更好的出土文献上的支持。从目前的整理情况来看，岳麓秦简中所见司法案例的体裁形式与张家山汉简中的

　　* 本章部分内容曾以题《岳麓秦简所见秦刑事诉讼程序的历史价值》刊发于《湖南大学学报》（社会科学版）2013 年第 3 期，后又被人大复印资料《法理学　法史学》2013 年第 10 期全文转载。此外，本章所引用的司法案例部分的简牍释文是由日本国立东京外国语大学亚非语言文化研究所陶安（Arnd Helmut Hafner）副教授负责整理完成的。另文中因引用睡虎地秦简文献颇多，为考虑行文需要，故不一一作为注释予以标明出处，所引用的文献来源为文物出版社 1978 年出版的《睡虎地秦墓竹简》，特此说明并致谢意。

《奏谳书》颇为相似，主要也是司法奏谳方面的案例记载，而且这些司法案例基本上都发生在秦王嬴政时期或者秦朝统一之后。其中较为完整的司法案例共有十一个，较为残损不全的司法案例亦有五个左右，我们可以结合其他出土文献和历史典籍的相互印证，从中重新全面审视和完善秦代刑事诉讼程序的有关研究。

一、侦查

侦查并不是秦代所有刑事诉讼的必经程序，但在需要侦查的刑事案件中，秦律对于侦查的规定和要求却是相当全面而成熟的。首先是官府在接到有关报案后，必须立即派人赶赴现场进行侦查和勘验。张家山汉墓竹简中的《奏谳书》第22个案例，即"女子婢被刺案"，大约发生于秦王政六年，说的是一个叫婢的女子"但（撢）钱千二百，操篓，道市归"，在巷中被人用刀刺伤背部，并被推倒于地上，所持钱亦被抢劫一空。案发后，里典嬴迅速赶到咸阳县衙报案，官府立即派遣狱史顺、去疢、忠、大□等人前往调查。岳麓秦简的一个"巍盗杀安、宜等"的司法案例，也是在发现安、宜以及一个不知名的女子被杀后，官府即令狱史彭沮、衷前往现场。而在另一个"喜盗杀人"的司法案例中，虽然因为该案的记载已因竹简残缺而只能知其一二，但在弃妇毋忧缚死其田舍而为大女子婴等人报案后，官府也立即派狱史前往现场。由此可见，秦代在刑事案件发生后，当事人、基层管理人员以及其他相关人员都可以向官府报案，而官府接到报案后应立即派人前往现场进行侦查。至于派往侦查的司法官吏，以前睡虎地秦墓竹简《封诊式》中的例证皆为"令史"，而张家山汉简与岳麓秦简所记的司法案例则皆为"狱史"，这二者之间究竟存在什么样的关系，还有待进一步的史料佐证。

侦查人员赶到现场后，立即需要着手的是对现场进行勘验，即所谓的"诊"。岳麓秦简"巍盗杀安、宜等"的司法案例中，狱史彭沮、衷到达现场后，立即对安、宜以及不知名的女子的死亡现场进行了勘验，发现"死（屍）皆在内中，头/颈有伐刑痏"①，而且如果不是由于竹简的残缺，应该还有对被害人死亡现场更为详细的勘验记录。从张家山汉简《奏谳书》所记载的"女子婢被刺案"来看，对犯罪现场的勘验实在是相当细致的。狱史顺等人不仅认真查看了刺在被害人背上的刀，"铁环，长九寸"，而且也在被害人婢被刺而推倒的地方找到了一张荆券，"婢偾所有尺半荆券一枚，其齿类贾人券"。② 后来顺等人侦破不力，官府派遣新的狱史接替其侦查，正是充分比对犯罪现场所发现的刀与荆券，方才逐步锁定犯罪嫌疑人并进而侦破此案的。岳麓秦简还有个司法案例多为残简所载，虽然缺漏甚多，但还是能够充分反映出秦代对于现场勘验的详尽要求。这个案例大致记载的是当时可能作为士卒的得、绾等人在与反寇作战的过程中，由于畏懦而退却，从而引发的刑事责任问题。官府在听取了相关士卒的申述后，对得、绾等人当时退却作战的现场进行了非常细致的勘验："诊、丈、问：得等环（还）走四十六步，□等十二步，术广十二步，垣高丈。忌等死时，得、绾等去之远者百步。"③ 正是依据这样细致的现场勘验，最后得以认定得、绾等人的畏懦退却之罪。睡虎地秦墓竹简《封诊式》中对犯罪现场进行勘验较为典型的案例有三，即《贼死》、《经死》和《穴盗》。在这三个案例中，官府对犯罪现场的基本情况、死者的形状、衣着以及犯罪留下的各种痕迹等，都进行了极为详细的勘验和记录。可以说，《封诊式》作为当时规范司法官吏办案的标准文本，其所载案例大多具有假设的色彩，而岳麓秦简所见司法案例则是当时官府办案的真实记录，实属《封诊式》关于现场勘验的真实写照。

在案件侦破的整个过程中，侦查人员还要对有关的当事人以及证人或目击人进行全面的讯问。在"女子婢被刺案"中，狱史顺等人在听取婢的陈述后，追问了婢几个重要的问题：一是讯问婢为何没有注意到后面跟踪的人；二是讯问婢从市场赶回家里的途中，有没有遇到什么人；三是讯问婢有没有什么与之争斗、怨恨或者其他熟人作案的可能。此外在婢被刺而醒来呼喊被盗的时候，一个叫齀的女子闻声出来，发现婢的背部插有一把刀，狱史顺等人亦对作为目击人的齀进行了讯问。岳麓秦简"魏盗杀安、宜等"的司法案例中，狱史"觸等尽别譖（潜）讯安旁/田人"①，也就是对被害人安的生活周边的有关人员逐一暗访和讯问，直到无人能够提供有用的线索时才再转而寻找其他的侦破途径。其后简文颇有残缺，但仍可较为清楚地看出，案件的最后侦破仍是从讯问其他相关人员打开缺口的。如果在讯问的过程中，侦查人员发现有关人员的供述前后不一或者有所疑问和矛盾，还会进一步加以追问，即所谓的"诘"。这样通过反复的讯问与诘问，再结合现场勘验的具体情况以及所取得的有关证据，就可以为案件的进一步侦破提供有力的支持。

此外，从上面这些分析的案例来看，秦代对于侦查过程中所取得的证物要求进行严格的鉴定，对于可疑的人员要求收押，对于新引出的证物要求搜寻并加以鉴定，对于不能自圆其说的当事人或有关人员要求拷讯，对于加害人或者被告人要求扭送或拘传至官府以及对其家属、财物要求封守，对于现行犯和在逃犯要求抓捕归案，等等，都有着非常详尽的法律规定，充分体现出秦代刑事侦查程序的成熟和发达。

① 岳麓秦简 0422。

二、起诉

关于秦代刑事诉讼的起诉程序，已有一些学者在睡虎地秦简的基础上，做过较为全面的分析。① 岳麓秦简中的司法案例多为下级向上级请求奏谳的诉讼记录，对于第一审的起诉程序缺少较为详细的记载。这里仍以睡虎地秦简所载材料为基本依据，结合岳麓秦简以及张家山汉简所见司法案例，为秦代刑事诉讼的起诉程序提供一些更为细致的佐证。

关于秦代刑事诉讼的起诉方式，许多学者在睡虎地秦简有关材料的基础上，认为大致存在四条途径：一是自诉，二是自首，三是告发或"告奸"，四是官方举劾或纠举。

首先是自诉，即当事人或告诉人因为自己或自己的亲属遭受人身伤害或财产损害，或者为了得到或者维护自己的有关利益而向司法机构提起诉讼。这一自诉方式，睡虎地秦简《封诊式》中的《迁子》、《告子》、《出子》、《黥妾》、《穴盗》等均有所体现。譬如《告子》记载："爰书：某里士五（伍）甲告曰：'甲亲子同里士五（伍）丙不孝，谒杀，敢告。'"这是士伍甲控告亲生子不孝的典型自诉案件。岳麓秦简载有一个"得之强奸弃妻未遂"的司法案例，该案虽是被告人得之的上诉记录，但从第一审的诉讼程序来看，仍属作为被害人即得之的弃妻向官府控告的案件。

其次是自首，也就是犯罪行为人主动到官府控告自己的罪行，这在睡虎地秦简中又被称为"自告"、"自出"、"自诣"等。譬如《法律答问》记载："司寇盗百十钱，先自告，可（何）论？当耐为隶臣，或曰赀二甲。"再载："把其假以亡，得及自出，当为盗不当？自出，以亡论。其得，坐赃为盗；盗罪轻于亡，以亡论。"

---

① 较为全面探讨秦代刑事起诉程序的代表性论著有刘海年：《战国秦代法制管窥》，法律出版社 2006 年版；李文玲：《中国古代刑事诉讼法史》，法律出版社 2011 年版；[日] 籾山明：《中国古代诉讼制度研究》，李力译，上海古籍出版社 2009 年版，等等。

《封诊式》中的《亡自出》记载："乡某爰书：男子甲自诣，辞曰：'士五（伍），居某里，以迺二月不識日去亡，毋（无）它坐，今来自出。'"岳麓秦简载有一个"识、婉争沛产"的司法案例，说的是一个叫沛的大夫，妻亡后又以婉为妻并生育子女，识本是沛的家奴，沛曾为其娶妻并答应赠予其肆、室，即门面与房子，但沛死前并未将肆、室转让给识，婉不再认可以肆、室赠予识，于是引发双方对于遗产的纠纷。识欲以"婉匿訾（貲）"为名起诉于官府，于是"婉恐……先自告，告识劫婉"①。这在今天当然属于民事诉讼，但秦代对于此类案件的解决，完全运用的是刑事诉讼的思维模式，从司法官吏对识的处罚论决来看，或建议"貲识二甲"，或建议"完识为城旦"，显而易见属于刑事制裁无疑。以刑事制裁作为解决民事纠纷的主要手段，这也在一定程度上反映了秦代君主专制的极端性。

再次是告发，也就是告奸，即一般人向官府告发他人的犯罪事实。商鞅变法推行连坐制度，告发犯罪则成为一般人所负有的法律义务。睡虎地秦简对于告奸的起诉方式，亦多有记载。譬如《封诊式》记载了一个举告盗铸钱的案件："爰书：某里士五（伍）甲、乙缚诣男子丙、丁及新钱百一十钱、容（镕）二合，告曰：'丙盗铸此钱，丁佐铸。甲、乙捕（索）其室而得此钱、容（镕），来诣之。'"另外还记载了一个举告通奸犯罪的案件："爰书：某里士五（伍）甲诣男子乙、女子丙，告曰：'乙、丙相与奸，自昼见某所，捕校上，来诣之。'"岳麓秦简载有一个"癸、琐相移谋购"的司法案例，即是走马达告奸到官府："走马达告曰：'盗盗杀伤走马好……'"②岳麓秦简中有个"喜盗杀人"的司法案例，虽残缺不全，但从"大女子婴等告曰：'弃妇毋忧缚死其田舍，衣襦亡。'令狱史……"③的记载来看，显然属于一般人告发犯罪的典

---

① 岳麓秦简 1204、1320。
② 岳麓秦简 1219、1466。
③ 岳麓秦简 0320。

型案件。

最后是官方举劾或纠举，即国家官吏为了维护皇权和社会的利益，并且基于自己的法律职责或法律义务而向有关机关提起的诉讼。秦代法律规定，一般官吏对于犯罪都必须向有关机关依法举劾，譬如睡虎地秦简的《语书》即记载了一个郡守向所辖地区的官吏所发布的关于举告犯罪的命令："今法律令已布，闻吏民犯法为间私者不止，私好、乡俗之心不变，自从令、丞以下智（知）而弗举论，是即明避主之明法（也），而养匿邪避（僻）之民。如此，则为人臣亦不忠矣。若弗智（知），是即不胜任、不智（也）；智（知）而弗敢论，是即不廉（也）。此皆大罪（也），而令、丞弗明智（知），甚不便。今且令人案行之，举劾不从令者，致以律，论及令、丞。"《封诊式》中亦记载了一些基层官吏如乡之游徼、亭之校长与求盗等举劾犯罪的案例，如《群盗》载："爰书：某亭校长甲、求盗才（在）某里曰乙、丙缚诣男子丁，斩首一，具弩二、矢廿，告曰：'丁与此首人强攻人，自昼甲将乙等徼循到某山，见丁与此首人而捕之。此弩矢丁及首人弩矢（也）。首人以此弩矢□□□□□乙，而以剑伐收其首，山俭（险）不能出身山中。'"

值得指出的是，上述四种类型的起诉方式，不能完全等同于今天刑事诉讼的起诉程序，事实上有时仅大致相当于向官府报案，从而启动官府的刑事侦查行动，尤其是告发或告奸这一方式更是如此。而且在鼓励揭发犯罪的同时，秦代依据法家思想，"治国皆有法式"，对于犯罪的告发亦严格依据现行法律的规定，因此对刑事诉讼的起诉亦有相当严格的限制。首先是禁止起诉已死罪人，如睡虎地秦简《法律答问》明确规定："甲杀人，不觉，今甲病死已葬。人乃后告甲，甲杀人审，问甲当论及收不当？告不听。"即使是在实行族诛连坐的制度下，《法律答问》亦明确规定："家人之论，父时家罪也，父死而诵（甫）之，勿听。可（何）谓家罪？家罪者，父杀伤人及奴妾，父死而告之，勿治。"岳麓秦简载有一个司法案例，大致是一个叫兒的女子，在秦国统一楚国前夕携子多逃亡到楚国，后来秦国攻打楚国时重新抓捕了多，但兒邦因为已经死亡，故"兒死不讯"①，仅议决了多的处刑问题。其次是犯罪之后未被发现，但在赦令颁布后被发现的，也不予论处，如睡虎地秦简《法律答问》载有："或以赦前盗千钱，赦后尽用之而得，论可（何）也？勿论。"第三是禁止诬告，即禁止向司法机关虚假告发，陷他人于罪的行为。秦代对于诬告的处罚，实行反坐的原则。② 第四是禁止匿名书信告发犯罪，专门规定了所谓的"投书罪"。第五是限制子告父母、奴婢告主人，专门划分了"公室告"与"非公室告"，对此《法律答问》有着相当明确的记载："公室告何也？非公室告何也？贼杀伤、盗它人为公室告；子盗父母，父母擅杀、刑、髡子及奴妾，不为公室告。""何谓非公室告？主擅杀、刑、髡其子、臣妾，是谓非公室告。"凡属"公室告"，不但任何人都可以提起诉讼，而且必须向官府告发，否则还要定罪量刑。凡属"非公室告"，不仅不允许子告父母和奴告主人，而且如果坚持上告，则告者有罪。最后对于"州告"的案件，秦代法律也规定不能受理。所谓"州告"，也就是"周告"，即循环重复起诉，大致相当于屡次变更控告内容的起诉。

在秦代，刑事案件一旦被起诉，有关司法机关就会迅速拘执或逮捕被告人，并对其家人和财产予以封守。所谓拘执，相当于今天司法机关以强制手段拘传被告人到庭，以便顺利进行审讯，这在秦律中被称为"执"，如睡虎地秦简《封诊式》中的《自告》载有："□□□爰书：某里公士甲自告曰：'以五月晦与同里士五（伍）丙、某里士五（伍）丁千钱，毋（无）它坐，来自告，告丙。'即

---

① 岳麓秦简 1211。

② 诬告是故意捏造他人犯罪的事实而向官府予以告发的行为，但如果不是故意捏造事实，而只是告发有误或者所告发的犯罪事实不成立，那就不属于诬告，而属于"告不审"，对此睡虎地秦简《法律答问》有着相当明确的记载："甲告乙盗牛若贼伤人，今乙不盗牛、不伤人，问甲可（何）论？端为，为诬人；不端，为告不审。"可见区别诬告与告不审的关键在于"端"，即是否具有虚假告发的主观故意。这一区分充分透露出秦代法律制度的细致与严密。

令令史某往执丙。"至于那些重大刑事案件的在逃犯以及不服从拘执的被告人，有关司法机关则会采取更进一步的逮捕方式，而且在逮捕罪犯时，如遇抵抗，还可以使用武力将罪犯制伏，甚至将其杀死。而对于逮捕罪犯有功的官吏或普通群众，秦律还规定依律予以奖赏。犯罪人一旦被告发，不仅本人会受拘执或逮捕，而且其家人和财产亦会被控制，这就是秦律所规定的"封守"。睡虎地秦简《封诊式》对封守有着特别详细的记载："乡某爰书：以某县丞某书，封有鞫者某里士五（伍）甲家室、妻、子、臣妾、衣器、畜产。甲室、人：一宇二内，各有户，内室皆瓦盖，木大具，门桑十木。妻曰某，亡，不会封。子大女子某，未有夫。子小男子某，高六尺五寸。臣某，妾小女子某。牡犬一。几讯典某某、甲伍公士某某：'甲黨（倘）有它当封守而某等脱弗占书，且有罪。'某等皆言曰：'甲封具此，毋（无）它当封者。'即以甲封付某等，与里人更守之，侍（待）令。"

三、审讯

审讯是刑事案件起诉到官府后，司法官吏对有关人员的讯问和诘问以及对有关证据的审查。讯问和诘问的对象不仅包括刑事案件的当事人，也包括所有与案件相关的证人以及刑事侦查人员。审查的对象主要包括刑事案件的有关证据以及各种勘验笔录等。审讯的目的在于充分查明犯罪事实是否成立，有些类似于今天的法庭调查，既关系到犯罪行为人是否应该受到刑事制裁，也关系到司法官吏的法律适用是否正确，因此在秦代的刑事诉讼程序中，审讯不仅有着相当严格的法律规定，而且在现实的司法运行过程中，各类司法官吏亦有着极其高度的重视。

审讯首先从双方当事人以及有关人员到庭并查明其身份以及详细听取其口供或证词开始，这就是所谓的"讯"。睡虎地秦简《封诊式》所载"凡讯狱，必先尽听其言而书之，各展其辞"，充分表明审讯案件，必须双方当事人均到庭进行陈述，法官在听取当事人陈述时还要详细加以记录。岳麓秦简所载司法案例大多为下级向上级奏谳的疑难案件，为了说明疑难问题所在，对于初审的审讯过程有着比较详细的记载。譬如在"识、婉争沛产"一案中，在婉以"自告"方式起诉到官府之后，司法官吏不仅认真听取了婉与识的各自陈述，而且传令与此案有着一定关系的第三人，亦曾为沛舍人的建、昌、喜、遗等人出庭对质，同时还仔细听取了两个方面的证人证词：一是沛于妻子死后再免妾婉为庶人并以之为妻，主要有证人快、臣、拳、嘉、颉等；二是沛生前曾为家奴识娶妻并许诺赠予识以肆、室，主要有证人狗、羽等。在讯问完这些当事人以及有关人员之后，还传唤了基层管理人员乡唐、佐更两人。从该案的记录过程来看，司法官吏正是通过认真而全面的讯问程序，从而准确掌握了识、婉争执财产的来龙去脉，为本案的最终判决奠定了基础。

为了避免司法官吏的先入为主，从而确保犯罪事实的准确认定，秦律还严格要求司法官吏在讯问过程中不能随便发问，这就是睡虎地秦简《封诊式》中所言的"……虽智（知）其池，勿庸辄诘。其辞已尽书而毋（无）解，乃以诘者诘之。诘之有（又）无尽书其解辞，有（又）视其它毋（无）解者以复诘之"。可见，司法官吏在审讯过程中必须先听完口供并加以记录，即使明知当事人及有关人员在欺骗，也不能随便发问，只有在当事人以及相关人员言辞已尽但问题没有交代清楚，或者其供词呈现出自相矛盾或者难以自圆其说的情况下，司法官吏才能够针对性地提出质疑，即所谓的"诘"。诘问的时候，还要将当事人及有关人员的辩解记录下来，如果还有不清楚或者相矛盾的地方，则要继续诘问下去，直到当事人以及相关人员无话可说为止。在"识、婉争沛产"一案中，司法官吏讯问完毕当事人以及所有相关人员之后，方才对识加以诘问："沛未死虽告狗、羽，且以肆、舍客室鼠（予）识。而后不鼠（予）识，识弗求。已为识更买室，分识田、马，异识。沛死时有（又）不令。义已代为户后，有肆宅。识弗当得，何故尚求肆室曰：'不鼠（予）识，识且告婉？'"① 面对如此细致的讯问与颇有

---

① 岳麓秦简 1198、1323。

针对性的诘问，识最终承认了自己争夺财产的恶行。

通过讯问与诘问，司法官吏往往能够对案件的基本事实作出比较准确的判断，因此秦律对于刑讯逼供，一般不予以鼓励，睡虎地秦简《封诊式》有着明确的记载："治狱，能以书从迹其言，毋治（笞）谅（掠）而得人请（情）为上；治（笞）谅（掠）为下；有恐为败。"只有在当事人回答问题不实或狡辩、多次欺骗或改变口供、拒不认罪等情况下，方才允许依法拷打。而且经过刑讯而取得口供，必须以爰书详细加以记录，这在睡虎地秦简《封诊式》中亦有相当明确的记载："诘之极而数訑，更言不服，其律当治（笞）谅（掠）者，乃治（笞）谅（掠）。治（笞）谅（掠）之必书曰：爰书：以某数更言，毋（无）解辞，治（笞）讯某。"因此在秦律中，刑讯逼供受到非常严格的限制，也是司法官吏判决可靠性的衡量标准。张家山汉简载有一个"黥城旦讲乞鞫"的案件，士伍毛盗牛被捕，司法官吏审讯时先入为主认为必有人与之同盗，毛开始并不承认，但被刑讯逼供，即诬陷讲，讲不服，又被拷讯，逼迫承认与毛共同谋划盗牛。后来讲提起上诉，廷尉查明真相，并察看了毛被刑讯所留下的伤痕，从而推翻了第一审的判决。岳麓秦简中载有一个"田与市和奸"的案例，狱史相多次听说田与市有着男女奸情，因此令毋智前往现场当场捕获，在没有刑讯的情况下，田与市即已认罪。但是后来田不知因何缘故，在一审判决后再次提起上诉，不承认与市之间的奸情。司法官吏在二审中详细讯问了田、市、相、毋智等相关人员，发现田与其他人的供词或证言不相吻合，而且一审也没有对其进行刑讯逼供，于是当场发问田："夏阳吏不治谅（掠），田、市认奸。今覆吏讯市，市言如故狱，田云未奸，可（何）解？"① 田无法辩解，最终被驳回上诉。从这两个案例来看，秦律对于刑讯逼供不仅限制是严格的，而且在司法运行中的确也是衡量司法官吏判决可靠性与准确性的重要圭臬。

由"讯"而"诘"，再在迫不得已的时候加以"治（笞）谅

---

① 岳麓秦简 0433。

（掠）"，然后认真审查所搜集到的各种证据和勘验笔录，继而进入审讯阶段最后一个环节，即对犯罪事实的认定，这在秦律中称为"鞫"。从张家山汉简《奏谳书》所载司法案例来看，"鞫"是司法官吏对案件调查和审讯的结果，亦即对犯罪的过程和事实加以简明扼要的归纳总结。岳麓秦简所见司法案例也充分反映了"鞫"所具有的这一特征，即使是在第二、三审中，"鞫"仍然是上级司法机关对下级司法机关所认定的犯罪事实予以重新认定。譬如"得之强奸弃妻未遂"一案中，第一审的审讯结果记录为："其鞫（鞫）曰：'得之强与人奸，未蚀。审。'"① 第二审的审讯结果记录为："其鞫曰：'……欲强与奸，未蚀。乞鞫不审。审。'"② 第三审的审讯结果记录为："鞫之：'得之乞鞫不审。审。'"③ 由此可见，"鞫"的内容主要在于对犯罪事实进行认定，所以其末尾一定还要缀上"审"或者"皆审"之类的字样，以表明犯罪事实已经调查清楚并已为审讯的司法官吏所确认。至于司法官吏对犯罪事实认定的"鞫"是否需要向当事人当庭宣读，岳麓秦简所见司法案例没有明确的记载，但如果向当事人宣读"鞫"的内容的"读鞫"程序的确存在，那么所宣读的也仅是犯罪事实认定方面的内容，不会是整个刑事案件最终的判决结果，张建国先生以前的判断"'读鞫'真正的含义只是宣读审讯结果而不是判决结果，因为在这一阶段总结的和向被告宣读的只是罪行，没有判决的内容，也就是'宣'而未判"④，应该是十分正确的。《周礼·秋官·小司寇》云："以五刑听万民之狱讼，附于刑，用情讯之；至于旬，乃弊〔之〕。读书则用法。"郑司农对此解释道："读书则用法，如今时读鞫已乃论之。"无论是"读书则用法"，还是"读鞫已乃论之"，

---

① 岳麓秦简残 3－10－2＋0629。

② 岳麓秦简 0416。

③ 岳麓秦简 0424。

④ 张建国：《汉简〈奏谳书〉和秦汉刑事诉讼程序初探》，载《中外法学》1997 年第 2 期。

都表明是在"读书"或者"读鞫"这一认定犯罪事实之后，方才有法律的适用或"论"这一判决的到来。岳麓秦简所见司法案例中"鞫"的内容，的确为"读鞫"意义的进一步理解提供了重要的文献支持。

四、判决

犯罪事实的认定，是为准确量刑或者适用法律奠定基础，当司法官吏对刑事案件的当事人以及相关人员进行审讯并对各种证据审查完毕之后，就会做出有罪无罪以及如何适用法律进行处罚的判决，这在秦律中被称为"论"。张家山汉简《奏谳书》中的大多数案例都是汉初刑事司法的记载，以"论"作为有罪无罪以及如何具体量刑的程序，已有足够的论据予以支持。其中三个关于秦（代）的司法案例，尤其是"黥城旦讲乞鞫"的案件，在一审过程中先是由一个叫腾的县丞审讯毛盗牛的犯罪事实，由于毛无法忍受腾的刑讯，逼迫诬告讲与之同盗，讲亦在严酷的刑讯下而编造盗牛的事实，于是县衙就讲的"犯罪事实"作出了认定："其鞫曰：讲与毛谋盗牛，审。"随后，"二月癸亥，丞昭、史敢、铫、赐论，黥讲为城旦"。[1] 后来讲不服一审判决，上诉至廷尉，廷尉经过细致的讯问和审查，推翻了一审判决，就讲一审所认定的犯罪事实进行了新的认定："鞫之：讲不与毛谋盗牛，吏笞谅（掠），毛不能支疾痛而诬指讲，昭、敢、铫、赐论失之，皆审。"[2] 廷尉在"鞫"中既指明了讲谋盗牛的犯罪事实不成立，同时也指出了昭、敢、铫、赐所作的判决即"论"为失，清楚表明"论"作为判决这一程序的指称应该是没有疑问的。

岳麓秦简所见司法案例大致与张家山汉简《奏谳书》中的司

① 张家山二四七号汉墓竹简整理小组：《张家山汉墓竹简（二四七号墓）：释文修订本》，文物出版社 2006 年版，第 100 页。

② 张家山二四七号汉墓竹简整理小组：《张家山汉墓竹简（二四七号墓）：释文修订本》，文物出版社 2006 年版，第 101 页。

法案例相同，无论是从一审还是上诉审来看，秦（代）刑事诉讼的庭审程序主要都由两个阶段组成：一是认定犯罪事实的"鞫"；二是适用刑罚的"论"。只有在犯罪事实已经认定成立的前提下，才能对被告人议决应该适用的刑罚，即作出最终的判决。"得之强奸弃妻未遂"一案中，一审的司法官吏在认定得之强奸弃妻未遂的前提下，"丞□论耐得之为隶臣"①。而对那些疑难案件，一审的司法官吏即使已经查明并认定了犯罪事实，但必须依法向上级司法机关奏谳以后才能确定刑罚的适用，那就不能直接进入"论"这一判决环节。至于认定犯罪事实的"鞫"与适用刑罚的"论"是否都由同样的司法官吏全部完成，还是由不同的司法人员分别完成，从岳麓秦简的记载来看，目前还无法肯定。张家山汉简《奏谳书》所载的"黥城旦讲乞鞫"的案件，开始是由腾审讯的，但后来铫又参与进来，然而最终作出判决即"论"的却是昭、敢、铫、赐四人，腾没有出现，所以廷尉也仅指出"昭、铫、敢、赐论失之"，而根本没有言及腾在审讯过程中的法律责任。这当然不能认为"鞫"与"论"在秦（代）已由不同的司法人员分别完成，但没有参与"论"的司法人员不承担判决结果的法律责任，则是相当明显的。

其实，秦（代）对作出判决即"论"的司法人员所负有的法律责任是相当严格的。司法官吏如果故意重罪轻判或者轻罪重判，则构成"不直"罪；如果故意有罪不判而放纵犯人，则构成"纵囚"罪；如果不是因为故意而是由于过失导致判决有误，则构成"失刑"罪。对此，睡虎地秦简《法律答问》有着非常清楚的记载："论狱〔何谓〕'不直'？可（何）谓'纵囚'？罪当重而端轻之，当轻而端重之，是谓'不直'。当论而端弗论，及伤其狱，端令不致，论出之，是谓'纵囚'。""士五（伍）甲盗，以得时直（值）臧（赃），臧（赃）直（值）过六百六十，吏弗直（值），其狱鞫乃直（值）臧（赃），臧（赃）直（值）百一十，以论耐，问甲及吏可（何）论？甲当黥为城旦；吏为失刑罪，或端为，为不直。"里耶秦简甚至在追究一个叫敬的司法官吏的司法责任时，还专门引用了一条秦令："令曰：诸有吏治已决而更治者，其罪節（即）重若益轻，吏前治者皆当以纵不直论。"① 因此，秦（代）的司法官吏必须严格援引既有律令作为判决的依据，只有在律令没有明文规定的情况下，才可以援引已经成为判案成例的"廷行事"定罪量刑，而且还必须在准确援引法律依据的前提下保持定罪量刑的适当性，否则就要承担误判的司法责任。

至于判决作出以后，是否还必须奏报上级机关批准后，判决才能产生法律效力，这在目前所发现的秦汉简牍中还不能清楚反映出来。有些史书如《史记》、《汉书》记载了一些司法官吏向上奏报判决的事例，但多为死刑案件与疑难案件。就死刑案件而言，是因为死刑是剥夺生命的最高刑种，中国历代都将其最终的裁决权交给君主执掌，而对于死刑以下的刑种，其裁决权亦是按照司法机关的地位和等级分别赋予的，在这个意义上，没有相应裁决权的司法机关在判决后必须向上奏报则是必需的。而就疑难案件而言，则是张家山汉简《奏谳书》所体现出来的奏谳制度。所以，并不是所有的判决都必须奏报上级机关，只有法律规定需要上报的案件，得到上级批准后才能使判决发生法律效力。

五、上诉

上诉制度，西周已经确立，并且已对被告人提出上诉要求重审的期限根据里程的远近有着一定的法律规定。秦的诉讼制度因为文献记载的阙如，其上诉制度历来亦鲜为提及。睡虎地秦简的面世，虽然没有全面展示出秦上诉程序的基本面貌，但是"乞鞫"作为秦的上诉程序已经十分清楚，并且有了一些关于上诉程序的原始记载。张家山汉简《奏谳书》中关于秦的三个司法案例，其中"黥

① 陈伟主编：《里耶秦简牍校释》（第一卷），武汉大学出版社 2012 年版，第 281 页。

城旦讲乞鞫"显然是一个关于上诉程序的典型案例，为我们认识秦的上诉制度提供了极其重要的出土文献。不足的是，这个案例应是属于内史郡的雍县一审判决的，却似乎是作为中央司法机关的廷尉二审指令改判的，作为中间审级的郡一级是否接受过其中的上诉，如没有接受，那么从县一级直接上诉到廷尉是否是秦上诉程序的常态，就是一个非常关键的问题。而且上诉程序牵涉的问题是很多的，仅有一个这样较为清楚的司法案例也难以全面体现出秦上诉制度的基本面貌。岳麓秦简所见的十余个司法案例，其中的"田与市和奸"、"得之强奸弃妻未遂"是两个保存比较完好的上诉案例，尤其是后一个案例，还有两次上诉和复审的记载，这都为我们重新认识秦代的刑事上诉程序提供了相当宝贵的新材料。

上诉程序的启动，必须有依法取得上诉资格的主体。睡虎地秦简《法律答问》关于"乞鞫"的一条解释有着"以乞鞫及为人乞鞫者"的记载，应该指明了被告人可以提起上诉申请复审之外，还可以允许他人代为被告人提起。但究竟何人可以代为被告人提起，没有可靠的资料予以佐证。张家山汉简《奏谳书》中的"黥城旦讲乞鞫"与岳麓秦简中的"田与市和奸"、"得之强奸弃妻未遂"三个司法案例，都是被告人自己所提起的上诉。《晋书·刑法志》在追述魏律对汉律上诉制度的改革时曾言及："二岁刑以上，除家人乞鞫之制，省所烦狱也。"这说明在汉代，被告人自己与其家人都是可以提起上诉的主体。但从张家山汉简《二年律令》关于乞鞫的规定来看，"死罪不得自气（乞）鞫，其父、母、兄、弟、夫、妻、子欲为气（乞）鞫，许之"①，可以推断家人代为乞鞫是有一定限制的：一是仅限于有可能判处死刑的案件，二是家人的范围仅限于父母、兄弟、夫妻与子女。汉承秦制，秦律既然准许"为人乞鞫"，其规定应该与汉代没有太大的差别。况且汉初的法

---

① 张家山二四七号汉墓竹简整理小组：《张家山汉墓竹简（二四七号墓）：释文修订本》，文物出版社 2006 年版，第 24 页。

律还规定代为乞鞫者"其不审，黥为城旦春"①，如此关系着自身的安危，不是被告人的近亲属，谁又能担负起代为乞鞫的重大责任？由此可以认为，能够提起上诉要求的主要还是被告人自己，至于家人即使代为乞鞫，也仅限于那些为数不多的近亲属。

上诉何时能够提起，睡虎地秦简《法律答问》云："以乞鞫及为人乞鞫者，狱已断乃听，且未断犹听也？狱断乃听之。"可见，必须在刑事案件已经作出判决之后，被告人或其家人才能提起上诉。张家山汉简《二年律令》亦有大致相同的规定："罪人狱已决，自以罪不当，欲乞鞫者，许之。"从岳麓秦简所见的两个上诉案例以及张家山汉简《奏谳书》所见的一个上诉案例，被告人的乞鞫都是在"狱已断"或"狱议决"之后，也就是适用刑罚的"论"之后。至于判决之后多长的时间范围之内可以提起上诉，张家山汉简《二年律令》还有更进一步的规定："狱议决盈一岁，不得乞鞫。"也就是说，判决后一年之内必须提起上诉，否则就不得再次提起。这大概也是秦律所规定的上诉期限。

至于被告人或其家人提起上诉的理由，张家山汉简《二年律令》有着"以罪不当"的记载，也就是认为司法官吏所认定的犯罪事实不成立或不清楚，被告人或其家人可以提起上诉。岳麓秦简中的"得之强奸弃妻未遂"一案中，初审的司法官吏认定的犯罪事实是"得之强与人奸，未蚀"，而得之的乞鞫理由则是"和与囗卧，不奸"，明显是对初审所认定的犯罪事实的否定。由此可见，"鞫"既然是认定犯罪事实的一道诉讼程序，作为上诉程序的"乞鞫"当然也就仅限于对所认定的犯罪事实加以否定。而我们今天的刑事诉讼法律制度，事实不清、证据不足、程序不当、适用法律错误等因素，都有可能成为被告人提起上诉的理由，这在秦律等古代法律体系中，当然是不可想象的。被告人除了对其犯罪事实以及证明其犯罪事实的证据能够加以否定或质疑而外，是不能对国家或

---

① 张家山二四七号汉墓竹简整理小组：《张家山汉墓竹简（二四七号墓）：释文修订本》，文物出版社2006年版，第24页。

官府所采用的程序与适用的法律指手画脚的，这充分体现出古代帝国权力统治的专断色彩。

被告人或其家人的上诉应该向什么机关提起，以及其提起上诉后应经过什么样的具体程序，张家山汉简《二年律令》有着比较明确的记载："气（乞）鞫者各辞在所县道，县道官令、长、丞谨听，书其气（乞）鞫，上狱属所二千石官，二千石官令都吏覆之。都吏所覆治，廷及郡各移旁近郡，御史、丞相所覆治移廷。"① 也就是说，被告人或其家人的上诉请求，应向初审的县道官衙提起，县道官衙的官长认真听取其请求后，书写申请向上奏报给所属上级管辖机构二千石官（郡守、廷尉、丞相、御史大夫等官长），二千石官着令都吏对原审案件进行复查。都吏复查后的上诉案件，廷尉或郡分别移交与旁近的郡予以办理，御史、丞相所复查的案件，则一律移交与廷尉予以办理。汉律的这一规定，亦大致是秦律的做法。但值得注意的是，廷尉是秦汉时期中央最高司法机关，其官秩与郡守同样属于二千石官，既然初审县道是将上诉案件向上奏报给所属二千石官，而且《二年律令》关于移交上诉案件的规定显然是将廷尉与郡一级相提并论的，那么是否意味着秦汉时期的上诉案件并不是我们今天所想象的自县而郡而廷尉这一逐级上诉的方式？张家山汉简《奏谳书》中的"黥城旦讲乞鞫"一案，初审是由内史郡所辖的雍县论决的，而内史郡在秦代属于京师，该案也就直接上诉于廷尉了，最终由廷尉兼推翻了一审判决，并向县级司法机关发出了重新办理该案的指示。这与《二年律令》所言的县道官向上奏报给二千石官的规定大致是吻合的。

与"黥城旦讲乞鞫"一案仅有一次上诉不同的是，岳麓秦简中的"得之强奸弃妻未遂"一案有着两次上诉，该案的初审机关当阳县认定得之强奸弃妻未遂而论决其耐隶臣，得之提起上诉后，

---

① 张家山二四七号汉墓竹简整理小组：《张家山汉墓竹简（二四七号墓）：释文修订本》，文物出版社2006年版，第24页。

"廷史赐等覆之"①，复查案件的司法官吏显然是以赐为首的廷史，至于这里的"廷"具体何指，非常值得斟酌。睡虎地秦简《法律答问》曾就"廷"有着这样的解释："'辞者辞廷。'今郡守为廷不为？为也。'辞者不先辞官长、啬夫。'"在这个解释中，既然辞者不先辞官长、啬夫，而是辞廷，那么这里的"辞者"应该不是初次提起诉讼的当事人，而是提起上诉的被告人或其家人。啬夫作为一县的主管官员，初次提起的诉讼肯定是可以而且应该接受的，故而这里的"辞"显然是指上诉。而且从张家山汉简《奏谳书》与岳麓秦简所见秦的乞鞫案件来看，上诉程序中往往存在"它如辞"、"问如辞"、"乞鞫不如辞"之类的用语。另外从整个刑事诉讼程序来看，"辞"也是指当事人进入一审程序后向法庭所作出的供述。所以只有进入一审程序后，才会将当事人的供述称为"辞"，也才会将作为上诉人的被告人或其家人称为"辞者"。也许正是因为被告人或其家人的上诉原则上必须要向廷尉提出，所以对于官秩与廷尉相当的郡守能否为廷而接受上诉，《法律答问》还需要专门作出解释，认为郡守与廷尉具有同样的地位并承担同样的上诉职能。而这个解释也与《二年律令》要求上诉至二千石官而并没有将廷尉与郡守划分开来的规定是一致的。所以，"得之强奸弃妻未遂"一案中接受第一次上诉并加以复查的"廷史"应是廷尉机构所设置的"史"一职，其复查后对原审的下级司法机构所发出的指示亦是采用"廷报之"之类的话语。如果这样的推断可以成立，那就说明秦（代）甚至汉代初期的上诉并未遵循"县—郡—廷尉"这一逐级上诉模式，而是将郡一级与廷尉作为同样地位的上诉职能承担者，但廷尉仍是接受上诉案件最为主要的司法机构。这大概就是我们在张家山汉简《奏谳书》与岳麓秦简中所见为数不多的几个上诉案例都是由廷尉派人加以复查并接受审理的原因。

有趣的是，岳麓秦简中的"得之强奸弃妻未遂"一案在被告人得之第一次提起上诉后，廷史赐等人认为得之"乞鞫不审"，即

---

① 岳麓秦简残 3 – 11 – 1 + 0508。

上诉理由不成立，从而由初审判决耐隶臣而改判"毃得之城旦六岁"。得之对此亦不服，再次提起上诉，经过复查与审讯，再次认定"得之乞鞫不审"，从而认为初审论决耐隶臣与上诉审论决毃城旦六岁"皆不当"，而改判为"得之去毃亡，已论毃十二岁，而来乞鞫，乞鞫不如辞。以毃子县。其毃得之城旦六岁，備前十二岁毃日"①。得之两次上诉皆在复审后被认为"不审"，即上诉理由不成立，从而其被判处的刑罚也由"耐隶臣"逐级上升为"毃城旦六岁"、"毃十二岁"，也充分说明《二年律令》"气（乞）鞫不审，驾（加）罪一等"② 的规定也是来源于秦律的。至于上诉审的具体程序如何进行，从"得之强奸弃妻未遂"一案以及其他案例来看，大致是上诉审机关派人首先调阅一审的书面材料，即所谓的"覆视其狱"，然后再如一审程序一样，先后审讯和诘问被告人以及其他相关人员，然后就犯罪事实是否成立作出认定，最后再将如何适用刑罚的论决通报给下级司法机构，这往往使用"谓"作为专门指称。

六、奏谳

自张家山汉简《奏谳书》面世以来，关于汉代疑难案件谳治的制度，引发了史学界与法学界的高度关注和深入研究。③ 《汉

---

① 岳麓秦简 0425、0429。

② 张家山二四七号汉墓竹简整理小组：《张家山汉墓竹简（二四七号墓）：释文修订本》，文物出版社 2006 年版，第 24 页。

③ 具有代表性的研究主要有李学勤：《〈奏谳书〉解说（上）》，载《文物》1993 年第 8 期；李学勤：《〈奏谳书〉解说》，载《文物》1995 年第 3 期；彭浩：《谈〈奏谳书〉中的西汉案例》，载《文物》1993 年第 8 期；罗鸿瑛：《汉代奏谳制度考析》，载《现代法学》1996 年第 5 期；张建国：《汉简〈奏谳书〉和秦汉刑事诉讼程序初探》，载《中外法学》1997 年第 2 期；[日] 池田雄一：《关于汉代的谳制——谈江陵张家山〈奏谳书〉的出土》，载《中央大学文学部纪要》史学科第 40 号，1995 年；蔡万进：《张家山汉简〈奏谳书〉研究》，广西师范大学出版社 2006 年版。

书·刑法志》曾载有"高皇帝七年，制诏狱史：狱之疑者，吏或不敢决，有罪者久而不论，无罪者久系不决。自今以来，县道官狱疑者，各谳所属二千石官，二千石官以其罪名当报。所不能决者，皆移廷尉，廷尉亦当报之。廷尉所不能决，谨具为奏，傅所当比律、令以闻"，这一诏令终为《奏谳书》的出土所证实。

《奏谳书》总计载有二十二个司法案例，其中十七个案例属于汉初，三个案例属于秦，两个案例属于春秋时期鲁、卫两国。从具体内容来看，全部案例大致可以分为两类：一类是下级机关已经办理完毕的案件，可能有着某些理由需要上报上级机关；另一类则是下级机关所办理的案件，因为犯罪事实的认定或者刑罚的适用存在某些疑问而需要请示上级机关予以解答或批复。张建国先生对此有着相当敏锐的判断："我们现在见到的这部《奏谳书》看来似是一个合成词，也就是说，除了谳的部分案例外，还有奏的部分文案，也许我们可以分别称它们为'奏书'和'谳书'。"① 他认为那些文书末尾有着"为奏当十五牒上谒"、"为奏二十牒"或者"敢言之"之类文字的大致都属于"奏书"，其上奏的目的仅在于向上级机关说明案件的办理情况而不是请求上级机关予以解答疑问或批示案件如何办理。而"谳书"与"奏书"一样虽然也要向上级机关上报，但上报的目的是要求上级机关解答疑问，所以文书末尾一般都会缀上"疑……罪"或者"敢谳之"之类的文句。蔡万进先生对此观点进行了批评，他认为"奏谳"一词在汉代不仅属于连称，是一个规范的固定用语，而且颇见于史籍，所以"奏谳书"也属于汉代国家正式收录和颁行的司法案例，"那种认为《奏谳书》是由'奏书'和'谳书'两类组成的观点是站不住脚的"。②

这两种观点哪种更为准确，岳麓秦简所见司法案例的发现，也

① 张建国：《汉简〈奏谳书〉和秦汉刑事诉讼程序初探》，载《中外法学》1997 年第 2 期。
② 蔡万进：《张家山汉简〈奏谳书〉研究》，广西师范大学出版社 2006 年版，第 35 页。

许可以为我们提供一些新的线索。其中十一个较为完整的案例中，有七个属于向上级机关请示解答疑问的"谳书"性质的，有两个属于被告人请求上诉的，有一个属于向上级机关奏报司法官吏办理案件的具体情况并为其请求嘉奖的，有一个属于不能明确归属类型的。而在五个残缺不全的案例中，除了一个非常明显属于向上级机关奏报案件办理情况并为办案人员请求嘉奖外，其余四个不确定属于什么类型。但足以引起我们注意的是，在简号为 0448－1 的简的背面，有着"为狱□状"的字样，其简正面似乎是某人向官府控告某士伍杀人的犯罪事实之类的记录。颇为奇怪的是，在简号为 0421 的简的背面，亦有"□覆奏状"的字样，而其简正面的记录应该与 0448－1 所记录的是同一个案例，大致是说丞相等人已经指令该案如何办理。同一个司法案例，居然在分别记载不同程序、内容的简背留下"为狱□状"、"□覆奏状"之类的题名，是否意味着刑事诉讼程序的不同阶段各自所采用的不同文书？而在简号为 0494 的简的背面，还有一个"□乞鞫奏状"的题名，从该简正面所留下的"猩不可起，怒，以刀□／□弃刀……"这样的语句来看，大致可以推断这是一个记录猩杀人或伤人的司法案例，大概猩不服一审判决而提请上诉，故而在简背写有"□乞鞫奏状"的题名。这不仅充分说明秦汉时期的上诉，必须通过原审司法机构向上奏报，而且也表明在不同的刑事诉讼程序阶段，下级司法机关如果要向上级司法机关报告案件的有关办理情况，所采用的正是"奏状"这样的文体。可惜的是，那些向上报告请求解答疑问而且记录比较完整的疑难案件，在简的背面却没有发现"谳状"之类的题名。我们是否可以这样推断，向上请示疑难案件的"谳"由于内容和形式都不会存在大的变化，因此已经定型为固定的文书格式而无须专门标明文体，而向上奏报案件的有关办理情况则因为内容与形式的多样性而随程序阶段的变化而不一？而且，"状"作为一种陈述事实或意见的文书，相对于整体性的"书"而言，无疑是个别而零散的。但将岳麓秦简所见司法案例与张家山汉简《奏谳书》中的司法案例加以比较，我们可以发现二者之间大致有着同样的面貌。这是否意味着秦（代）的"奏谳"制度由于处在创建阶段故而还无法进行系统而完整的总结，而汉初的"奏谳"制度则已充分吸收了秦（代）的丰富经验，司法官吏可以全面搜集资料并加以整理，从而将一个个零散的"奏谳"书状集结为一部"奏谳书"？这个推断如果成立的话，那么张建国先生关于"奏谳书"应分为"奏书"和"谳书"两类的划分则是颇有道理的。

　　当然最为引人注目的还是岳麓秦简所见司法案例的发现，将汉代的奏谳制度往秦（代）大大追溯了一步。自《汉书·刑法志》所记高祖诏令"狱疑谳治"以来，一直没有传世文献或者出土文物予以佐证具体的奏谳程序。张家山汉简《奏谳书》的出土，很大程度上弥补了这一缺漏。而岳麓秦简不仅留下了目前为止我们可以见到的秦（代）最为丰富也最为完整的司法案例，而且将汉代的奏谳制度直接可以追溯到秦（代），再一次为"汉承秦制"的历史记载添上了浓墨重彩的一笔，为我们全面认识秦汉时期奏谳制度的历史发展提供了相当宝贵的资料。岳麓秦简中较为完整的十一个司法案例中，疑狱奏谳方面的有七个。从这七个案例的具体内容来看，其所适用的奏谳程序大多与张家山汉简《奏谳书》中的司法案例相似。一般而言，下级司法机关受理案件经过审讯、诘问等一系列司法程序，如果对被告人是否构成犯罪、构成何种犯罪以及如何适用刑罚等问题存在疑问，就应该向上级司法机关奏谳请求指示。这一奏谳文体一般也都会在开头与结尾附上"敢谳之"之类的文句，具体行文则是首先陈述初审的具体情况，指出案件的疑难所在，然后以"疑……罪"为文尾而请求上级司法机关作出指示。上级司法机关收到奏谳案件以后，就会派人加以复查，然后就被告人行为的定性与刑罚的适用进行讨论，这就是所谓的"吏议"。"吏议"一般都会出现两种不太一样的观点，因此最后是上级司法机关作出最终裁决，并将这一裁决通报给请求奏谳的下级司法机关，即所谓的"报"，以与上诉程序中通告下级司法机关的"谓"相区别。可惜的是，作为最终裁决的"谳报"仅有两个案例可以清楚地反映出来：一个是"癸、琐相移谋购"的案例，大致是由州陵县奏谳而由南郡最终决谳的；另一个是"君子子癸为伪书"的案例，是由胡杨县奏谳的案件，其末尾仅有"谳报"的结果而无决谳的机构。其他的案例，则都没有奏谳的最终裁决结果。结合张家山汉简《奏谳书》中的司法案例，并从岳麓秦简"癸、琐相移谋购"一案的决谳结果来看，秦（代）的奏谳制度应该已经初步形成"县—郡—廷尉"这一逐级上报方式，这与上诉案件并未严格遵循这一方式似乎有着很大的不同。

七、余论

虽然近年来出土面世的秦简日益增多，但在司法案例方面的发现还是相当有限的。岳麓秦简虽然首次向我们展示出秦（代）刑事诉讼程序的实际运行样貌尤其是疑狱奏谳制度的基本面相，但由于出土简牍的残缺，仍然不能完整再现秦（代）司法制度的全部面目，因此前面有些推断也许仍然存在相当大的错误，如关于上诉程序的一些推断。但是，岳麓秦简所见司法案例的面世，毕竟为我们进一步认识秦（代）的刑事诉讼程序提供了相当重要的文献支持。透过这些司法案例，秦（代）刑事诉讼程序的基本面貌越来越清晰地呈现出来，侦查、起诉、审讯、判决、上诉、奏谳等程序的具体运行，变得日益鲜活起来。如果拨开中国古代法律制度的历史云雾，我们可以深刻认识到，作为"治国皆有法式"的强大帝国，秦（代）刑事诉讼程序所产生的历史影响是巨大而不可低估的。譬如侦查以及侦查过程中的拘传、逮捕、羁押、勘验制度，官吏纠举犯罪的起诉制度，被告人或其家人申请上诉的制度，司法官吏在刑事诉讼程序过程中应该承担的司法责任等，无疑都对中国后世产生了不可磨灭的历史影响。而在所有这些历史影响中，也许最为我们值得关注的主要还是两个方面：一是审讯与判决分离；二是疑难案件的奏谳。

秦时的审讯称为"鞫"，相当于我们今天犯罪事实的认定。只有在犯罪事实认定以后，才能进入真正的判决环节，即所谓的"论"，相当于我们今天法律或者刑罚的适用。从岳麓秦简与张家山汉简《奏谳书》所见司法案例来看，"鞫"与"论"的确属于两个各自独立的程序阶段。我们甚至可以发现，上诉之所以称为"乞鞫"，只是由于被告人或其家人对于犯罪事实认定的质疑，即对"鞫"的质疑或否定。而疑难案件的奏谳，则往往是初审司法机关对法律或者刑罚的适用所感到的疑问所致，是对"论"的怀疑。至于"鞫"与"论"这两个阶段是否由不同的司法官吏分别进行，目前还无法做出比较准确的判断。但从张家山汉简《奏谳书》所载的"黥城旦讲乞鞫"一案来看，腾虽然开始参与了审讯即"鞫"，但最终作出判决即"论"的却是昭、敢、銚、赐四人，所以廷尉也仅指出"昭、銚、敢、赐论失之"，根本没有言及腾在审讯过程中的法律责任。如果这并不意味着"鞫"与"论"是由不同的司法人员所进行的，至少也表明秦时的"失刑"、"不直"、"纵囚"之类的司法责任仅及于参与判决即"论"的司法官吏。对犯罪事实的认定与法律或刑罚的适用有着这样的程序划分，深深奠定了中国古代审讯与判决相分离的制度根基，甚至发展到宋代，还形成了相当严格的审、判分离制度，即鞫谳分司制。宋代在中央大理寺、刑部设详断官（断司或鞫司）负责审讯，设详议官（议司或谳司）负责检法用律。在州府设司理院，由司理参军（鞫司）负责审讯人犯、传集人证、调查事实等审判事务，由司法参军（谳司）负责检索法律、定罪量刑。这种审讯与判决严格相分离的制度，可以使审讯与判决两个环节相互牵制和监督，尤其是谳司检法用律时一旦发现犯罪事实的认定存在问题，还可以承担起驳正的责任。宋人当时就对这一制度具有相当高的评价："鞫之与谳者，各司其局，初不相关，是非可否，有以相济，无偏听独任之失……"[1]即使今天来看，这种审讯与判决相分离的制度，仍可为我们所借鉴。

岳麓秦简所见司法案例的发现，将汉代司法奏谳制度的历史大大往前推进了一步。透过秦时疑难案件的奏谳程序，我们可以看

---

① 杨士奇：《历代名臣奏议》，上海古籍出版社1989年版，第2852页。

到，张家山汉简《奏谳书》中反映出来的奏谳制度，基本上都渊源于秦，因此认为"狱疑奏谳制度在西汉初年正式形成"① 的观点肯定是值得商榷了。如果说汉代的奏谳制度有着与秦不同的地方，主要在于奏谳的时间发生了一定的变化。秦严格依据法家思想治国，赏罚分明且有时，无论是案件的受理、审判、上诉或奏谳，都是根据刑事诉讼程序本身的时限要求予以完成。岳麓秦简所见司法案例能够清晰反映出初审机关向上奏谳的具体时间的案件大概有三个："猩、敞知盗分赃遇赦"一案的奏谳时间是二十三年四月，"癸、琐相移谋购"一案的奏谳时间是二十五年五月（该案有两份大致相同的文书记录，另一份显示的奏谳时间是二十五年六月），"君子子癸为伪书"一案的奏谳时间是二十二年八月。从这三个具体案件的奏谳时间来看，秦时的奏谳时间是没有什么限制的。而张家山汉简《奏谳书》中的司法案例，能够明确奏谳时间的大概也有五个，但奏谳时间大皆集中在秋七月、秋八月，已经透露出一种"秋后问囚"、"秋冬行刑"的味道。从岳麓秦简到张家山汉简这一奏谳时间的变化，似乎也说明了《后汉书·陈宠传》的记载的确不为妄语："秦为虐政，四时行刑；圣汉初升，改从简易。萧何草律，季秋论囚。"而自董仲舒运用阴阳五行学说确立起正统的意识形态之后，"司法时令"逐渐成为汉代奏谳制度的理论基石，疑难案件的秋后请谳制度日益规范起来。而秦时自下而上的逐级奏谳制度，也随着国家政权组织层级划分的日渐复杂化而逐渐发生变化，决谳的权力日益向中央司法机关甚至皇帝集中。唐代"三司推事"制度的确立，明清会审制度尤其是朝审、秋审制度的推行，更是将重大疑难案件以及死刑案件的最终裁决权力集中到了中央。而这些发展变化，无疑都与秦时的司法奏谳制度有着千丝万缕的历史联系。

---

① 蔡万进：《张家山汉简〈奏谳书〉研究》，广西师范大学出版社 2006年版，第 153 页。

第二章　唐代对佛教的法律调整

　　唐代是中国古代法律制度发展的顶峰时期，也是佛教传入中国以后逐步中国化的重要转型时期，这就决定了二者之间必然存在千丝万缕的联系。相比于此前历代王朝对佛教松散的法律调整而言，唐代对佛教的法律调整已然呈现出全面而系统的特点，无论是设立管理机构而对僧尼形成严格的僧籍管理，还是对寺庙或僧尼各类宗教或世俗行为进行细微的规范，都为此后宋元明清各代调整佛教提供了重要的制度渊源和法律经验。而在国家法律对佛教全面调控的同时，由于佛教日益深入社会生活，获得大量信徒尤其是权贵集团的支持，其戒规戒律亦不断影响着国家法律的基本内容和精神面貌，为中国古代法律制度的进一步发展注入了新的因素和活力。

一、设立管理机构

　　佛教早在两汉之际便已传入中国，但当时仅为少数上层人物所容纳和把玩，对于一般群众并未产生深刻的影响。甚至在很长的一段时期，由于佛教的外来色彩，汉族王朝对其还采取排斥政策，"惟听西域人得立寺都邑，以奉其神。汉人皆不出家"①，"西晋以上，国有严科，不许中国之人，辄行髡发之事"②，可见其时佛教并未奠定其社会基础，国家对其亦未形成有效的法律管理。西晋实现了短暂的统一，为中原与西域的交流提供了便利条件，外国僧人大量增加，佛教经典纷至沓来，一时间佛教得以迅速传播开来。而

---

　　①　《晋书》卷九五，艺术，佛图澄传。
　　②　《旧唐书》卷七九，傅奕传。

继西晋短暂统一之后，国家长期分裂，南北形成抗衡之势，南方各朝因为政治的黑暗，佛教势力以极其迅猛的速度往前发展。北方各朝则因多以少数民族政权为主，出于对抗汉族政权与汉族文化的需要，亦大肆鼓吹公开信佛，致使僧尼人数激增，如何治理好僧人团体便成为统治者不可忽视的问题。

两晋之际的僧团自身力图通过完善佛教戒律制度以实现僧团戒律自治，取得了一定的成效。但中国自古以来世俗政权一直高高在上，教权受到政权的严厉控制。北方十六国最初以拉拢或荣任僧尼领袖的手段以影响僧团，而东晋则企图迫使僧尼放弃特殊礼俗和政治特权而归化于儒家的伦理纲常之中，逐渐任命僧人为僧官为统治僧团提供了丰富的实践经验。东晋、南朝各代选拔德高望重甚或名门望族的僧人出任僧正，自中央而下郡、州，甚至县而至基层寺院，均有所设。北朝各代则自北魏起，均以昭玄寺作为统辖庞大僧团的僧人管理机构。① 北齐则于昭玄寺之外，再设隶属于鸿胪寺的典寺署，其下设机构"僧祇部"，由世俗官员充任，但对佛教的真正控制权仍在昭玄寺的高僧们手中。隋朝文帝建国之初仍继承北齐传统，重建统管全国僧务的中央僧官机构昭玄寺，并设有沙门大统、沙门统、都维那三种僧职，地方州、郡、县亦设有各类僧官。但后来陆续取消了昭玄寺"大统"之类的僧职，而将鸿胪寺下设的典寺署改为崇玄署，并仅设一人统领佛、道事务。② 隋炀帝为使僧人与常人一样致敬王者，不仅加强了基层僧官的制度建设，而且在僧人担任寺院三纲——上座、寺主、维那——的职位之外，另设由世俗官员担任的监丞，直接对佛教基层组织进行监查，开创了影响深远的监寺制度。

唐朝开国之初，基层一级仍维持寺院三纲之设置，中央一级则

---

① 据《魏书·释老志》的记载，北魏先设监福曹以管理僧团，后来为了适应僧团迅速扩大的需要，改监福曹而为昭玄寺，设主官一名、副职一名或数名，另有各类助手若干，并在州、郡、县以及基层寺院设立各级僧官，开始形成从昭玄寺到寺院基层僧官这样一个组织严密的僧人管理系统。

② 《隋书》卷二十八，志第二十三，百官下。

保留了隋朝的崇玄署，委派一名官阶较低的官员以负责佛、道方面的事宜，并于高祖武德二年在京师设立"十大德"以统摄僧尼，"天下寺观三纲，及京都大德，皆取其道德高妙，为众所推者补充，申尚书祠部"①，形成鸿胪寺崇玄署与礼部中的祠部两大世俗统领机构并驾齐驱的趋势。其中的"十大德"仍继承了昭玄寺"以僧统僧"的传统，但有比较强烈的集体领导色彩，并具有临时性的鲜明特征，所以至最后一位大德明赡于贞观三年而卒后，"十大德"制度则实际废止。唐太宗对于佛教的热情有所克制，尤其赞赏傅奕关于佛教"无益于民，有害于国"的见解，取消十大德与寺、观监查制度，开始将僧尼统制的职能完全转归于世俗官府——鸿胪寺崇玄署——的手中。高宗执政期间，鸿胪寺先后被改名为同文寺、司宾，但其下的崇玄署仍然担负着统领僧尼事务的重任。武则天亲自执掌政权后，为了与尊崇道教的李唐王朝有所区别，极力抬高佛教的地位，使其位列道教之上，并将其管辖机构由原来共管佛、道两教的崇玄署改为负责皇室各种祭祀礼仪的祠部。唐玄宗为了重振李唐皇室的威望，而将托名于老子的道教改属专管皇室事务的宗正寺统辖，佛教事务则仍由祠部检校。然至天宝末年，地方藩镇迅速崛起，诸如不空之类的大德亦陆续投靠其帐下，"功德使"一职逐渐应运而生，开始染指僧务管理权，祠部则仅存掌管僧籍和度僧的权力。此后肃宗、代宗曾设"修功德使"、"内外功德使"掌管朝廷崇佛的有关事务，德宗、宪宗在此基础上专设两街功德使（包含左街大功德使与右街大功德使，分别负责长安左区或东区与右街或西区的佛教事宜）、东都功德使（负责洛阳地区的佛教事宜），并主要由宦官将领出任，与祠部共管僧务。②

---

① 《旧唐书》卷四四，职官三，鸿胪寺。

② "功德使"一职的详细演变，至今尚未有全面清晰的描述，亦难以准确掌握其确切的职责与权限。但从目前所能接触到的有关历史文献来看，功德使一职的设置，最初应该是朝廷专门委任于某一专属地区负责佛教相关事务的官员，譬如公元774年李元琮被任命为"京城寺观修功德使"，公元777年和778年不空的弟子惠晓被委命为"五台山修功德使"等，大致都有着这样的意味。

武宗灭佛期间，虽曾一度将僧尼划归主客郎中掌管，但至宣宗登基，又迅速恢复了两街功德使的设置。直至公元907年，朱温建立后梁，明令僧尼改隶祠部，道士不入宗正，方才有了彻底的变化。

从安史之乱前后来看，唐朝所设的佛教管理机构，不仅名称、执掌不时发生变化，而且究竟由僧俗何方出任统领，亦是不断纠缠、交织在一起，充分呈现出佛教进入中国后世俗政权与宗教之间所存在的紧张关系。自唐太宗废弃十大德而纯任世俗官员统治僧团直至安史之乱前夕，李唐王朝完全将僧务牢牢控制在中央王权的一元化统制之下。但安史之乱不仅强烈动摇了李唐王朝的中央集权的根基，而且也破坏了其一元统制佛教事务的格局。首先是作为州、郡、道甚或藩镇一级地方性僧官的僧正、僧统大量涌现，而这些僧职大多为地方实力派军人或行政长官所委任。僧正是南朝时期采用的僧官称谓，僧统则为北朝时期所使用的僧官名目，安史之乱后其纷纷出现于全国各地，实为地方控制僧务的表现。而像五台山、天台山这样的佛教胜地，则设有僧长之类一系列的特殊僧官，其分工之细密，体制之完备，亦高度透露出"以僧治僧"传统的回复。另外就中央一级的僧官来看，安史之乱后虽有功德使之设置，但至宪宗登基后，又打破前规而任命两位高僧或大德为全国教界的最高僧职，以负责原来由祠部官员主管的僧尼入籍，同时全面督查教界的相关事务。这两位新任命的僧官被称为"僧录"，一位负责长安左街或东街僧务，另一位负责长安右街或西街僧务，尽管其仍在功德使的最终监管之下，但已拥有一定程度的自治权力。这是唐代后期在佛教管理机构设置上的一大特点。

二、完善僧籍制度

设立僧官之类的管理机构，其目的在于对僧尼形成有效的控制。而最为重要的控制手段，当然是明确僧团成员的基本身份，即通过一种特殊的户籍而对僧尼的基本身份加以明确的规定，这就逐渐形成了影响深远的僧籍制度。僧人入了僧籍，就从根本上受到了官方的约束。最初登记僧人名字及出家得度、所隶寺院的籍录沙门事宜，大致始于东晋，当时亦曾遭到沙门的强烈反对。随着王权的强势介入，沙门对僧籍一事于反感之余似乎又有些无可奈何，"若我弟子比丘比丘尼，立籍为官所使，都非我弟子，是兵奴法。立统官，摄僧典，主僧籍，大小僧统共相摄缚，如狱囚兵奴之法。当尔之时，佛法不入"①。南北朝时期由于僧官制度的推行，僧籍制度亦稳步得以推进，僧正、僧统或僧录等僧官成为掌管僧籍的官方署理人员。隋朝于鸿胪寺置崇玄署，设令丞管理佛、道事务，僧籍当为其重要的管理内容之一。唐朝开国之初亦采隋制，武则天时改为祠部，玄宗执政前期重新划归鸿胪寺崇玄署，后又暂归祠部检校，后期则正式划归祠部。安史之乱后，随着功德使这一僧官设置的日益深入，德宗时由祠部与两街、东都功德使共掌僧籍，宪宗时则由两街功德使独掌。武宗灭佛时礼部的主客郎中曾短时期掌管僧籍，但旋即又回复到由祠部与两街功德使共掌的传统，直至唐朝的覆亡。

中国古代素重户籍，因为"凡治皆以为民，凡事皆待人为，故周知民数，为设治之本也"②。佛教自印度传播中土，汉族政权最初皆以其为舶来品而禁止汉人遁入空门。然战乱频仍，交流频繁，沙门日益得以扩张，僧团日渐得以壮大，迫使统治者必须正面对待这一问题。况且遁入空门的僧尼享有免征赋役等一系列特权，僧团的膨胀当然意味着国家财政赋税的缩水。从僧籍上控制僧尼数量，便成为统治者不可忽视的重大策略。东晋隆安年间，桓玄便在境内求取"沙门名籍"以裁汰沙门。③刘宋末年，丹阳尹沈文季曾准备"建义符僧局，责僧属籍"，即以法律手段将僧尼名籍纳入国家户籍管理之中。④北魏孝文帝为了整饬僧团，对于那些假冒入教

---

① 鸠摩罗什译《仁王般若经》卷下，嘱累品第八。

② 吕思勉：《中国制度史》，上海世纪出版集团、上海教育出版社 2002 年版，第 402 页。

③ 《弘明集》卷十二，释支遁，与桓太尉论州符求沙门名籍。

④ 《高僧传》卷八，齐京师天保寺释道盛传。

而逃避赋役的无籍僧尼，强迫其还俗为民，而对那些行为粗俗、品行低劣的有籍僧尼，亦罢归为民。可见隋唐之前，僧籍自僧团自立而逐渐为国家所干预，并且国家日益拥有了僧尼资格的评价权力，但僧籍具体编造情况，因史料所载甚少，难以明确。

　　唐朝的统治者继承了这一僧籍控制的传统，除了不断创设僧团管理机构以掌管僧籍以外，对于僧籍的编造、僧尼的剃度以及寺院的建造皆有着更加完善的规定。就僧籍的编造而言，唐玄宗开元十七年（公元 729 年）"敕天下僧尼、道士女冠三岁一造籍"①，"其籍一本送祠部，一本送鸿胪，一本留于州县"②，对于僧籍编造的时间与呈送的部门皆做了相当明确的要求。即使对于外国来朝的僧人，亦有"新罗、日本僧入朝学问，九年不还者，编诸籍"③ 的规定，足见当时僧籍编造的严格性。至于僧籍上具体书写什么样的内容，唐文宗执政期间一些祠部的官员上书提议"诸州府僧尼已得度者，勒本州府具法名俗姓，乡贯户头，所习经业，及配住寺人数，开项分析，籍帐送本司（祠部）"④，大致可窥一斑。而入籍僧尼若遇身亡或还俗，亦需报送祠部办理"注毁"手续，即京师寺院"僧尼身死及还俗者，其告牒勒本寺纲维当日封送祠部；其余诸州府，勒本州申送，以凭注毁"⑤。而还俗僧尼在"注毁"僧籍的同时，还要进一步办理"附籍"的法律手续，即还俗僧尼由寺院遣归乡里之后，要重新编入户部管理的户籍。可见唐代对于僧籍的编造，的确已有相当详尽的规范。

　　编造僧籍，目的在于控制僧尼的数量，即将僧尼的剃度权限交归国家加以掌控，事实上就是国家对于僧尼资格的评价或认可。因此国家在编造僧籍之时，亦会给正式入籍的僧尼颁发一道身份证

---

① 《佛祖统纪》卷四十，法运通塞志，唐玄宗开元十七年。
② 《唐六典》卷四，祠部郎中。
③ 《新唐书》卷四十八，百官志，崇玄署。
④ 《全唐文》卷九六六，请申禁僧尼奏。
⑤ 《全唐文》卷九六六，请申禁僧尼奏。

明，这就是"度牒"制度的来源。佛教最初传入中土，自汉至晋，僧尼的剃度大皆由寺院操持，此为私度时期。延至北魏太和年间，始有由皇帝诏令剃度的现象。其后熙平年间，灵太后下令，严厉打击社会上的私度行为，规定凡有私度者，私度僧人要发配所在州充苦役，州刺史、太守、县令、州僧统、郡维那、寺主都要连坐问罪。南朝刘宋大明时期，亦已有敕令度僧尼而禁止私度的记载。隋朝文帝、炀帝曾经频频下诏度僧，尤其是文帝因少时得佛寺之养育，即帝位后度僧尼二十三万人。

李唐王朝建祚，时有大臣傅奕数言佛教害政，高祖、太宗颇以为然，屡次下令禁止私度，如贞观元年太宗下敕有私度者处以极刑。[①] 为了昌明公度，严禁私度，李唐王朝继承先朝传统，应对时运，有了许多新的制度创设。首先，对度僧行为由世俗官员依法进行监督或监察。唐玄宗开元十七年，就曾"敕两京度僧尼、道士女冠，御史一人莅之"[②]。以御史一员莅临长安、洛阳两京公度僧尼的场所以为监察，实为国家规范度僧行为的强烈表现。其次，以国家根本法的形式和刑法的手段严厉打击私度僧尼的违法行为。《唐律疏议》卷十二"户婚"专列"私入道及经断不还俗与私度人入道"条："诸私入道及度之者，杖一百；已除贯者，徒一年。本贯主司及观寺三纲知情者，与同罪。若犯法合出观寺，经断不还俗者，从私度法。即监临之官，私辄度人者，一人杖一百，二人加一等，罪止流三千里。"像如此严厉的法律规定，恐非前朝所能为，亦对后世宋元明清影响颇巨。

唐朝不仅继承前朝传统厉行公度而严禁私度，而且更加完善了僧尼剃度的法律制度，其所创设的度牒制度已有相当完善的内容和程序。作为官府颁发给合法剃度者出家剃度的证明文书，度牒对于僧籍的掌握与僧团的管理均发挥着不可忽视的作用。从目前的文献资料来看，唐玄宗天宝年间正式在全国全面推行度牒制度，"敕天

---

① 《续高僧传》卷二十，静琳传。
② 《新唐书》卷四十八，百官志。

下僧尼属两街功德使，始令祠部给牒用绫素，令天下寺院择真行童子每郡度三人"①。因度牒由尚书省祠部颁发，亦称为"祠部牒"。其材料以绫素即绢制作而成，可见是相当重视和考究的。祠部颁发度牒的程序，一般应由王公、贵戚、臣僚或名僧上表奏请，提出剃度名额以及剃度者的名籍，经皇帝制诏认可后由中书门下向祠部发出敕牒，再由祠部向表奏者转发准度牒并填写颁发出实名度牒。而对那些已经死亡或逃亡所遗留的度牒，亦已逐步形成收缴、销毁办法，如德宗建中年间"命僧尼有事故者，仰三纲申州纳符告注毁，在京于祠部纳告"②。这对宋代以后的度牒管理制度影响甚大。

不止如此，唐代为了有效治理僧团，还对请求剃度者规定了类似资格考试的试经制度。佛教传入中土以来，因僧人享有免征赋役等特殊权利，人们竞相遁入空门，遂使国家税源遭挫，亦使佛门良莠不齐。早在东晋时期，一些地方长官为了沙汰僧尼，便已开始用僧戒仪轨测试僧尼，但尚未形成法律化的专业考试。唐高宗显庆三年，玄奘移居新建西明寺，高宗"敕先委所司简大德五十人，侍者各一人，后更令诠试业行童子一百五十人拟度。至其月十三日，于寺建斋度僧，命法师看度"③，这是为玄奘所在西明寺选拔剃度僧人而举行经业考试的初步尝试。中宗神龙元年，正式面向全国"诏天下试经度人"④，当时试经的结果亦有"山阴灵隐僧童大义，年十二，诵《法华经》，试中第一"⑤之类的记载，可见试经制度其时已经相当规范。此后很多皇帝均推行过试经制度，尽管试经的要求、内容、目的或对象不尽相同。尤其是面对日益庞大的僧团队伍，试经逐渐从剃度为僧发展成为沙汰还俗的重要制度，譬如中宗

① 《宋高僧传》卷十五，神皓传。
② 《佛祖统纪》卷四十一。
③ 《大唐慈恩法师传》卷十。
④ 《唐会要》卷四十九。
⑤ 《佛祖统纪》卷四十。

复位之时，即诏命天下试经度人。① 玄宗开元年间，"敕有司试天
下僧尼，年六十以下者限诵二百纸经，每年一限诵七十三纸，三年
一试，落者还俗"②。代宗大历八年，甚至颁诏以经、论、律三科
策试天下出家者，并规定中等方度。③ 文宗太和年间，在翰林学士
李训的劝请下，"诏所在试僧尼诵经不中格者，皆勒归俗，禁置寺
及私度人"④。由此可见，李唐一代在僧籍制度的完善方面，的确
有许多创造性的重要举措。

三、严格僧尼活动

佛陀创立僧团，开初并未制定戒律。后因僧人数量激增，僧团
队伍日益扩大，难免泥沙俱下，于是逐渐便有戒律之创立，以之约
束僧尼的行为与活动。佛教初入中土后，僧团亦主要依靠僧人的自
觉来维持，同时兼以僧团领导人的模范表率作用来带动戒律的遵
守。从集体自觉奉行戒律，到僧团负责人日显重要的领导表率作
用，僧团的领导人或负责人便逐渐肩负起重要的监督责任，于是便
有为首之寺僧成为"僧正"、"僧统"、"僧录"之类的僧官。随着
僧团的日益扩张，作为教团基本单位的寺院日渐成为官府关注的对
象。由于佛教自创立之日起即以远离尘嚣、厌弃人生作为追求，佛
门弟子皆有割断尘俗、离情绝世之意念，这与中国古代所标榜的、
建立在伦理纲常基础上的礼教社会秩序明显是相抵牾的，亦与王权
高于一切的政治传统相背离。况且僧团的庞大，寺院的广布，其中
难免夹杂有作奸犯科者或成为非法之徒的隐身之所。所以随着僧官
制度的确立和发展，以法律制度严格约束僧尼的行为与活动，便成
为国家调控僧团不可缺失的重要内容。从整个历史发展过程来看，
唐代对于僧尼活动的法律规定已经相当深入而全面，主要集中在三

① 《唐会要》卷四十九。
② 《唐会要》卷四十九。
③ 《宋高僧传》卷十六，神凑传。
④ 《新唐书》卷一七九，李训传。

个方面：一是将僧尼的身份或行为纳入礼教的范围加以调控；二是对僧尼的各种社会活动加以严格的限制；三是严惩僧尼触犯国家刑律的违法犯罪行为。

佛门弟子既为出家僧尼，往往以遁入空门的姿态而不接受世俗社会的约束，亦不致拜君亲，可谓深刻触动了中国古代社会的家国根基。因三国魏晋南北朝长时期的分裂割据，社会动荡，皇权弱小，佛教的迅猛发展极有凌驾于君权和父权之上的趋势。东晋时期慧远所鼓吹的"沙门不敬王者论"，正是这一趋势的集中表现。佛门这样的鼓吹，当然与中国源远流长的伦理传统以及王权高高在上的专制政治是相违背的。所以隋朝实现全国统一后，文帝虽对佛教优待有加，但对僧尼行为已逐步加以规范，而至炀帝大业二年，正式下诏沙门、道士致敬王者，但因沙门明瞻等抗诏不从，乃止。①次年沙门彦琮著《福田论》，以诏令诸僧、道士致敬，虽意在讽劝，但已暴露出佛门向王权退让的迹象。

唐朝建立之初，高祖李渊即于武德四年质问僧尼不致拜君亲的做法："弃父母之须发，去君臣之章服，利在何门之中？益在何情之外？"② 太宗于贞观五年谴责更为强烈，下令佛门致拜父母，"佛道设教，本行善事，岂遣僧尼、道士等妄自尊崇，坐受父母之拜？损害风俗，悖乱礼经，宜即禁断，仍令致拜于父母"③，但因佛门的不断抵制，又于贞观七年下诏命僧道停致敬父母。高宗虽是个典型的佛教迷与道教迷，但在僧尼致拜君亲的问题上，亦是旗帜鲜明地维护伦理道德和等级观念，先后颁发《令僧道致拜父母诏》、《僧尼不得受父母及尊者礼拜诏》等诏书，不仅力图令僧道致敬父母，而且亦明确禁止僧道不得受父母及尊者礼拜。由于遭到僧团的强烈反对，高宗还召集群臣于朝堂议论此事，因阻力过大，旋即下诏停令致敬，但此后强令僧尼致拜君亲，一直纠缠着大唐二百余年

---

① 《续高僧传》卷二十四，明瞻传。
② 《集会今佛道论衡》卷丙。
③ 《贞观政要》卷七，论礼乐第二十九。

的历史。玄宗开元二年即质问左街僧录，佛门究竟于众生有何恩德而致使其舍弃君亲妻子？其时姚崇秉政，亦极力上请停建佛道寺观，玄宗颇以为然，诏令沙汰伪滥僧尼一万二千余人还俗①，并令道士女冠、僧尼致敬父母，但旋即又罢致敬。开元二十一年，玄宗再次下敕命僧尼、道士女冠致敬父母。至于令僧尼致敬君王，这些皇帝的诏书或敕命都有些隐晦，但从有关文献记载来看，"道士女冠、僧尼，见天子必拜"②，"自汉至唐肃宗朝，始见称臣。由此沿而不革"③，至唐玄宗至迟唐肃宗时期，将佛门的教权纳入君权之下，已是极其明显的。

　　除了不遗余力强调僧尼致敬君亲，以维护"亲亲"、"尊尊"这一伦理社会的基本原则外，唐朝的统治者还为僧尼确立了无微不至的礼教规范，对僧尼违背礼教的行为加以严惩。僧尼虽已出家，但寺内仍有等级，不可随意冒犯，譬如《唐律疏议》卷六专门对僧尼以及道士女冠的身份做出了明确的规定："若于其师，与伯叔父母同。其于弟子，与兄弟之子同。观寺部曲、奴婢于三纲，与主之期亲同；余道士，与之之缌麻同。"以世俗伦理社会的身份制度比照适用于寺观之内的僧尼阶层，完全是严格僧尼身份与行为的极端表现。不仅如此，唐律还从各个极其细微的角度，对僧尼的日常礼仪行为加以严格的规定，如僧尼不得穿着色服或俗服，否则强令还俗；僧尼巡门教化，和合婚姻，饮酒食肉，娱乐博戏，毁骂三纲，凌突长者，皆罚作苦役；僧尼不得同寺而住，否则罚作苦役，等等。像这些规定，其目的都是维护礼教社会的根基。

　　在严肃礼教的基础上，唐代对僧尼的社会活动亦进行全面的法律规定。首先，严格限制僧尼的出行。高祖武德年间即下令僧尼须安居寺院，诵读经文，无事不许随意离开寺院。太宗贞观年间，规定僧尼外出，须有公验为凭，否则不予放行。玄宗更是下达一系列

① 《新唐书》卷一二四，姚崇传。
② 《新唐书》卷四八，百官志，崇玄署。
③ 《宋高僧传》卷一五，唐常州兴宁寺义宣传。

诏书，要求僧尼不得巡历乡村而恣行教化，因缘讲说而眩惑州间，贪得无厌而唯财是敛，非处行宿而出入市廛。① 僧尼既被禁止随意出行，当然就被规定只能在寺院为信众讲说，"自今以后，僧尼除讲律之外一切禁断。六时礼忏，须依律仪，午后不行，宜守俗制"②。后来在京都长安、洛阳两地，两街功德使据此制定条约，不许僧尼午后出行巡游。武宗大举灭佛，甚至诏命僧尼不许街里行犯钟声，若有外出，必须在午饭钟声敲响之前回到各自所在寺院，而且亦禁止僧尼在自己所在寺院以外的地方过夜。③ 其次，严格限制僧尼的社会交往。僧尼出家之后，若与世俗社会交往甚密，其特殊的身份则有可能被不法僧人所滥用，甚至可能会有人假借传教，秘密组织力量以对抗或反叛朝廷，所以佛教传入中土之后，统治者日益注重对其加以全面调控，其中限制僧尼的社会交往活动便是十分紧要的举措。玄宗开元二年，下敕百官家勿得与僧尼道士往还。开元十年，再次下制约束百官不得与卜祝之人交游来往，其中当然包含僧道，以禁止僧尼与官员勾结。开元十三年，敕命诸寺三阶院除去隔障，使与大院相通，众僧错居，不得别居，若纲维放纵僧尼行化诱人而不予以纠正，勒令还俗。④ 开元十九年，再次敕命严禁僧尼道士在俗家居止往还。⑤ 德宗贞元五年，诏命"今后寺观不得容外客居住"⑥。像这些规定，都在于约束僧尼与世俗社会的来往，明分僧俗，以防不法之事。最后，因佛门的特殊情形，对于僧尼依托鬼神以妖讹惑众、为人疗疾卜相甚至扰乱民心、对抗朝廷之类的

---

① 详细参见《全唐文》卷二十九，禁僧道不守戒律诏，以及卷三十，禁僧徒敛财诏。
② 《唐大诏令集》卷一一三。
③ 原载日本僧人圆仁《入唐求法巡礼行记》，转引自［美］斯坦利·威斯坦因：《唐代佛教》，张煜译，上海古籍出版社2010年版，第133—134页。
④ 《开元释教录》卷十八。
⑤ 《唐会要》卷四十九。
⑥ 《册府元龟》卷五十二。

行为，唐代亦有相当严格的法律规定。太宗贞观十三年，颁诏严禁僧尼假托鬼神、左道求利、妖言惑众、贿赂官府之类的行为。高宗永徽四年，敕僧道不得为人疗疾卜相。① 玄宗开元三年，亦对假托弥勒下生的妖讹行为严加惩治。武宗会昌年间，对僧尼以符咒之术行乞敛财等不守法律与戒律的行为，更是勒令还俗。

　　僧尼既已出家，即应不问世俗之事，其有过失所犯，佛门极力鼓吹"内律佛制不许俗看"②，最初亦受到世俗王权的容忍和默认。但随着僧团的日益壮大，仅凭寺院内部的清规戒律已不足以约束僧尼的行为，国家亦开始注重运用刑法的手段来对僧尼的违法犯罪行为进行惩治。高祖武德年间，即已下诏欲以刑律严治沙门："比年沙门，乃多有愆过，违条犯章，干烦正术，未能益国利化，翻乃左道是修。佛戒虽有科严，违者都无惧犯。以此详之，似非诚谛。"③太宗执政后，一方面尊重佛门戒律；另一方面亦开始强化国家对僧尼的违法犯罪行为加以干预，最初诏颁《遗教经》于京官、刺史各一卷以查勘僧尼戒行，有僧犯过亦召京寺大德、纲维听取佛门意见，随后制定《道僧格》专以惩治僧道两教违法犯罪之举。高宗刚登基时，一度推行"天下僧尼有犯国法者，以僧律治之，不得与民同科"④ 的基本原则，但随后于永徽六年又敕令僧尼等犯罪情难知者，可用俗法推勘，直至人所敬重的玄奘法师染疾奏请，方才下敕停行。⑤ 此后以俗法即刑律惩治僧尼，日益得以推进，尤其是安史之乱后，对僧尼违反刑律的处罚大为详备，譬如僧尼谋反、谋叛等威胁皇权统治的行为，杀人、斗殴、奸盗等威胁他人生命、财产的行为，唐律的规定可谓十分详尽，并且因为僧尼具有的特殊身份，许多处罚都要重于常人。这就使僧尼的活动受到了国家刑律更

---

① 《唐会要》卷五十。
② 《释氏稽古略》卷三。
③ 《法琳别传》卷上。
④ 《释氏稽古略》卷三。
⑤ 《大唐慈恩法师传》卷九。

为严格的规定。

四、限制寺院经济

佛教自传入中土以来，因受自身戒律制约，僧尼蓄财现象并未出现或多见。但至魏晋南北朝时期，由于王朝频繁更迭，社会动荡不安，一些官僚贵族纷纷将田产、财物大量施舍给寺院，无所依靠的贫民亦陆续归依寺院而靠耕种寺院的土地为生。加上这一时期占据山田成为普遍现象，佛门弟子亦深受影响，主动占据山林予以开发利用，逐渐使寺院僧侣拥有了大量的土地、财产和劳动力，寺院经济遂迅速发展和膨胀起来。梁朝的郭祖深对此便有深刻的感触："都下佛寺五百余所，穷极宏丽。僧尼十余万，资产丰沃。所在郡县，不可胜言。"[①] 由于佛教寺院广占土地，隐匿人口，聚敛财物，无疑严重影响了世俗政府的财政赋税收入，甚至还有一些寺院依凭自身雄厚的经济实力而豢养、武装僧人，直接威胁到世俗政权的根基，于是引起国家对寺院经济的强烈不满和干预，并导致了北魏太武帝、北周武帝两次大规模的灭佛行动。但从严格的法律制度来对寺院经济加以限制，南北朝时期仍未有所建树，隋朝亦未来得及深入思考。

李唐王朝建立后，充分吸取南北朝时期的经验教训，建祚伊始便着手制定法律规范以约束寺院经济的发展。首先是在承认寺院过去占有田产的基础上，通过均田法令的颁布实施，极力推行僧尼受田制度。至于唐代僧尼受田具体始于何时，尚不明确，但从生活于太宗、高宗时期的高僧道世的记载"若是国家大寺，如似长安西明、慈恩等寺，除口分地外，别有敕赐田庄"[②] 来看，此时寺院除依均田制所受口分地即口分田外，还能获得国家额外的赐田，可见至迟在太宗、高宗时期僧尼受田制度已经全面推行。关于僧尼受田的数量，《唐六典》亦有专门记载："凡田分为二等，一曰永业，

---

① 《南史》卷七十，循吏，郭祖深传。
② 《法苑珠林》卷七十七。

一曰口分。丁之田二为永业，八为口分。凡道士给田三十亩，女冠二十亩，僧尼亦如之。"① 可见唐代成年人口所受田产分为永业田与口分田二等，其中永业田占20%，人死之后可以被继承下去，口分田占80%，人亡则收归国家所有。因李唐王朝以老子后裔自居，故首尊道教，因此给予道士、女冠田各三十亩与二十亩，而僧尼亦以此作为参照。通过均田制的方式对僧尼阶层进行授田，既解决了僧尼的基本生活问题，又将寺院占田的数量及其规模牢牢控制在国家的手中，这就为国家限制寺院经济提供了有效的法律手段。李唐王朝正是凭借这一手段，不断检括寺院的田产，并对寺院占田过量的情况加以调整，譬如玄宗开元十年，"敕祠部：天下寺观田，宜准法据，僧尼道士合给数外，一切管收，给贫下欠田丁。其寺观常住田，听以僧尼、道士女冠退田充，一百人以上不得过十顷，五十人以上不得过七顷，五十人以下不得过五顷"②。这就明确说明寺院田产必须有法律依据，超出国家法定给数之外的田产，由国家依法收回，并给予不足给数的贫民，至于寺观的常住田，亦只能以僧尼、道士女冠的退田加以补充，并且一百人以上的寺院不得超过十顷，五十人以上的寺院不得超过七顷，五十人以下的寺院不得超过五顷。其中所言的退田，实际上就是僧尼、道士女冠身亡之后，由政府收回的田产。这就充分表明，唐代对僧尼依法授田的举措，实在是限制寺院经济最为有效的手段。

通过授田制度的确可以有效控制寺院所占有的土地和田产，但寺院依然可以通过接受国家赏赐或私人捐赠以及自身的经济创收以广积钱财，如果任其发展，同样会威胁到国家的经济安全。因此在授田制度的基础上，唐代还先后颁布了一系列法令，对寺院经济的来源加以一定的限制和约束。唐朝国祚二百余年，对一些名刹或高僧赏赐田产或财物，也是十分常见的现象。高祖武德八年，因嵩山

---

① 《唐六典》卷三，尚书户部。
② 《唐会要》卷五十九。

少林寺僧人以助平王世充有功，至是赐田四十顷。① 不仅如此，李唐王朝还由国家开支建造寺观，同时赏赐田产与财物，甚至亦赏赐奴婢。皇帝赏赐寺院，当然不受法律的约束，但皇帝的赏赐是有限度的，是对名刹与高僧的一种政治声望的认可，其实也是对僧团的一种潜在的意识形态的控制。至于官僚贵族向寺院捐赠土地或财产，则必须上报皇帝征得同意方可捐赠，否则视为违法行为，其土地或财产随时会被没收，如睿宗曾下令"依令式以外，官人百姓将田宅舍布施者，在京并令司农即收，外州给下课户"②，玄宗则曾下敕"王公以下，不得辄奏请将庄宅置寺观"③。唐玄宗甚至还专门颁布《禁士女施钱佛寺诏》，禁止官僚贵族以及平民百姓随意向寺院捐赠财物，"闻化度寺及福先寺三阶僧，创无尽藏。每年正月四日，天下士女施钱，名为护法，称注贫弱，多肆奸欺，事非真正。即宜禁断其藏，钱付御史台、京兆河南府，勾会知数，明为文簿，待后处分"④。寺院僧人通过讲经说法或经营田产、出借财物等方式以获得经济来源，唐代对此也有一些比较严格的法律规定。对于僧人讲经说法以获取一定数额的报酬，玄宗时期曾明文限制僧尼此类的社会活动。对于寺院及其僧人的经营活动，唐代亦有不准寺院买卖土地，出借钱物收取利息须有限度之类的法律规定。

此外，寺院既占有大量土地，则必须拥有一定的依附劳动人口。两晋以来，寺院中的劳动者尽管名称不一，但大致地位相同。这些劳动人口一旦依附于寺院，便从国家赋役征收的户籍中解脱出来，对于国家财政赋役的损害是不言而喻的。至南北朝后期，仅北齐时寺院所隐匿的人口数目即有两百万之众。更可怕的是，一些达官贵人为了逃避赋役，纷纷与寺院勾结，将田产与所属人口假托于佛门之中，严重威胁到国家正常的财税体制，德宗建中元年宰相杨

---

① 《金石萃编》卷四十一，少林寺赐田敕。

② 《全唐文》卷十九。

③ 《唐会要》卷五十。

④ 《全唐文》卷二十八。

炎上疏谓"凡富人多丁率为官为僧，以色役免，贫人无所入则丁存，故课免于上，而赋增于下"①，即可窥一斑。对此，唐代通过前述完善僧籍、发放度牒、试经度人等一系列手段，严格控制僧尼出家，避免普通人口流入寺院，从而对寺院经济必须依赖的劳动力资源加以一定程度的控制，亦是限制寺院经济不可缺失的法律举措。

五、结论

佛陀创立佛教，其意在于为芸芸众生寻找远离尘俗、不问世事的出世之法，从而以摆脱人生的苦海。基于此种目标，印度佛教极力摒弃物欲之累赘，避免世事之烦扰，拒斥与官方之联系，甚而在佛道与王道之间的相互关系上，主张"天下多道，此种王法最大，佛道为至上道"②，颇有将佛道凌驾于王道之上的味道。佛教传入中国之后，由于中国古代社会王权高于一切的政治特点，其超脱、清净的印度传统遂日益发生变化，最终彻底中国化了。而在这一逐渐中国化的历史过程中，唐代对于佛教的法律调整可谓起着承先启后的关键作用。自东汉末期佛教传入中土，历经三国魏晋南北朝长达三百余年的动荡时期，由于王权更迭频繁，佛教遂能在王权不能自顾的情形下得以蓬勃发展，尽管期间亦遭受到一些王朝的严厉打压，但最终还是历尽艰辛，挺了过来。唐代由于实现了一统天下、前所未有的局面，因此足够有时间也有能力来全面调控佛教。在强大的王权面前，佛教势力日渐俯首帖耳。李唐王朝开国之初，即颁诏确定道教、儒教与佛教的先后秩序。佛门高僧为争取名位先后，亦陆续乞灵于王权的确认，即使声名显赫的玄奘法师亦不能例外，其于高宗显庆元年染疾，高宗遣御医往视，玄奘因奏请改正僧道名

---

① 《唐会要》卷八十三。
② 《般泥洹经》，转引自赖永海：《中国佛教文化论》，中国人民大学出版社 2009 年版，第 236 页。

位先后，遭到高宗委婉拒绝。① 华严宗创始人法藏蒙武则天提携，一直对其感恩戴德，后来张柬之发动政变，法藏遂转而支持中宗，并为中宗、睿宗授菩萨戒，被中宗礼为"菩萨戒师"，赐号"国师"。尤其在武则天称帝问题上，佛门弟子逢迎谄媚，"有沙门弟子十人伪撰《大云经》，表上之，盛言神皇受命之事"②，甚至鼓吹则天是弥勒下生，当代唐作阎浮提主。后武则天改国号周，加尊号曰圣神皇帝，嗣后更加尊号曰慈氏越古金轮圣神皇帝，并着力提拔为首上表的怀义，佛教亦被诏令在道法之上，僧尼处道士、女冠之前。面对高高在上的王权，唐代佛教的发展似乎离不开王道政治的支持，而世俗的王法遂日益深入佛门的各个领域之中。而唐代除了武宗灭佛的极端时期，对于佛教亦不采取高压政策，如太宗李世民尽管不喜佛教，但对佛门还是给予相当大的尊重，依法治理佛教事务，的确是大唐王朝所采取的基本路线。之所以如此，是唐朝的统治者大多看到了佛教与儒教同样所具有的教化作用，利用其以维护王道政治的扩展。正是在这一相互支持的过程中，佛教的经律亦不断深刻渗入唐代的世俗法律之中，譬如正月、五月、九月三个断屠月以及月一日、八日、十四日、十五日、十八日、二十三日、二十四日、二十八日、二十九日、三十日十斋日或十直日或禁杀日严格禁止执行死刑的做法，恰是佛法深刻影响世俗法律的表现。③ 在这个意义上，唐代对佛教的法律调整，既使佛教在王权的指引下真正走上了中国化的道路，又为中国传统法律的发展注入了新的活力和新的因素。其中尽管也经常出现一些矛盾和冲突，但二者总体的关系，其实始终还是"盟友"。正是这样的特殊关系，才最终造就了中国独特的佛教文化。

---

① 《大唐慈恩法师传》卷九。

② 《旧唐书》卷六，则天皇后本纪。

③ 十斋日本为道教的斋日，但从高祖武德二年下诏将其和佛教的三长斋月并列为断屠禁杀日，不久之后，也就被佛教吸收并成为佛教的斋日。由此更可看出，王法与佛法之间的相互支持关系在唐代的确是非常明显的。

第三章　蒙元对佛教的法律调控

自成吉思汗起兵以来，蒙古铁骑横扫欧亚大陆，建立起疆域空前广袤的世界性大帝国。在这一庞大的帝国疆域内，杂居着空前繁多的民族，而其中许多民族又都有着自己传统的宗教信仰。蒙古汗廷面对此种情形，始终以积极开放的政治姿态对待各民族的宗教信仰。灭亡南宋后的大元王朝，因忽必烈与佛教之间的亲密关系，对于佛教尤其是藏传佛教更是恩荣有加，礼遇空前，其对佛教的法律调控在隋唐宋的基础上日益完善，为中国佛教的深入发展和国家交流提供了重要的制度保障。

一、推行信教自由

蒙古族信仰萨满教，早期几位可汗都是虔诚的萨满教徒。但在对待外来宗教甚至与萨满教信仰不一致的宗教这一问题上，蒙古汗廷绝不一味加以歧视和排斥，而是采取兼容并包的宽容政策，允许人们享有选择和信仰任何宗教的自由权利。即使就是蒙古汗廷内部，皇室成员的宗教信仰也是五花八门，缤纷多彩。而在 1211 年信奉景教的乃蛮部王子屈出律篡夺西辽政权并将和田的回教首领钉死在清真寺的大门上这一事件发生后，成吉思汗趁机出兵征服西辽，并在破城之日宣布信教自由，还严令诸皇子不得偏重任何宗教，应对各教信徒待遇平等。[①] 可以说，自此信教自由即已成为蒙古汗国的一项基本定制或国策。

---

① 参见多桑：《多桑蒙古史》上册，冯承钧译，中华书局 1962 年版，第 158 页。

出于信教自由的宽容政策，成吉思汗戎马倥偬之际，亦十分留意中原汉地的佛教禅宗僧人，尤其推崇临济宗大德中观沼公及其弟子海云印简禅师。贵由即汗位后，诏命海云印简禅师统摄天下僧众，并赐白金万两，延请其至蒙古汗廷和林主持太平兴国禅寺。蒙哥继位后，再次颁诏命海云印简禅师负责管理全国佛教事务。而忽必烈即位前曾专门向海云印简禅师请教佛法以及安顿天下之法，海云印简禅师的再传弟子刘秉忠还是忽必烈的重要佐命大臣。出身于曹洞宗的耶律楚材，日后更成为大蒙古汗国初期最显赫的政治家。可见，自成吉思汗以下，汉传佛教得到蒙元皇室的优待礼遇，恐非隋唐宋所能贯彻始终。

更难能可贵的是，在汉传佛教受到不断青睐的同时，自世祖忽必烈始，藏传佛教日益受到尊崇。公元1260年，忽必烈敕封藏传佛教萨迦派圣僧八思巴为国师，令统天下释教。自此，历代元帝于登基前都必须先受帝师灌顶、授戒，可谓是藏传佛教萨迦派之弟子。为维护藏传佛教的尊崇地位，蒙元皇室不断下诏保护西僧，对侵夺寺庙和佛殿以及欺凌僧人的行为加以严惩，如成宗铁穆耳就曾给西藏僧人颁赐《优礼僧人诏书》，有云："今后，如有俗人以手犯西僧者，断其手；以言语犯西僧者，割其舌。自颁发此诏书之后，对不敬奉僧人和践踏寺庙和寺院的人，请派遣到各地的官员和僧人长老者联名奏来，朕知后必加惩处。"① 藏传佛教的显赫地位，由此可见一斑。但从整个蒙元来看，汉传佛教并未因朝廷尊奉藏传佛教而遭受排挤和压制。相反，蒙元时期的汉传佛教地位远高于隋唐宋时期。蒙元皇室不仅经常虔诚崇信汉传佛教，而且推广汉传佛教的努力可谓身体力行，一以贯之。元人危素曾言："盖佛之说行乎中国，而尊崇护卫，莫盛于本朝。"② 足见此言不虚。

---

① 蔡巴·贡噶多吉：《红史》，陈庆英等译，西藏人民出版社1988年版，第129—130页。

② （元）危素：《危太仆文集》卷五，"扬州正胜寺记"。

二、完善僧官制度

僧官是受政府委派管理佛教事务的僧伽，其职责主要在于掌管僧籍、统摄僧尼以及协调佛门教团与世俗政府之间的关系等。佛教自东汉时期传入中土，东晋时期始有僧官制度的创设。历经各代的发展变化，僧官制度日益严密与细化。蒙元借鉴前朝经验，结合当时独特的政治社会环境，进一步将僧官制度往前大大推进了一步。

蒙元朝廷最有开创性的僧官制度，无疑是公元 1260 年忽必烈敕封藏传佛教萨迦派圣僧八思巴为国师，从而影响深远、旷世无匹的帝师制。在敕封八思巴为国师后，忽必烈于公元 1264 年创设总制院，以八思巴领总制院事，管理全国佛教事务和吐蕃地区军政事务。公元 1270 年，也就是在改国号为"大元"的前夕，忽必烈晋封八思巴为帝师。忽必烈不仅改变了此前只有"国师"而无"帝师"的尊号制度，而且真正赋予"帝师"以巨大的实权，并将这一制度确立和巩固下来，贯穿了整个大元帝国的始终。帝师的主要职权有二：一是教授皇室成员；二是统辖僧尼，掌管全国佛教事务，甚至还执掌吐蕃地区的军政事务。其所享受的殊荣和尊贵，远非此前各代的"国师"所能望其项背。

大约在敕封八思巴为国师的 1260 年，忽必烈亦在中央设立僧务机构"释教总统所"，其主要佐官有判官、参议、经历、都事、管勾等，地方诸路亦有相应设置。但因僧官冗滥，众僧不胜苛扰，著名译师沙啰巴上奏建言罢撤诸路总统所。大元朝廷采纳建言，于成宗大德三年（1299 年）诏令"罢江南诸路释教总统所"[①]。然而中央一级的释教总统所究竟有无罢撤或罢于何时，史载未详。但从总制院到宣政院的机构设置来看，既然全国佛教事务尽归其属，中央一级的释教总统所也应无独立存在的必要了。

总制院是公元 1264 年忽必烈创设的管理全国佛教事务和吐蕃地区军政事务的行政机构，由国师八思巴统领，其地位几乎与中央

---

① 《续资治通鉴》卷一九三。

三大机关——中书省、御史台和枢密院——并驾齐驱。至元二十五年即公元1288年，"因唐制吐蕃来朝见于宣政殿之故"①，总制院易名为宣政院。最初设院使二员、同知二员、副使二员、参议二员、经历二员、都事四员、管勾一员、照磨一员，后来又不断增减机构人员。从宣政院的职责来看，"掌释教僧徒及吐蕃之境而隶治之。遇吐蕃有事，则为分院往镇，亦别有印。如大征伐，则会枢府议。其用人则自为选。其为选则军民通摄，僧俗并用"②，其权力之大可以想见。如若再将宣政院所属的数十个官署的职能细加梳理，其所掌握的权力那就大得惊人了。而为了提高行政效率，宣政院亦如行省一样在诸路分设行宣政院，"在朝廷曰'宣政院'，在诸道曰'行宣政院'，遐方置之，奉行宣政院事"③。但从《元史》等史籍的相关记载来看，行宣政院的设置似乎并不普遍，仅有杭州、西番、江浙三处为文献所能考。

此外，唐代兴起的功德使司也曾为大元王朝模仿设置。公元1280年世祖忽必烈因唐制设"都功德使司"，"掌奏帝师所统僧人并吐蕃军民等事"④。但宣政院设立后，都功德使司的权限大大遭受挤压。尽管成宗大德年间还相继在诸路设置功德使司，但管理僧尼事务的职权已然被剥夺。至公元1329年文宗谕令"罢功德使司归宣政院"⑤，这一僧务机构便寿终正寝了。

除了诸路分设行宣政院外，元代还因袭宋金旧制另设其他地方性僧务机构。与路、府、州、县的行政层级对应，设有僧录司、僧正司、都纲司等。这些僧务机构的基本职责大致与宋金时期相同，主要用于处理和督导各路、府、州、县的佛教事务。但蒙元帝国由于疆域广袤而又推行信教自由，因此往往还因时因地先后设立过一

---

① 《元史》卷八十七，志第三十七，"百官三"。
② 《元史》卷八十七，志第三十七，"百官三"。
③ （元）梅屋念常：《佛祖历代通载》卷二十二。
④ 《元史》卷十一，世祖纪八。
⑤ 《元史》卷八十七，志第三十七，"百官三"。

些特别性或临时性的僧务机构，诸如白云宗总摄所、江淮诸路御讲所、广教总管府、湖广头陀禅录司等。

三、编修禅门清规

佛教传入中土，日益与中国的文化传统相调和，禅宗的兴起与烜赫便是最为鲜明的表征。禅宗形成前夕，其追求的禅定就与净欲互为条件，因而禅与戒的结合就非常紧密。而在禅宗早期，同样也是有约束规范的，以致"释门三学，以心印相传；无上菩提，以戒法为根本"① 成为认可的配合。正是禅宗形成前后这一禅戒或禅律的结合，为以后的禅门清规准备了丰富的实践条件。而取自中国习俗的日常生活规范以弥补单依戒律不能解决的困境的"僧制"，亦有了各种中土特有的清规，日益成为僧众日常修行的规范，以及僧团组织、行事的依据。

但禅宗真正自立规范，一般公认始创于百丈怀海，《宋高僧传》有着十分清晰的记载："居新吴界，有山峻极，可千尺许，号百丈欤！海既居之，禅客无远不之，堂室隘矣。且曰：'吾行大乘法，岂宜以诸部阿笈摩教为随行邪？'或曰：'《瑜伽论》、《璎珞经》，是大乘戒律，胡不依随乎？'海曰：'吾于大小乘中博约折中，设规务归于善焉。'乃创意不循律制，别立禅居。……其诸制度，与毗尼师一倍相翻，天下禅宗如风偃草。禅门独行，由海之始也。"② 怀海所定之制，后世称为"百丈清规"，其既不是大乘律，也不是小乘律，以及与大小乘结合的南山律亦不相同。自此之后，历代亦有高僧陆续加以修订。但由朝廷组织编修并颁行全国，却是大元帝国前无古人的创举。

由于经过相当长的一段时期发展，禅宗日益成为中国佛教的主流，为了对其加以规范，顺帝在位期间下诏敕命江西百丈山大智寿圣禅寺住持东阳德辉禅师重辑编修《百丈清规》，并由金陵大龙翔

① 《宋高僧传》卷十五，"唐京师西明寺圆照"。
② 《宋高僧传》卷十，"唐新吴百丈怀海传"。

集庆寺住持笑隐大䜣禅师主持校正。《敕修百丈清规》在参考真定宗赜的《禅苑清规》、金华惟勉的《丛林校定清规总要》、东林戈咸的《禅林备用清规》等禅门清规的基础上，删繁就简，重新诠释，形成了祝厘、报恩、报本、尊祖、住持、两序、大众、节腊、法器九章系统化的基本内容，将禅门清规大大往前推进了一步。

《敕修百丈清规》在编修、审定完毕后，大元朝廷正式颁行全国，诏告天下缁流均须依此清规而行。即使元朝覆亡后，大明政府又多次下令：诸山僧人不遵此清规者，"以法绳之"。而此清规传入日本后，为五山丛林所共同遵守，足见其所产生的历史影响之巨大。

四、保护寺院经济

自佛教传入中土以来，寺院所拥有的土地与财富往往与世俗政府的利益有着一定程度的矛盾和冲突，故而历朝历代均极其注重对寺院经济加以法律上的节制或调控。蒙元朝廷与各代不同，既然推行信教自由政策，对于寺院经济也就较少加以控制，而是提供一种较为全面的支持和保护。无论是皇家寺院还是民间寺院，都拥有数量不等的田园、土地、山林之类的专属产业，受到法律较为严格的保护。

皇家寺院往往是由皇帝或后妃发起建造的。这类寺院，大多规模宏大，富丽堂皇，其所兴建修缮的资金以及日常各类费用均由朝廷直接拨付赐予。这些规模巨大的皇家寺院，不仅拥有大量良田、山地与园林，而且常常拥有邸店、作坊、解库、湖泊、津渡、浴堂、矿冶等，甚至分布在不同的路府。针对皇家寺院如此庞大的产业，蒙元朝廷开始是分寺设立专门官署加以管理。如公元1279年，大护国仁王寺落成，忽必烈设"'大护国仁王寺总管府'，以散扎儿为达鲁花赤，李光祖为总管"①，掌管该寺产业的经营。其后，该总管府又先后更名或升格为"都总管府"、"会福院"、"会福总管府"。从此，各皇家寺院的经济管理机构基本上都仿照大护国仁

---

① 《元史》卷十，"世祖纪七"。

王寺的模式设置。但到公元 1328 年，鉴于各寺院的分别管理难以统一，大元朝廷开始设置"太禧院"，并于翌年更名为"太禧宗禋院"，总制全国所有皇家寺院的总管府，"凡钱粮之出纳，营缮之作辍，悉统之"①。自此，大元王朝管理皇家寺院寺产的各级机构与官员，有了相当系统的规模，造就了元代十分奇特的"寺产官营"现象。

当然，皇家寺院的各类产业及其经营活动固然受到官方保护，民间寺院的寺产及其经济活动同样也不例外。从今天所能见到的河南林县《宝严寺圣旨碑》、云南《大理崇圣寺圣旨碑》、《昆明筇竹寺圣旨碑》等的相关记载来看，皇帝直接下旨规定任何人不得仗势侵夺寺院的房舍、良田、山地、园林、邸店、作坊、解库以及马匹、税粮等。即使朝廷的钦差或特使大臣，也不得无端骚扰作践。蒙元朝廷对寺院经济的保护，由此可窥一斑。

---

① 《元史》卷八十七，"百官志三"。

第四章　明初乡村教化的法律制度

朱元璋建立自己的明朝政权后，在治理国家的根本政策上，极力推崇历代以来的"教化"思想，"明教化以行先圣之道"①。朱元璋反复强调："治天下当先其重且急者，而后及其轻且缓者。今天下初定，所急者衣食，所重者教化。衣食给而民生遂，教化行而习俗美。"② 与过去"德行天下"的道德教化所不同的是，朱元璋不仅强调德礼对于教化的指导意义，而且也张扬法律对于教化的促进作用，形成了"明刑弼教"的基本指导思想。所以在朱元璋这里，礼与法都是治国的根本，都是教化的内容与依据，二者互为表里，共同为教化服务。而且朱元璋还深刻认识到"制礼立法非难，遵礼守法为难"③ 的道理，要使黎民百姓长期遵礼守法，就必须用礼法对其进行教化，使得礼法的观念与制度深入人心。加上朱元璋出身于民间，对于社会基层有着比较深刻的洞察，深知基层社会的稳定直接关乎整个社会的命运，因此其在乡村社会广泛推行礼法结合的教化制度，力图实现天下大治的政治理想。

一、教化的组织化：里老法律制度

明代县以下的基层单位通常有"乡、都、图、里"之说，但只有里（图）是通过里甲制度由政府统一设置的基层组织单位。④洪武四年，朱元璋在基层社会实行粮长制，采用"民收民解"的

---

① 《明太祖宝训》卷之二，尊儒术。
② 《明太祖宝训》卷之一，论治道。
③ 余继登：《皇明典故纪闻》卷一。
④ 参见何朝晖：《明代县政研究》，北京大学出版社 2006 年，第 61 页。

方式征收钱粮,粮长曾经一度成为乡村基层社会的管理者。但因粮长为"杂役",问题颇多,朱元璋大约于洪武十四年又开始在全国颁行更加正规的里甲制,设置属于"正役"的里长,以一百一十户为一里,使里成为县以下唯一的乡村基层行政单位。里甲作为乡村基层行政单位,具备攒造黄册、催征钱粮、点差徭役、勾摄公事、出办官物、管束里民、处理纠纷、维持治安等多种职能。如此繁重的公务,使得作为"正役"的里长疲于奔命,无法顾及一里之中颇为琐碎但却极其重要的教化问题。

为了建立起乡村教化的专门组织,在里甲制颁行的同时,朱元璋又开始推行里老制,"里设老人,选年高为众所服者,导民善,平乡里争讼"①。里老制是在最初设置的耆宿制的基础上发展而来的,"初令天下郡县选民间年高有德行者,里置一人,谓之耆宿,俾质正里中是非,岁久更代"②。但因"中间多有年纪虽高,德行实缺,买求耆宿名色,交结官府,或蔽自己差役,或说他人方便,蠹政害民"③,故于洪武二十一年罢而不用。明初实行的这种耆宿制,是朱元璋对地方基层社会管理的一个政治尝试,但由于选用耆宿的标准过于注重"年高有德",具有很大的盲目性、临时性,致使被人利用"蠹政害民",因此不得不加以罢弃。然而鉴于乡村社会事务复杂,朱元璋在废弃耆宿制的基础上,继续重视里中老人对于基层社会治理的积极意义,于洪武二十二年,复"令天下州县选民间耆年有德者,每里一人,以次来朝。既至,令随朝观政,三月遣归"④。可见朱元璋已经不仅重视老人选用的"年高有德"这一标准,而且开始注重培养老人的基层政事管理能力。洪武二十七年,为了严禁越诉而造成州县"讼累","命民间高年老人理其乡之词讼,先是,州郡小民多因小忿,辄兴狱讼,越讼于京,及逮问

---

① 《明史》卷七七,食货一。

② 《明太祖实录》卷一九三,洪武二十一年八月壬子。

③ 弘治《明会典》卷之十,吏部九,授职到任须知,耆宿。

④ 《明太祖实录》卷一九八,洪武二十二年十一月癸未。

多不实，于是上严越诉之禁，命有司择民间耆民公正可任事者，俾使听其乡诉讼，若户婚、田宅、斗殴者，则会里胥决之，事涉重者始白于官，且给教民榜使守而行之"①，里中老人开始获得户婚、田宅、斗殴等所谓"民事细故"的裁决权力，里老制初步形成。洪武三十年，朱元璋还在每乡里之中各设一个木铎老人，专门宣讲"圣训六言"，"上命户部，下令天下民每乡里各置木铎一，内选年老或瞽者，每月六次持铎徇于道路，曰：'孝顺父母，尊敬长上，和睦乡里，教训子孙，各安生理，毋作非为'"②。洪武三十一年颁行《教民榜文》，重申严禁越诉之禁令，规定"民间户婚、田土、斗殴、相争一切小事，须要经由本里老人、里甲断决，若系奸盗、诈伪、人命重事，方许赴官陈告"③，比较全面规定了乡村社会的权力结构和体系，里老制正式走向成熟。

从《教民榜文》的条文规定来看，内容主要涉及乡村基层社会的教化、理讼、治安、兴学等各个方面，但其核心内容都是围绕教化问题而展开，基本形成了里甲负责行政、里老负责教化的乡村治理体系。譬如里老承担的引导风俗、劝民向善、宣讲上谕、劝课农桑、兴修水利等职能，其目的都在于移风易俗，推行教化。即使《教民榜文》大量条文赋予里老理断民讼、决断是非的司法职能，其最终目的也在于少讼、息讼，理讼只是方式，教化才是目的。朱元璋之所以选用一些年老有德又兼有威望的老人充当里老以专理词讼，其用意正在于引导社会风尚，教化乡民。可以说，理断词讼只是里老实现教化的途径和手段，劝民向善才是达成教化的真正目的。里老制的设置与成熟，标志着明初乡村教化呈现出高度组织化的基本特征。

明中叶以后，因赋役负担日益沉重和不均，里甲逃亡现象日益严重，尤其是一条鞭法的推行，里甲制日趋崩解，里长、老人的地

---

① 《明太祖实录》卷二三二，洪武二十七年夏四月庚午朔。
② 《明太祖实录》卷二五五，洪武三十年九月辛亥。
③ 《皇明制书》卷九，教民榜文。

位有很大的下降，里老制度也逐渐败坏。里老由过去"方巾御史"的权威地位沦为仆隶的卑贱境遇，时人多有深刻的洞察和描述，"窃观今各处老人，非素武断乡曲，即素出入衙门者。盖其源由官府待以奴隶，故稍知自保者，耻为此也，畏为此也。耻且畏者既远，则奸宄无赖者至矣。夫以待之之薄，故民之不良者至。不良者则官府待之愈薄，如是而望老人之得人，可乎？"① 随着里甲、老人制陷于崩溃和涣散，旨在教化民众、维护地方治安和稳定的保甲、乡约制度开始在明朝中后期应运而生，里老制的乡间教化组织职能逐渐为保甲制、乡约制所取代，基层教化组织体系进行了新的组合。

二、教化的司法化：申明亭法律制度

在里老制还没有正式建立起来之前，朱元璋已开始模仿夏商周三代乡党闾里之制，约于洪武五年在乡村社会创建读法、明理、理讼的申明亭，"以田野之民不知禁令，往往误犯刑宪。乃命有司于内外府州县及乡之里社，皆立申明亭。凡境内人民有犯，书其过名，榜于亭上，使人有所惩戒"②。洪武十五年进一步规定："自今犯十恶、奸盗、诈伪、干名犯义、有伤风俗及犯赃至徒者，书于亭，以示惩戒。其余杂犯公私过误，非干风化者，一切除之，以开良民自新之路。"③ 所设申明亭处，也必设旌善亭，亭上书写善人善事、恶人恶事，以示教化和惩劝。城乡各坊里厢，都例置二亭。县治之有图者，也多半标明二亭的所在。根据（嘉靖）《建平县志》的记载，当时建平县在县治前左建有申明亭，县治前右建有旌善亭，并且在全县五乡分别设有申明亭、旌善亭各二十八所。④ 每里推选一年高有德之人掌管读法、理讼等事务，称为老人，由里

---

① 嘉靖《东乡县志》卷上。
② 《明实录类纂》司法监察卷，《太祖实录》卷三七。
③ 《明太祖实录》卷一四七，洪武十五年八月乙酉。
④ 嘉靖《建平县志》卷之三，建设志，公署。

长襄助。随着里甲、里老制的逐步确立，申明亭制度日渐与其结合而获得新的发展，甚至在很长一段时间内，申明亭成为里老理讼的主要司法场所。

申明亭制度的最初功能就是惩恶劝善，即将乡里之内为恶之人的姓名及所犯之事书于申明亭上，以示惩戒，"州县各里皆设申明亭，里民有不孝不悌、犯盗犯奸、一应为恶之人，姓名事迹，俱书于板榜，以示惩戒，而发其羞恶之心，能改过自新则去之"①。申明亭这一功能是与建设于其旁的旌善亭一起发挥作用的，在申明亭和旌善亭，都置有"善恶簿"，"民有善恶，则书之，示劝惩"②，其中"劝善簿"为红面，"纠恶簿"为黑面，合乎道德伦理和圣谕者则记载于善簿予以表彰，而游惰、赌博、酗酒、好奢、打架、抗粮、唆讼等违反礼法行为者，则记载于恶簿予以惩戒。一般而言，在旌善亭，"凡民间有孝子，顺孙、义夫、节妇，皆书其实行，揭于其中，劝善也"③，而在申明亭，则"悬教民榜其中，差老人日直亭，剖理民间产婚田土争竞小讼。并书其过悬焉"④。经过一年以后，从中推选出始终为善者，或免徭役，或表其门闾，以示褒奖；而对其中屡教不改者，则予以杖笞，以示惩罚。至于针对那些破坏申明亭制度的行为，《大明律》不仅专门规定了相关的罪名条款，而且还经常诏令全国"其有私毁亭舍、除所悬法令及除抹姓名者，监察御史、按察司官以时按视，罪如律"⑤。

当然，申明亭最为主要的功能还是理讼，即为里老提供民事调解和民事裁决的司法场所，"凡老人、里甲剖决民讼，许于各里申明亭议决"⑥。确立老人、里甲等在申明亭的理讼制度，既可以严

① 薛允升：《唐明律合编》卷二十六上，杂犯，拆毁申明亭。
② 龙文彬：《明会要》卷五三，食货一。
③ 正德《永康县志》卷二，建设。
④ 正德《永康县志》卷二，建设。
⑤ 《明太祖实录》卷一四七，洪武十五年八月乙酉。
⑥ 《皇明制书》卷九，教民榜文。

越诉之禁，又可以保证老人、里甲在周知邻里的基础上保持公允决断，从而达成有效的社会和谐。根据《教民榜文》相关条文的规定，老人由本里众人从年老德高、平日公直、人所敬服者中推选，或三名或五名或十名，上报于官府。一般的民事词讼，如户婚、田土、斗殴、争占、失火、窃盗、骂詈、钱债、赌博、私宰耕牛、子孙违反教令等，里老人都可受理；即使是奸盗、诈伪、人命等刑事案件，只要不属于十恶、强盗、杀人等重案，于本乡本里之内能够含忍省事不愿告官者，也可以由里老人决断。当然里老人受理词讼，必须由本管人员自来陈告，否则不能受理。在具体裁决尤其是疑难裁决过程中，实行众老人的"群裁"制度，"本里老人，遇有难决事务，或子弟亲戚有犯相干，须令东西南北四邻里分，或三里五里众老人、里甲剖决"①。至于裁决一经作出，便具有相当严格的约束力，不论裁决是否确当，概不允许当事人向官府陈告，也不许官府受理。当然如果里老人存在徇情舞弊、颠倒是非、不行正事、倚法为奸等情形，则予以法律的严惩。

此外，申明亭还是读法、明理的宣讲场所。里老人要定期向里中编户宣读并讲解《大诰》、《大明律》、《教民榜》，使全里众人知法畏法，不敢犯法，同时还宣讲"孝顺父母，尊敬长上，和睦乡里，教训子弟，各安生理，毋作非为"的《圣谕》六事，并讲说《宣谕》。所谓《宣谕》，乃明朝祖制，就是每月朔旦文书房请旨传《宣谕》一道，教谕百姓于各月应做之事，由顺天府发出，以达于天下。如六月百姓应缴夏税，《宣谕》即提醒众人须"各守本分，纳粮当差"。

总的来说，不管是惩恶劝善，还是受理词讼，抑或宣讲法律，申明亭设立的根本宗旨就在于教化民众。惩恶劝善自不必说，即使受理词讼的司法行为，事实上也是为了充分发挥出里老人在基层乡村社会的道德影响力，劝谕乡民以和为贵，和睦相处，从而减少民间词讼，达到少讼、息讼甚至无讼之目的。在这样一个意义上，里

---

① 《皇明制书》卷九，教民榜文。

老人在申明亭进行理讼的制度，"不是一个基层司法裁判权制度的创建，而是一个融礼义法则为一体、道德说教与刑罚制裁相结合、国家司法权与乡里司法自治互为表里的基层乡里自律性裁判制度的具体运用"①。可以说，教化是为了减少诉讼，而理讼本身也是在施行教化。明初乡村社会所表现出来的这种教化司法化的倾向，使得教化具有相当程度的强制力量，从而推进了教化在乡村基层社会的深入发展。

然而随着社会的发展，申明亭制度逐渐出现种种弊端，而且随着里甲制的崩解，申明亭制度日渐有其名而无其实。永乐、宣德时期，里老理讼已多不奉行，而到明朝中后期，尽管还有一些忠于职守的官员，如嘉靖年间淳安县知县海瑞、隆庆万历之际惠安县知县叶春及等人，一再晓谕老人，复建申明、旌善二亭，但人亡政息，已是回天乏术。

三、教化的礼法化：乡饮酒礼制度

乡饮酒礼早在西周时期就已成为最重要的礼仪制度之一，《礼记》对其所具有的显要作用作了极其高度的评价："贵贱明，隆杀辨，和乐而不流，弟长而无遗，安燕而不乱，此五行者，足以正身安国矣。彼国安而天下安，故曰：'吾观于乡，而知王道之易易也。'"② 西周时，以致仕之卿大夫为乡饮酒礼的主持人，贤者为宾，其次为介，又其次为众人，仪式严格区分尊卑长幼，升降拜答，俱有规定。汉以后郡县往于学校中行其礼，皇帝则于辟雍中行之。实行科举制度以后，则以州县长官为主人，为贡士饯行时亦行乡饮酒礼。朱元璋创建大明政权后，开始将乡饮酒礼引入基层乡村社会，大致规定京师及州县以下，令民间以百家为一会，以里长或粮长主之，坐席时，以善恶分列三等，不许混淆，以此作为道德教

---

① 韩秀桃：《〈教民榜文〉所见明初基层里老人理讼制度》，载《法学研究》2000 年第 3 期，第 146 页。

② 《礼记·乡饮酒义第四十五》。

化的重要手段，并形成了比较完整的法律制度。

朱元璋向民众灌输礼法，推行社会教化，是高度重视采取制度化措施的。乡饮酒礼作为乡村基层社会实施教化的重要手段，也就从制度层面得到了全面的强化，从而使得过去一种比较单纯的礼仪制度转变成一项较为严格的法律措施。洪武初年，为了"使民岁时燕会，习礼读律，期于申明朝廷之法，敦叙长幼之节"，朱元璋"诏中书省详定乡饮酒礼条式"。① 洪武五年，朱元璋诏令天下举行乡饮酒礼，"其民间里社，以百家为一会，粮长或里长主之，百人内以年最长者为正宾，余以齿序坐，每季行之于里中。若读律令，则以刑部所编申明、戒谕书兼读之"。② 诏令发布以后，各地开展并不积极，所以到洪武十四年"命礼部申明乡饮酒礼"③。洪武十六年，又"颁乡饮酒礼图式于天下"。④ 随后又相继于洪武十八年"大诰天下"，重申乡饮酒礼的重要作用和意义，于洪武二十二年"再定图式"。⑤ 可见朱元璋对于乡饮酒礼的制度化建设以及推行是不遗余力的，这是明初乡村教化礼法化的集中表现。

乡饮酒礼的目的有二：一是明礼，二是读法，完全贯彻了朱元璋"明礼以导民，定律以绳顽"⑥ 的政治思想。就明礼而言，乡饮酒礼的根本精神即在于"叙长幼，论贤良，别奸顽，异罪人"⑦，为达此礼教精神，乡饮酒礼在具体实施过程中，坚持"年高有德"这个标准排定座次，即"其坐席间高年有德者居于上，高年淳笃者并之，以次序齿而列。其有曾违条犯法之人，列于外座。同类者成席，不许干于善良之席。主者若不分别，致使贵贱混淆，察知或

---

① 万历《明会典》卷之七十九，乡饮酒礼。
② 万历《明会典》卷之七十九，乡饮酒礼。
③ 《明太祖实录》卷一三五，洪武十四年二月丁酉。
④ 《明太祖实录》卷一五七，洪武十六年十月乙未。
⑤ 万历《明会典》卷之七十九，乡饮酒礼。
⑥ 《大明律·序》。
⑦ 万历《明会典》卷之七十九，乡饮酒礼。

座中人发觉，罪以违制。奸顽不由其主，紊乱正席，全家移出化外"①。对于座次或席位的具体安排，洪武二十二年再次颁行的图式有着更加详细的规定："凡良民中，年高有德无公私过犯者，自为一席，坐于上等。有因户役、差税迟误，及曾犯公杖私笞，招犯在官者，又为一席，序坐中门之外。其曾犯奸盗诈伪、说事过钱、起灭词讼、蠹政害民、排陷官长及一应私杖徒流重罪者，又为一席，序坐于东门之内。执壶供事，各用本等之家子弟，务要分别三等座次，善恶不许混淆。"像这样一再强调年高有德的道德伦理标准，并且贯彻"违条犯法"的法律标准以区分长幼、贵贱与善恶，可谓是明初乡饮酒礼的一大特色。

就读法来说，明初乡饮酒礼规定有"读律令"的重要仪式，"赞礼唱读律，执事者设案于堂中，次引读律者诣案前。赞礼唱在坐者皆揖，唱读律者揖，宾主以下皆立。遂展律于案，详缓读之。讫，复以申明圣谕读之。毕，赞礼唱揖，读律者揖，宾主以下皆揖。读律者复位，赞礼唱众皆坐，宾主以下皆坐"②。可见，乡饮酒礼不仅要读律，还要在读律之后讲读太祖圣谕，而且在很多时候，读罢律令，另外再宣讲刑部编发的其他有关文书，并有训诫致辞。

总起来看，乡饮酒礼的明礼需要法律的分辨和支持，而读法的目的则在于明礼，这种明礼与读法的有机结合，为明初乡村社会的基层教化提供了一个重要的平台，从而使得明初乡村教化呈现出独特的礼法化特征。但由于礼仪过于繁琐而拘谨，乡饮酒礼在真正的实施过程中，也就容易流于形式。而且因为举行乡饮酒礼需要一定的开销和花费，官吏胥役借机敲诈勒索，加重了基层社会民众的经济负担，因此进入明朝中后期，乡饮酒礼也就日益衰微下去了。

① 万历《明会典》卷之七十九，乡饮酒礼。
② 俞汝楫编：《礼部志稿》卷二四，乡饮酒礼。

四、教化的教育化：社学法律制度

《说文解字》释"教"为"上所施，下所效也"，释"化"为"教行也"，可见教化的基本含义是敦民化俗，也就是使普通百姓认同和接受上层统治者所推行的伦理道德体系。尽管这种认同和接受也需要授民以智，即在普通百姓中普及文化进行教育，但教化本身还是不等同于教育。教育一般由学校承担起使命，而教化则无处不在，教育既开启民智，又促进教化，教育是教化的途径和手段之一。在明代以前，推行儒学教育的学校大都设在中央和地方的省一级，朱元璋为开启民智和推行教化，对基层教育的建设颇为用力，在中国历史上首次规定由政府在县一级统一设立学校，并命天下各乡里普遍设立社学，将学校教育进一步推广到乡村社会。

宋元时期，社学已经崭露头角。元代以五十家为一社，规定每社设立学校一所。朱元璋在此基础上，于洪武八年命天下设立社学，"昔成周之世，家有塾，党有庠，故民无不知学，是以教化行而风俗美。今京师及郡县皆有学，而乡社之民未睹教化，宜令有司更置社学，延师儒以教民间子弟，庶可导民善俗也"①。可见朱元璋创办社学的主要目的在于推行教化，因此最初也规定由官府主持置办。但到洪武十三年，由于"府州县官不才，酷吏害民无厌。社学一设，官吏以为营生"，又将社学"一时住罢"。② 洪武十六年，复"诏民间立社学，有司不得干预。其经断有过之人，不许为师"③。正统元年，诏令各处官长"严督社学，不许废弛。其有俊秀向学者，许补儒学生员"④。成化元年与弘治七年，又先后两次下诏规定民间子弟入社学读书的相关问题。⑤

---

① 《明太祖实录》卷九六，洪武八年正月丁亥。
② 《御制大诰》社学第四四。
③ 万历《明会典》卷七八，社学。
④ 万历《明会典》卷七八，社学。
⑤ 万历《明会典》卷七八，社学。

朱元璋这种通过社学推行教化的做法，对于道德伦理观念的树立和培养，是非常成功的，因为入社学读书的民间子弟大都在七八岁以上十四五岁以下，可谓"教化从娃娃抓起"的典范。社学教学的主要内容也完全围绕教化服务：一是学经，二是学法。就学经而言，主要包括从《三字经》、《百家姓》、《千字文》等浅显的启蒙文本再到"四书五经"这些比较深奥的儒家经典，目的在于宣扬儒家三纲五常的道德伦理，从而以礼教逐步改变蛮荒异俗，推进乡村社会教化。社学通过培养童蒙之习而持久促进社会教化的功效，时人多有比较深刻的认识："州县内外择地建学，学简教教读一人，以掌教事。……每岁各学行者为教读，与童生正句读、习礼节、端容仪，暇则教之射，其教法具有条款刊行，童生以进修者则进之学。故当是时，童蒙之习，咸知揖让，闾巷里闬，蔼然弦歌礼教之风。"①

就学法而言，朱元璋于洪武二十年就专门诏令"民间子弟读《御制大诰》"，并令"为师者率其徒能诵《大诰》者赴京，礼部较其所诵多寡，次第给赏。又令，兼读律令"。②《御制大诰》是朱元璋"明刑弼教"思想的集中体现。朱元璋在前人尤其是朱熹思想的基础上，对于教化与刑法的关系，已经开始突破"德主刑辅"的束缚，突出了刑法对于教化所具有的关键作用，"礼，人伦之正，民间安分守礼者多；法，治奸绳顽。二者并举，遍行天下，人民大安"③，"君之养民，五教五刑焉。去五教五刑而民生者，未之有也。所以五教育民之安，曰：父子有亲，君臣有义，夫妇有别，长幼有序，朋友有信。五教既兴，无有不安者也。民有不循斯教者，父子不亲，君臣不义，夫妇无别，长幼不序，朋友不信，强必凌弱，众必暴寡，鳏寡孤独，笃废残疾，何有之有焉？既不能有，其有命何存焉？凡有此者，五刑以加焉。五刑既示，奸顽敛

---

① 嘉靖《广东通志初稿》卷十六，学校，社学。
② 万历《明会典》卷七八，社学。
③ 《御制大诰初编》民知报获福第四十七。

迹，鳏寡孤独，笃废残疾，力弱富豪，安其安，有其有，无有敢犯者，养民之道斯矣"[①]。正是为了贯彻这种"明刑弼教"的基本思想，朱元璋先后颁行了《御制大诰初编》、《御制大诰续编》、《御制大诰三编》、《大诰武臣》四部法典，统称《御制大诰》，并将其作为教化臣民的教科书，采取一系列严厉措施，强迫全体臣民讲读并一体遵守，社学理所当然成为乡村社会讲读《大诰》最为重要的教育场所。除了讲读《大诰》以外，社学还要讲读各种律令以及《教民榜文》，并宣讲圣谕。

洪武年间全国各地确实遵照朝廷诏令普遍设立社学，每县一般都有几十所之多，富庶而人口稠密的县份甚至曾多达两百余所。但洪武以后，大量社学开始荒废，数量急剧减少，很多地方时兴时废，至明朝中后期，社学已是普遍凋零。尽管如此，至少在明初尤其是朱元璋执政期间，社学在乡村教化中所担当的职责和发挥的作用，使得明初乡村教化在中国历史上首次由学校教育来加以组织和推行，这对中国后世的历史影响无疑是非常深刻的。

五、结论

儒家的内圣外王之道，其根本即在于张扬教化或教养对于政治生活和社会生活的关键意义，而教化思想的重心则始终专注于生活的世界，专注于流行变化中的生活现实。正如郝大维、安乐哲两先生所指出，先秦儒家孜孜以求弘扬仁德的政治理想，并不在于将政治理解为更为专门化的"政府管理"，而是将政治理解为"君主和臣民共同参与的自然和谐的表达"，而这一自然和谐秩序"是由个人在礼仪行为中体现的意义和价值决定的"，"是一个在上者修身激励在下者效仿所实现的模范过程"[②]。先秦儒家将这一自然和谐秩序界定为一种潜移默化的礼治秩序，从而开创了礼治教化的中国

---

① 《御制大诰初编》民不知报第三十一。

② ［美］郝大维、安乐哲：《通过孔子而思》，何金俐译，北京大学出版社 2005 年版，第 191 页。

政治传统。自汉儒倡导"罢黜百家，独尊儒术"以来，"得君行道"的教化政治便日益深入社会生活的各个层面。尽管如此，秦汉时期设置佐掌教化的三老，开始协同政府对乡村进行政治控制，使得三老的政治教化逐步取代了传统父老的礼治教化，从而引领国家权力日益渗透进乡村基层社会，但是三老仍然仅属国家权力在乡村基层社会运行过程中的辅助力量，而且其所承担的政治教化之功能，仍主要集中于道德伦理的维系与教养。隋唐时期充分兼顾了礼治下的父老制度与政治下的三老制度之长处，由政府遴选德高望重并能宣扬统治者意志之人充当"父老"，"乡置耆老一人。以耆年平谨者，县补之，亦曰父老"①。这些"父老"既执行秦汉时期三老的政治教化职能，便于宣扬国家意志，同时又因其为德高望重者而被国家视为道德楷模，被民众视为精神权威，担当着礼治教化的重要职能。然而从这些父老在乡村控制中的作用来看，除了协助里正执行具体事务以外，他们的主要精力仍然在于乡饮酒礼、劝农务桑等与礼治教化有关的事务上，日常公务则完全以里正负责。而且无论是父老还是里正，都不属官人，无权独立实施行政、司法权力，如其行事当触犯刑令，还必须承担法律责任。以此而论，秦汉隋唐时期的乡村教化在内容上依然局限于道德伦理的礼治教化，从而使得国家权力对于乡村基层社会的控制能力仍然显得相当疲软。

明初朱元璋基于"明礼导民"、"定律绳顽"的"明刑弼教"思想，将礼与法都作为乡村教化的基本内容，在很大程度上改变了过去单纯注重道德伦理的教化倾向，在礼治教化的基础上进一步强化了政治教化，为中国古代教化的政治实践增添了许多新的东西。首先，实施教化的组织有了更加明确的法律规定，乡村教化透露出高度组织化的基本特征。尤其是在里甲制基础上推行的里老法律制度，为明初乡村教化的有效推行奠定了极其重要的组织基础。里长、老人各自职能的完美结合，并且日益获得比较独立的行政、司

_____
① 《通典》卷三三，职官十五，乡官。

法权力，使得国家意志能够凭借这一组织日益向基层社会渗透。其次，在里老制的基础之上，教化的内容也由过去那种注重道德伦理的"务虚"倾向转变成一种"务实"的司法倾向，通过申明亭制度的准司法职能，使得乡村教化能够通过活生生的司法个案得以展开，从而使得教化日益落到实处。再次，参与教化的人员非常广泛，基本上涵盖了乡村基层社会的所有成员，并且严格强调教化的生活仪式，尤其是乡饮酒礼的普遍推行，不仅使得教化呈现出极其强烈的群体性特征，而且也因其对于仪式的过分强调，大大深化了普通民众对于教化的印象。最后，社学的普遍设立，使得教化的方式发生了很大的转变，由学校教育潜移默化地推行乡村教化，可谓是明初非常鲜明的特性。所有这一切，都彻底改变了过去单纯注重礼治教化的政治传统，使得法律不仅成为推行教化的重要手段和凭借，而且也使其自身开始成为教化的基本内容，从而在很大程度上推进了国家意志向乡村基层社会的渗透力量。通过政治教化的广泛推行，明初政治越来越呈现出一种集权主义或专制主义的色彩。而且将法律作为教化的内容和手段，也在中国历史上首开法律宣讲之先河，为中国近现代法律宣传运动和普法运动的形成与发展，提供了重要的历史智慧。

因此，明初的各项教化举措着实有着相当重要的创造性，也大大推进了当时乡村社会的道德伦理建设，稳定了社会发展的基层政权根基，形成了简朴淳厚的社会风气，收到了一些积极的社会效果。但是，由于在推行教化的过程中，一味强调以官方的道德意识形态统一、规范和约束人们的思想观念和行为方式，并且通过法律尤其是刑法来加以保障和促进，这种教化政策与严刑峻法的紧密结合，不仅必然造成社会生活的单调化和思想文化的僵硬化，导致整个社会日趋呆板化、机械化和程式化，使得人们无法选择自己自由的生活方式而失去了创造性的活力；而且更为重要的是，法律尤其是刑法作为推行教化的内容和手段，在取消和压抑人的个性尊严的教化过程中，也日益变得生硬和残酷，使得明朝一反"明德慎罚"的法律传统，重新恢复了法家重刑主义的基本精神，人们畏法如虎，越来越丧失了对法律的信任、好感和期许，法律完全堕落为一种赤裸裸的暴力工具。《明史》卷九四《刑法志》云："太祖开国之初……凡三《诰》所列凌迟、枭示、种诛者，无虑千百，弃市以下万数。"的确不为妄语。

第三编

中国古代刑法思潮

第一章　中国古代刑法的人性基础*

犯罪是由人实施的，刑罚是对人科予的，因此刑法作为规制人的行为的法律规范，"只有建立在对人性的科学假设的基础之上，其存在与适用才具有本质上的合理性"①。休谟甚至认为哲学就是关于人性的科学，而"一切科学对于人性总是或多或少地有些关系，任何学科不论似乎与人性离得多远，它们总是会通过这样或那样的途径回到人性"②。人性作为人的基本规定性，又称为人的本性或人的本质，是人之为人的基本品性。西方长期以来将人的本性归结为理性，目的在于彰显人的自由意志，而情感、欲望等非理性因素也随着休谟等人的倡导，日益成为人性领域的组成要素，表明了人是经验的存在。作为经验存在的人，一是从空间上来看，人是社会的存在；二是从时间上来看，人是历史的存在。中国古代社会尽管没有形成西方社会这样详尽的人性论观点，刑法还没有从人性上被作为科学思考的严格对象，但是对于犯罪与刑罚的解答，也已经透露出人性假设上的哲理依据，从而为中国古代刑法的存在与适用提供了终极意义上的判准。

　＊ 本章曾以题《论中国古代刑法的人性基础》刊发于《社会科学》2010年第4期，后又被人大复印资料《法理学　法史学》2010年第8期全文转载。
　① 陈兴良：《刑法的人性基础》（第三版），中国人民大学出版社2006年版，第1页。
　② ［英］休谟：《人性论》（上册），关文运译，商务印书馆1997年版，第6页。

一、作为理性存在的人性与刑法

古希腊自苏格拉底始，哲学转向对人本身的关注。柏拉图通过理念世界与现象世界的划分，使人类的理性能力成为人性的普遍指引。亚里士多德尽管也承认人有非理性的因素，但始终认为人是理性的动物。斯多葛学派将理性自然化，认为理性的生活就是自然的生活。中世纪的基督教则更将理性视为接近上帝的工具，认为最高的善是理性最为完善的活动结果。宗教改革与文艺复兴则进一步将理性从外在的、他律的宗教或世俗律法中解放出来，使理性成为一种自觉自为的精神活动。到康德、黑格尔等为代表的德国古典哲学，理性成为哲学最为基本的假设与出发点，从而对犯罪与刑罚的思想观念产生了极其深远的影响。

刑事古典学派正是继承了理性人的人性假设，认为任何一个人都具有意志自由的理性能力，从而建构了近代第一个刑法学理论体系。在犯罪上，该学派坚持，"犯罪人在本质上是意志自由的，基于这种意识自由而选择了犯罪行为，因而应当对其行为的后果承担刑事责任"①。在刑罚上，该学派分为功利主义刑罚理论与报应主义刑罚理论两大派别。前者以贝卡利亚、费尔巴哈为代表，从感性的意志自由论出发，提出了以一般预防为内容的功利刑罚论；后者则以康德、黑格尔为代表，从先验的意志自由论出发，引出了以公正为内容的报应刑罚论。

中国古代尽管没有提出理性与意志自由这样的概念以作为人性分析的路径，但是对于犯罪与刑罚的认识，仍然在很大程度上是围绕理性自由这个中心而展开的，尽管这种理性的认识主要是围绕"善"的意志能力而展开的。基于对人的向善能力的肯定，中国古代刑法极度张扬刑罚教育主义思想。此外，由于认识到人的理性能力的无穷，以道家为代表的思想潮流却对理性自由充满了一种深深

---

① 陈兴良：《刑法的人性基础》（第三版），中国人民大学出版社 2006 年版，第 28 页。

的恐惧；而以韩非子为代表的法家，则由于坚持"一断于法"的基本主张，因此也对人的理智或理性作用保持一种反对或遏制的态度，从而导致刑罚工具主义思潮的滥觞。

　　早在孔子以前，中国的文化已然显露出对人自身的重视，甚至已提出"天不可信，我道惟宁王德延"①的主张，从而启动了中国文化的人文主义精神。孔子在周初"以德配天"的基础上，进一步提出了"仁"这个关键概念，已经充分显示出人本身的理性认知能力以及对自身的支配能力。基于对"仁"的理解，孔子主张"重德轻刑"的政治治理逻辑，即"道之以政，齐之以刑，民免而无耻；道之以德，齐之以礼，有耻且格"②。在孔子看来，人都有向仁之心，必须凭借德礼教化促使其努力向善，尽管刑法能够暂时禁人为非，但不可能使人懂得犯罪是可耻的，从而不再去实施违法犯罪行为。因此，孔子坚决反对"不教而杀"的独任刑罚方法，认为"不教而杀谓之虐；不戒视成谓之暴；慢令致期谓之贼"③。孔子这种"重德轻刑"思想继承了西周初期"明德慎罚"的政治主张，为后世"德主刑辅"基本思想的确立奠定了最为深厚的人性论上的依据。

　　孟子继承孔子"仁"的学说，进一步发展出比较系统的"仁政"学说。他首先充分肯定了人人都具有与生俱来的"四端"，即"恻隐之心，仁之端也；羞恶之心，义之端也；辞让之心，礼之端也；是非之心，智之端也"④，而行仁政必须从保持和扩充人的"四端"做起。这就为仁政的推行提供了理性认知上的人性依据，既然人人都有"四端"，只要"君子以仁存心，以礼存心"⑤，"以

---

①　《尚书·君奭》。
②　《论语·为政》。
③　《论语·尧曰》。
④　《孟子·公孙丑上》。
⑤　《孟子·离娄下》。

不忍人之心，行不忍人之政，治天下可运之掌上"①，仁政也就水到渠成地可以实现了。基于这种仁政主张，孟子将那些不仁不义的行为列为最为严重的犯罪，并提出"省刑罚"与"薄税敛"② 两大仁政措施。孟子甚至在当时有些真诚地向一些好战好杀的诸侯宣讲"罪人不孥"③ 的刑罚原则，明确反对株连的残酷刑罚制度。而且孟子在孔子的思想基础上，继续反对"不教而杀"，提出了"教而后诛"的刑事政策原则，并对一些特别严重的犯罪行为开始主张"不待教而诛"，因为杀掉这些有罪的人，可以使其他人免受非法侵害，从而维护良好的社会秩序。

如果说孔子、孟子对人的理性能力的认识还主要局限在道德领域，那么荀子对人的理性的理解则已经非常接近西方的理性观念，是一种理智主义的态度。荀子非常明确地指出，正是因为"知"与"义"才使得人与其他生物区分开来，才使得人最为可贵，"水火有气而无生，草木有生而无知，禽兽有知而无义；人有气、有生、有知亦且有义，故最为天下贵也"④。在这里，"知"是知觉，为人与动物禽兽共有，但人在知觉的基础上，可以凭借自己的理性判断何者为义，这就是荀子在另外一个地方所言的"辨"。"人之所以为人者"，"以其有辨也"。⑤ 辨别就是一种理智作用，所以荀子是中国思想史上第一个最为明确而系统阐释人的理性意义的思想家。因此与孟子那种善的"四端"直接贯彻与扩充的知、行合一观不同，荀子既然将辨别赋予为人的特性，所以人的一切善行，就不可能直接能够通过善心的贯彻与扩充而得到实现，而必须取决于人的辨别这一特性的充分发展。发展辨别特性的方法就是后天不断的学习，这样荀子就在德行成就的过程之中，给予了理智或理性以

---

① 《孟子·公孙丑上》。
② 《孟子·梁惠王上》。
③ 《孟子·梁惠王下》。
④ 《荀子·王制》。
⑤ 《荀子·非相》。

优先的地位。本着这种理智主义的认识论，荀子认为犯罪是人在后天的学习过程中，由于放纵而没能培养良好的辨别能力所导致的结果，因此每个人都必须时刻谨慎约束自己的行为，不断促进辨别能力的提高。这就为犯罪可以预防留下了相当丰富的思考空间。荀子在这种理智主义观点的指引下，进一步完善了自孔子以来所形成的"德刑关系论"，指明刑罚必须服从于教化的目的，为后世"明刑弼教"思想的总结提供了最富意义的启示。

以老、庄为代表的道家学派，与儒家针锋相对，坚信智性的发展，只会给社会带来沉重的灾难，因此他们一致认为，只有彻底根除理智的活动，天下才能太平。《老子》第十八章明确指出："智慧出，有大伪。"因此要根除邪恶，就必须绝学弃智，杜绝人的痴心妄想，消弱人的理智意志，使人过上一种无知无欲、无忧无虑的生活。正是出于这种"反智"立场，道家学派认为，智慧或理智是人犯罪的一个重要根源。要消除犯罪，就必须"无为而治"，摒弃人类凭借智慧而创造出来的一切人为制度与手段，包括刑罚措施。所以尽管老子认为刑罚作为国家利器在关键时刻也应发挥应有的作用，但明显已经仅限于作为一种治理的工具加以使用，在儒家刑罚教育主义的思想观念外，开辟出了刑罚工具主义的思想路径。

韩非子作为荀子的学生，尽管继承了荀子"重法"的思想主张，但在对待理智的人性观念上，却与荀子南辕北辙，而与老、庄等道家人物的"反智主义"颇为相同，甚至在余英时先生看来，"中国政治思想史上的反智论在法家的系统中获得最充分的发展。无论就摧残智性或压制知识分子而言，法家的主张都是最彻底的"[①]。如果说以老、庄为代表的道家还只是从抽象的原则出发来表述"反智"的话语，那么以韩非子为代表的法家则策划了一套具体的办法来使"反智"真正得以推行，即"明主之国，无书简

---

① 余英时：《中国思想传统的现代阐释》，江苏人民出版社 2003 年版，第 58 页。

之文，以法为教；无先王之语，以吏为师；无私剑之捍，以斩首为勇"①。韩非子之所以提出这样的具体主张与措施，关键就在于其认为人民是愚昧无知的，因此"得民之心"的政治治理极其荒谬可笑。韩非子甚至掷地有声地指出："民智之不可用，犹婴儿之心也。"② 既然民智不可用，那么针对人民的违法犯罪行为，就只能运用刑罚手段进行强有力的打压，以迫使人民服从统一的领导，从而形成有效的社会秩序。法家这种"反智"取向所导致的刑罚工具主义观念，深刻影响了中国后世刑法的发展路向。

所以，围绕作为理性存在的人性，以孔子、孟子为代表的儒家尽管注重的是人的善心或道德能力，但都肯定了人本身的理性或理智力量，而荀子则明确指出了理智对于人的关键性意义，从而从理智的角度出发分析了犯罪形成的心理根源，并提出了刑罚教育主义的思想主张。道家与法家则对人的理智或理性持一种反对与遏制的态度，从而极度张扬威吓主义的刑罚工具论。这一矛盾到西汉确立"德主刑辅"的基本刑事方针始得融合在一起，为中国后世历代不断推进，形成了中国古代刑法特有的运行状态。

二、作为社会存在的人性与刑法

人是社会的人，任何人都生活在一定的社会之中。人从出生的那一刻开始就具有了社会性，而社会性的主要内容是法，是法使人成其为人。西方刑事实证学派正是在这样的认识基础上，坚持从作为社会存在的人性出发，提出了"经验人"的人性假设，即"任何一个人都生活在社会之中，人的行为受各种社会的和自然的因素的制约与影响。人的本性，从本质上来说是被决定的，因而根本不存在所谓意志自由"③。这种观点显然与刑事古典学派的理性自由

---

① 《韩非子·五蠹》。

② 《韩非子·显学》。

③ 陈兴良：《刑法的人性基础》（第三版），中国人民大学出版社2006年版，第94页。

的人性假设是根本不同的，因此刑事实证学派得出的刑法观念也与刑事古典学派有着巨大的差别。就犯罪而言，刑事实证学派认为人之所以犯罪，是由社会存在的一定的物质条件与精神条件所决定的，不是行为人理性自由所加以选择的结果。就刑罚而言，刑事实证学派认为对犯罪者进行处罚，并不是基于其意志自由而使其承担一种道义责任，而是根据其行为使其承担一种社会责任。

　　中国古代特有的伦理社会境域，使得中国文明自起源始就一直强调社会存在对于人所具有的决定性意义。在这个方面，儒家所贡献的思想智慧是最为引人注目的。儒家的"仁"尽管可以被看成是一种个人所保有的一种内在道德，但仁的扩展必然是指向作为整体性的社会的，"'仁'指涉的是一种人性的已得状态，一个印在个体全部行为中的特征，它是获得社群尊重且拥有感召力量的源泉"①。所以，以孔子为代表的儒家一直孜孜不倦地强调，作为整体的社会与作为个体的个人之间具有着极其紧密的关系，强调通过"成仁"而在社会中实现"成人"的最终目的。也正是通过"成仁"的社会实践，孔子主张的当然是说服教育，而不是强制与惩戒。"德"与"礼"之所以为孔子所看重，正是因为其可以通过说服教育而使个人能够主动参与到社会关系之中，从而在"成仁"的实践过程中而达成和谐的社会秩序。只有在"礼"不能生效的地方，"法"或者"刑"才被作为一种强制手段而被迫地加以使用，以防止社会陷入混乱秩序。可见，"借助'礼'获得的和谐是其本质目的，而'法'所实现的强制秩序只具实用辅助的价值，只是达到更高目的的暂时手段"②。

　　正因为孔子寻求以"德"、"礼"作为实现社会政治秩序的主要手段，因此他在人与人的关系之中就努力培养一种知耻感，而这

---

　　① ［美］郝大维、安乐哲：《通过孔子而思》，何金俐译，北京大学出版社 2005 年版，第 134 页。
　　② ［美］郝大维、安乐哲：《通过孔子而思》，何金俐译，北京大学出版社 2005 年版，第 134 页。

种知耻感恰是一种表达个体对他者如何看待自己的意识。这样，在中国古代刑法里，"罪"并不是对违法犯罪行为的心理表达，相反能够承担这种表达功能的恰是"耻"这个关键的概念。因为一般而言，"'罪'是指向个体的，因为它以个体与法的关系为条件；而'耻'则趋向于社会性，是以个体与他者的关系为条件"①。所以在儒家的思想者们看来，刑罚也就不可能成为预防和制裁违法犯罪行为的主要手段，即使迫不得已要使用刑罚作为辅助措施，也必须赋予刑罚的"耻辱"色彩，以使行为人感受到其违法犯罪行为是为人所不齿的。基于这样的观点，中国古代刑罚也就必然带上了"耻"的性质，除了一般刑种所附有的耻辱意义外，甚至还曾一度流行专门性的"耻辱刑"，如髡、耐等刑种，而且对日常社会生活产生了不可磨灭的历史影响，如"文化大革命"期间广泛流行的戴高帽、游街与批斗等。即使是中国古代最为残酷的肉刑，其实也是通过使行为人无法以完好的体肤面觐其祖先而使之背负违背"孝"道的耻辱。

除了对犯罪与刑罚所抱有的"耻感"观念外，儒家的代表人物还从作为社会存在的人性角度出发，广泛而深入地探讨了犯罪的产生原因以及对犯罪的有效预防等问题，并对刑罚的具体适用提出了许多独到性的见解，为中国古代刑法提供了人性论上最有力的理论依据。孔子认为，人之所以千差万别，主要在于后天社会"习"的不同，所谓"性相近也，习相远也"②。正因为犯罪是一种后天"习"所导致的结果，是社会各种物质条件与精神条件所导致的结果，"从而也就排除了犯罪是人的本性的先天决定论，为犯罪可以预防、罪人可以教化提供了理论先导"③。为了预防和控制犯罪，

---

① ［美］郝大维、安乐哲：《通过孔子而思》，何金俐译，北京大学出版社 2005 年版，第 211 页。
② 《论语·阳货》。
③ 俞荣根：《儒家法思想通论》，广西人民出版社 1998 年版，第 259 页。

孔子还从社会存在的角度指出了犯罪产生的两大原因：一是物质财富的极度匮乏；二是政治治理者自身不能作为表率。因此要有效预防犯罪，就必须采取"富之"与"教之"两大手段。这就为中国古代刑法所坚持的犯罪一般预防理论奠定了最坚实的人性根基。孟子将孔子的这种思想进一步加以发挥，并且从社会层面明确提出了"薄税敛"、"制民之产"等预防犯罪的制度措施。

荀子则不仅强调理性或理智对人的决定性意义，而且对于作为社会存在的人性也更有一种自觉的认识。荀子认为，仅从身体禀赋来看，人还不如牛、马等动物有力而善走，但人之所以为人，之所以高贵，正是因为"人能群"①，即通过一定的组织形式以形成一定的社会。正是通过"群"这个独特的概念，荀子甚至认识到了君主或国家产生的必然逻辑。那么人为什么能够通过"群"而组成有效的社会呢？荀子回答得非常明确："人何以能群？曰：分。分何以能行？曰：义。"② 这就是说，"要使人群相安，必须使他们各安其位，各司其职，也就是要组织一个分工的社会，厘清他们的权利与义务。要做到这一步，必须有区分、辨别的能力，这就是义"③。要获得区分、辨别的能力，不仅要重视培养人的理智，更要重视"礼"的教育与熏陶，但对那些通过"礼"的教化也无法使其"能群"的违法犯罪者，就必须通过刑罚的手段对其进行严厉的制裁，否则他们就会挑战与破坏人类"群"与"分"的有效社会秩序。荀子通过人作为社会存在这一本质，找到了"隆礼重法"的人性依据，从而为刑罚的现实适用提供了重要的指导思想。荀子明确指出："……明道而均分之，时使而诚爱之，下之和上也如影响，有不由令者，然后俟之以刑。"④ 这就是说，国家的安定，

① 《荀子·王制》。
② 《荀子·王制》。
③ 韦政通：《中国思想史》（上），上海书店出版社 2003 年版，第 223 页。
④ 《荀子·议兵》。

就在于君主能够明确"礼义"之道，确立起有效的社会分工，这就需要通过"诚爱"的教化来达到，才能使上下一心、如影随形。只有对那些不服从命令而挑战既有的社会秩序的，才使用刑罚的手段对其进行制裁。在这个基础上，荀子还难能可贵地提出了刑罚对于犯罪的两大预防作用：一般预防与特殊预防，即"刑一人而天下服，罪人不邮其上，知罪之在己也"①。这就既能达到使罪犯知罪服法而痛改前非的特殊预防目的，也能通过有罪必罚、刑杀得当而实现教育与震慑社会公众的一般预防目标。所以刑罚的适用必须以恢复有效的社会秩序为准隼，不能毫无限制张扬刑罚的制裁力量。正是出于这样的人性基点，荀子在中国历史上第一次非常肯定地提出了"刑称罪则治，不称罪则乱"②、"刑当罪则威，不当罪则侮"③ 的"罪刑相称"原则。

道家将"道"的堕落过程看作是社会本身的堕落过程，因此也隐含了人性内在于社会之中并随之堕落而堕落的思想观点。所以，道家从社会存在的角度出发，专门探讨了犯罪产生的根本原因。道家认为正是过去的人类社会的"有为"举措，才使得天下大乱而违法犯罪现象层出无穷。道家尤其认为，社会贫困是导致人们实施犯罪的重要原因，而贫困的根源又在于统治者"损不足以奉有余"的社会政策。因此在道家这里，犯罪恰恰是社会本身所造成的结果，要有效遏制犯罪，就必须退回到"小国寡民"的自然状态之中。

法家出于现实主义的政治需要，从社会生活的实际出发，直接洞穿人的深度心理，考量社会秩序形成的人性依据。韩非子对人性的深刻认识，不仅坚持人性"好利"的论据，而且直接将这种"好利"的人性放置在社会存在这个根基上来加以打量。人类从野蛮走向文明，同时也是一个人性不断形成与发展的过程，人性的发

---

① 《荀子·议兵》。
② 《荀子·正论》。
③ 《荀子·君子》。

展与社会的发展总是高度契合在一起的。在韩非子看来，人性的"好利"，由于社会所提供的私有制的刺激，自私性将得到极度的深化。人的自私所导致的残酷社会现实，正是基于一定社会之中的生存、生活所迫。韩非子紧紧抓住"自私"的社会性，通过社会关系揭示了自私的本质，并为其学说奠定了重要的人性论基础。从人性这种自私的社会性本质出发，韩非子提出了"赏刑"二柄、"刑德"并用的基本方针。并且在韩非子看来，既然人性"好利"是一种普遍的社会性，那就必须运用具有普遍性的刑罚等手段调整社会关系，这样才能为人性的"好利"提供一个人人能够接受的普遍性标准，才能有效引导人性的发展，从而形成有效的社会秩序。"法不阿贵，绳不绕曲。法之所加，智者弗能辞，勇者弗敢争。刑过不避大夫，赏善不遗匹夫。"① 韩非子这种"刑无等级"的刑法平等思想，正是建立在对于人性社会性的冷峻思索的基础上的，即使对今天的刑法也还具有一定意义的启示。

将人置于社会关系之中来考察人性，可以说是中国文明的重要倾向。秦汉以后的历代王朝刑法，都在很大程度上取决于这种人性角度的判断和考察。

三、作为历史存在的人性与刑法

人是历史的存在。历史的发展与变化的过程，同时也就是人性在历史层面的建构过程。"时间有过去与未来之分，过去的时间是历史，历史虽然是过去的人创造的，但对于现在的人来说，又具有决定性。"② 而法律作为人类社会的创造，也是一种历史的衍生，可以说历史是法律的母胎。同时，历史的内容也是不可能离开法律的，法律在历史的发展过程中不断变化与演进，构成了历史自身的内在组成部分。人创造刑法作为调整社会秩序的基本手段，也就必

---

① 《韩非子·有度》。
② 陈兴良：《刑法的人性基础》（第三版），中国人民大学出版社2006年版，第219页。

然跟作为历史存在的人性之间有着不可分割的联系。

在中国古代社会，通过历史追溯社会秩序的理性依据及价值本原，是一种非常普遍的心理倾向。因此，"先王之道和前朝之事是确认意义的一种标识和依据"①。人们对于自己创造出来而调整社会秩序的刑法，往往也不断回首历史，向传统寻求刑法对于自己的内在价值与意义，所谓"赋事行刑，必问于遗训，而咨于故实"②。可见，在中国古代，历史不仅是一种可资借鉴的东西，是一种完美的、正确的象征，而且其本身就是人的一部分属性，因此刑法必须从历史中去寻找其深刻的人性依据。以孔、孟为代表的儒家正是在这样的基点上，提出了回复到历史传统之中去寻找政治治理的深刻依据。孔子最先提出对传统的文化，必须择善而从，甚至直接以西周的文化传统作为现今的历史根基，"周监于二代，郁郁乎文哉！吾从周"③。既然历史已经实现过人类社会秩序的目标，那么现在所做的工作则只需培养符合这种理想目标的人才，所以孔子坚决认为教育所具有的决定性意义，而刑罚则只是实现这种目标的辅助性手段。基于这种目标，孔子还将古代的帝王纳入儒家的道德理想之中，使其成为儒家道德理想的实践者和推行儒家道德的人性依据。

孟子在孔子的基础上进一步坚持这种道德理想主义的历史观，认为儒家的道统或者道德理想是过去历史曾经实现过的东西，现在需要继续发扬道统精神。孟子甚至提出了"五百年必有王者兴"的说法，认为过去的道统或道德理想会在一定时期由特定圣王而加以实践。这种对过去道德理想的极度肯定，必然会承载"法先王"的政治主张，从而将道统引导下的"仁政"学说发挥到极致，刑罚则遭受贬低与轻视。荀子尽管也坚持捍卫儒家的道统，但在新形势下明确提出了"法后王"的政治主张，更加注重强调法律制度

---

① 葛兆光：《中国思想史》（第一卷），复旦大学出版社 2001 年版，第 86 页。

② 《国语·周语上》。

③ 《论语·八佾》。

的制定必须顺应社会实际的发展变化，从而也就在道德教化的基础上肯定了刑罚的实践运用。

墨子尽管也如儒家一样尊重古代的传统文化，但认为一切都应该依据对人性"功利"欲求的满足来加以衡量。古代文化能满足这个欲求的东西当然就是好的，但"现在我们认为好的也尽可以把它创作出来，这样可以使文化好的部分不断增加"①。所以墨子是将人性放在社会历史发展过程之中来加以考察的，充分肯定了作为历史存在的人性发展，而这一发展正是依托其功利主义的现实基础来加以展开的，"墨子把道德要求、伦理规范放在与物质生活的直接联系中，也就是把它们建筑在现实生活的功利基础之上"②。所以要实现互爱互利的功利目的，就必须建立天下之人皆相爱的社会，而反对互相争夺和互相损害。为了"兼相爱，交相利"的目标得以实现，墨子进一步提出了"赏贤罚暴"的思想主张，并对杀人、伤人这些给他人造成伤害的行为，坚决主张"杀人者死，伤人者刑"③ 以及"杀盗人，非杀人"④。这就通过现实功利这个根基，从人性的历史维度，为刑罚等法律手段的实践运用提供了内在的依据。

以老、庄为代表的道家也与儒家基本一致，认为"道"是在过去的太古之世所实现了的，而动乱不安与违法犯罪只是后来才发生的事情，因此人类社会是一个不断退化的过程，就是"失道而后德，失德而后仁，失仁而后义，失义而后礼"⑤ 的过程。要走出这种退化的过程，而恢复到过去"道"的根基之中，就必须"法自然"，反对一切"有为"的制度与措施。所以老子将存在于历史

① 韦政通：《中国思想史》（上），上海书店出版社 2003 年版，第 69 页。
② 李泽厚：《中国思想史论》（上），安徽文艺出版社 1999 年版，第 63 页。
③ 《吕氏春秋·去私》。
④ 《墨子·小取》。
⑤ 《老子·三十八章》。

上的"道"作为人类社会发展的理据，也就是将人性放置在历史存在这个角度来加以打量了。因此从"道"的理据出发，道家必将现实政治治理的道德、仁义、礼法等手段彻底加以否定，认为它们恰是扼杀人的天性或自然本性的"有为"措施。因此老子当然反对暴政与严刑酷罚，认为使用严厉的刑罚作为镇压手段，并不能有效地制止犯罪。庄子在老子的基础上，进一步指出人为的一切制度与措施，都是破坏人性和造成罪恶，因此只有遵循"无为"的路标指引，才能重新恢复太古之世的清平世界。所以在庄子看来，赏罚不仅不足以满足人性的欲求，而且还能败坏人的本性，造成社会秩序的混乱。故而，"赏罚利害，五刑之辟，教之末也；礼法度数，刑名比详，治之末也"①。

法家则大多对社会的发展持一种肯定、乐观的态度，认为社会的发展变化都是必然的、合理的、不可逆转的。商鞅在秦国变法时就明确指出，一切应以时势的变化为标准，只要可以强国利民，就应该毫不犹豫抛弃过去的条条框框。所以，不同的时代有着不同的治理方式，即使是古代的圣王，也都能根据当时社会的发展情况而制定礼制或法律。商鞅还把历史划分为上世、中世与下世三个阶段，认为现在的下世阶段由于"民巧以伪"，就不能用上世的德政进行治理，而应该坚决采用刑罚等法律手段，"故效于古者先德而治，效于今者，前刑而法"②。

韩非子说得更加明确："圣人不期修古，不法常可，论世之事，因为之备。"③ 他坚决反对退化的历史观，认为一切必须与时推移而因事制宜，绝不可执着于任何固定的模式，因为"上古竞于道德，中世逐于智谋，当今争于气力"，所以"欲以先王之政，治当世之民，皆守株之类也"④。时势已经发生变化，如果治国者仍旧

---

① 《庄子·天道》。
② 《商君书·开塞》。
③ 《韩非子·五蠹》。
④ 《韩非子·五蠹》。

固步自封，抱残守缺，以古人的是非为是非，则国家必将陷入混乱。韩非子认为，当今之世已不是儒家所推崇的上古、中古之世，以仁义为贵的人极其少见，以德服人的王道也不可能得以实现。因此，韩非子出于现实主义的政治态度，判断当今之世"争于气力"，就是必须确立起绝对的君主权威。这其实已经触及古代政治的核心问题。为了确立起君主至高无上的权威，刑罚等法律手段成为韩非子最理想的选择。韩非子将君主与臣民的关系比喻成主人与虎群的关系，认为作为主人的君主必须采用刑罚等法律手段，才能威镇臣民，"主施其法，大虎将怯；主施其刑，大虎自宁"①。

刑罚等法律手段之所以能够适应张扬君主权威的目标，关键在于"争于气力"的现实已经彻底摧毁了血缘亲情基础上的仁义道德，这些已经无法再担当起规范人们行为与调整社会秩序的重大使命。因此，韩非子的思想与儒家强调仁义的政治治理路向确有不同，其更注重凭借外在的强制手段以整合新的社会秩序。这样，在"争于气力"的社会现实中，"刑"的功能自然而然就被强调到了极致。韩非子这种对待"刑"的态度，比较深刻地表明了作为历史存在的人性对于法律产生所具有的重大意义。从血缘关系到地域组织，从熟人社会到陌生人社会，其实正是国家不断成长与扩张的伴随过程。在这个过程之中，建立在血缘关系基础上的道德仁义，如果没有外在的法的力量，是无法始终被全面加以贯彻而形成有效的社会秩序的。人是历史的存在，并不是一种哲学上的抽象，而是必须通过道德与法等手段历史地建构起来的。韩非子将"刑"视为当今社会"争于气力"的必然逻辑诉求，在某种程度上已经开始洞穿国家成长的内在秘密。

自秦汉后，中国历史由于深受儒家思想的指引，往往将现实政治所遭遇的坎坷与困境，运用"托古改制"的历史观念以强调刑罚等法律手段所具有的历史性权威。朱元璋在颁行《大明律诰》时明确训喻群臣："朕仿古为治，明礼以导民，定律以绳顽，刊著

---

① 《韩非子·扬权》。

为令。"① 这充分体现了历史存在的人性这一维度，对于中国古代刑法所具有的独特意义。

四、性善与性恶：关于犯罪与刑罚的人性论争

人性的善恶问题，是中国古代人性论的基本焦点，几乎所有的人性论争都是围绕这个问题来展开的。甚至可以说，西方的人性论大体上是集中关注人的认知与辨识能力，即使是对善恶问题做出人性上的评价与判断，也还是首先需从人的认知与辨识能力入手，但是中国古代的人性论则更多的是围绕人性的善恶这一中心问题，而对人本身的认知与辨识能力却着墨不多，荀子可以说是一个少见的例外。因此，在中国古代的刑法之中，关于犯罪与刑罚的纷争也在很大程度上都围绕人性的善恶问题予以铺陈，从而形成了中国古代刑法独具一格的基本品格。

儒家创始人孔子说："性相近也，习相远也。"② 这里表明孔子对人性并没有做所谓善恶上的判断，而是认为从人的本性上来看，所有的人都是一样的，只是由于后天所受社会环境条件的不同，才导致不同的人呈现出不同的道德面貌。因此，在孔子看来，人大都是可以进行教育或教化的，"社会都是由个人组成的，教育对个人的发展具有重要的作用，因而必然对社会的发展产生重要的作用"③。出于这样的人性观点，孔子认为单纯运用刑罚来治理国家，不是一种正确的选择，只有通过教育或教化来治理国家，才能将社会的要求变成人们自己的思想与自觉的行动。也只有通过礼乐教育，才能实现刑罚的中正目标，进而使得人们明白自己应该做什么或者不应该做什么，"礼乐不兴，则刑罚不中；刑罚不中，则民无

---

① 《明史·刑法志》。

② 《论语·阳货》。

③ 廖其发：《先秦两汉人性论与教育思想研究》，重庆出版社1999年版，第122页。

所措手足"①。

与孔子不同，孟子开始明确提出"人性善"的论断。在他看来，人性之所以是"善"的，不仅是因为人性是人生而固有的本性，而且是人之为人以异于禽兽的特性，这就是"人皆有不忍人之心者"。孟子进一步将这种"不忍人之心"划分为"四心"或"四端"，认为无此则"非人也"，"无恻隐之心，非人也；无羞恶之心，非人也；无辞让之心，非人也；无是非之心，非人也"②。正是这"四心"，构成了"仁"、"义"、"礼"、"智"四种"善端"，"恻隐之心，仁之端也；羞恶之心，义之端也；辞让之心，礼之端也；是非之心，智之端也"③。但是人虽有"四心"或"四端"，却有的能保持发扬，有的也会失掉。因而如何保持与扩充人的"四端"，关系到社会秩序的生成和发展。在此基础上，孟子进一步发挥孔子"仁"的学说，强调教育对于治理国家的决定性意义，而对刑罚保持一种相当谨慎而克制的态度。

荀子在人性论上与孟子针锋相对，提出了"人性恶"的基本主张，"人之性恶，其善者伪也"④。荀子认为，人之所以性恶，是因为人有好利、好声色、嫉妒憎恶等情欲，但只是就这些情欲本身而言，都是人类生而有的，是一种自然而客观的人性，是没有什么善恶可言的。然而如果这些情欲任由其放纵而不加以控制，那么就有恶的产生。所以荀子在指明人所存在的恶的基因的基础上，进一步承认了可由"伪"的努力达成"善"的结果。"伪"就是人类的自觉能动性，人们可以凭借这种自觉能动性对性之恶的情欲进行自觉的改造，从而达到预期的"善"的效果。可见荀子对人性恶的判断，既注意人所处的外在的社会环境，更重视人自身的主观因素，是对人性的一种综合性的判断。所以尽管荀子坚持"人之性

① 《论语·子路》。
② 《孟子·公孙丑上》。
③ 《孟子·公孙丑上》。
④ 《荀子·性恶》。

恶"的观点，力图为犯罪寻找到人性方面的内在依据，但由于其认为人性并不是一成不变的，而是由于情欲毫无节制而走向恶的，因而犯罪不是人性的必然结果，而是人在主观上放纵自己的情欲所导致的。这样，犯罪的确具有了人性的内在依据，即恶的情欲，但恶的情欲只是犯罪的可能性，并非一定走向犯罪。由恶的情欲发展为犯罪的行为，除了主观上缺少有力的约束以外，还需要多种多样的外部条件。荀子最为注重的就是经济、政治上的因素。他认为，人们多有情欲，而物质财富总是相对匮乏的，无法满足所有人的所有欲望，因此争斗是在所难免的，再加上统治者"为上不正"，横征暴敛，更加促发了人们追求物质财富的欲望，从而导致社会陷入你争我斗的混乱秩序，犯罪现象也就层出无穷。

既然如此，要有效预防和控制犯罪，就必须从人性的内在根源入手，必须以"化性起伪"作为最终目标。因此，与坚持"性善论"的孟子相反，荀子并不将对犯罪的预防和控制跟人性的求善看成是一致的、同向的，而是"把它们看成是反向的，对抗的，即预防社会犯罪不是基于对人性的善的正面弘扬，而是对人性之恶的逆向改造"①。而且在荀子看来，既然犯罪是基于内在的人性与外在的客观条件相互作用的结果，因此预防和控制犯罪也必须进行综合性的治理，因而在"矫治人性、化性起伪"这一基点之上，荀子比较系统地提出了综合性的犯罪控制理论，即"故古者圣人以人之性恶，以为偏险而不正，悖乱而不治，故为之立君上之势以临之，明礼义以化之，起法正以治之，重刑罚以禁之，使天下皆出于治，合于善也；是圣王之治而礼义之化也"②。"君上之势"就是要形成国家或君主至高无上的权威，"礼义之化"就是要推崇道德教化，"法正之治"就是要建立起制度化、法律化的控制机制，"刑罚之禁"就是要运用刑罚以震慑、阻遏犯罪行为的实施。这种

① 俞荣根：《儒家法思想通论》，广西人民出版社 1998 年版，第 457 页。

② 《荀子·性恶》。

综合控制犯罪的理论，对中国后世历代刑法都产生了根深蒂固的影响。

　　荀子在孔孟反对"不教而诛"的基础上，基于其"化性起伪"的主张，进一步强调教育或教化的地位，坚持教而后诛的理论立场。但是荀子既然坚持人性是恶的，那么人们接受德礼教育也就缺乏一种内在的动力和自觉性，礼义由外而内的灌输，成效也就非常有限。所以荀子对教育或教化的作用也就保持有一种怀疑的态度，因此在孔孟反对"不教而诛"的基础上，荀子还反对"教而不诛"，"故不教而诛，则刑繁而邪不胜；教而不诛，则奸民不惩……"①这就表明，教化尽管重要，但对于教化后仍然以身试法者，必须毫不留情予以处决。而对于那些为非作歹的"奸民"，因其性之恶而不可能加以教化，也无须教化，荀子甚至还更进一步主张"元恶不待教而诛"②。反对"不教而诛"，再进而反对"教而不诛"，并强调"元恶不待教而诛"，这深刻表明了荀子关于教与刑关系的三个层次的理论思考，从而使得荀子的刑法理论形成了自己的一些特色，"既保持儒家重教育、重预防的刑法理论的基本特点，又大大加重了刑罚的地位，正面肯定和重视刑杀的作用，与孔、孟的刑法论有所不同"③。

　　道家尽管没有直接阐述人性的善恶，但是从其具体的主张来看，人性应该是素朴的，但一旦外在的世界提供了贪欲的刺激，那么本性就会迷失，而恶性就会被激发出来，"五色，令人目盲；五音，令人耳聋；五味，令人口爽；驰骋畋猎，令人心发狂；难得之货，令人行妨"④。所以人们往往在贪欲的刺激下，不择手段地追名逐利，从而导致犯罪。因此要恢复人们的素朴之心，就必须遵循

----

①　《荀子·富国》。
②　《荀子·王制》。
③　俞荣根：《儒家法思想通论》，广西人民出版社1998年版，第478页。
④　《老子·十二章》。

"无为而治"的政治路线，"我无为而民自化，我好静而民自正，我无事而民自富，我无欲而民自朴"①。要实行无为之道，就必须反对一切"有为"的政治制度与措施，而以刑罚为主体的法律制度理所当然遭到了道家的排斥。老子坚决认为："法令滋彰，盗贼多有。"② 动辄就以严刑峻法来威吓、镇压人们，那是不可能奏效的愚蠢行为。所以道家人物都明确坚持，刑法作为国家的利器，不能够轻易加以适用，必须努力做到用刑的谨慎与宽缓。

墨子所开创的墨家学派，尽管没有明言人性善恶，但就其对于社会的分析来看，明显隐含了"人性恶"的判断。墨子认为，天下之所以混乱，原因在于人们自私而不相爱，即人性里所隐藏的"利，所得而喜也。害，所得而恶也"③ 的心理。墨子认为要消除社会的混乱，不是要压抑人们对利益的追求，相反是应该通过"兼爱"以达成"交利"的目的，实现利益的最大化与普及性。正是出于这样的人性判断，墨子坚持认为一切应以"利"与"害"的功利主义作为判断的标准，这就必须提供一种具有普遍意义的规范。墨子因此强调以"天志"作为普遍性规范的权威来源，依托"天志"的法律规范，其首要追求的目标当然就是公正。基于公正的立场，墨子对于刑罚的具体适用提出了许多非常独到的见解。一是"赏必当贤，罚必当暴"，做到赏罚的准确与公正；二是"杀人者死，伤人者刑"，刑罚必须有效得到实施与贯彻；三是"罪不在禁，惟害无罪"，一切行为都必须通过法律的明文规定，才能对其加以处罚，这也许是中国刑法史上第一次比较明确提出的类似"罪刑法定"的思想源泉。

韩非子作为荀子的学生，继受了荀子人性"好利"的思想主张，但没有非常明确指明人性就是恶的。韩非子似乎仅将"好利"看作是人的一种生命需要或者自然本能，"好利"并不必然就是

---

① 《老子·五十七章》。
② 《老子·五十七章》。
③ 《墨子·经上第四十》。

"性恶"，尽管其可以引起"性恶"，只有缺少节制而超越了合理限度的"好利"才是"恶"。"好利恶害，夫人之所有也"①，韩非子完全是从生命的需要看待"好利"的，认为"好利"是人的生命现象的本性，是人的本能，是在人成为人的过程中引起超越的基本动力。没有"好利"的本能与欲望，人就没有超越的动力；但仅有"好利"的本能与欲望，人就跟动物无异。所以韩非子似乎已经触及人的自然性与社会性的双重人性，他明确指出，"德者，内也。得者，外也"②。"德"是人所存在的内在依据，是人成为人的社会属性；"得"是人所存在的外在依据，是人能够成为人的本能基础与外在约束，其中当然也就包括了利益的获得以及对利益获得的合理限制。所以，但就"好利"的本能而言，人与动物是没有区别的，但人之所以能够成为人，是在于其既能使得道德内在化，又能接受外在的约束，而法律的强制性就在于使本能的内在冲动能够符合社会规范的基本要求。

因此，韩非子与儒家、道家学派都不一样，他既然认为人的"好利"之心是人的本能与欲望，是由人的生存需要和生理条件所引起的，那就不可能也不应该对其加以灭绝或消除。"好利"是一切行为的起点与出发点，也是一切行为的推动力量，"医善吮人之伤，含人之血，非骨肉之亲也，利所加也。故舆人成舆，则欲人之富贵；匠人成棺，则欲人之夭死也。非舆人仁而匠人贼也"③。这样的"好利"，甚至是促进社会发展的内在动力，但其如果没有任何外在或内在的约束，就会导致欲利的泛滥，从而导致社会的混乱与无序。如何对这种"好利"的欲望进行约束，韩非子最为看重的就是"刑、德二柄"，"杀戮之谓刑，庆赏之谓德。为人臣者畏诛罚而利庆赏，故人主自用其刑、德，则群臣畏其威而归其利

① 《韩非子·难二》。
② 《韩非子·解老》。
③ 《韩非子·备内》。

矣"①。可见韩非子的"重刑"，完全是建立在对人性"好利"的判断上的。"重刑"是对"好利"本能的一种严重约束，其目的在于使"好利"的本能冲动按照社会秩序的基本要求予以规范化。正是通过"重刑"以防止犯罪，才使得"好利"的本能或欲望走向文明化的发展方向，而且韩非子也坚信，由于"好利"的人性，"重刑"也是极其有效的控制手段，"夫欲利者必恶害，害者，利之反也。反于所欲，焉得无恶？欲治者必恶乱，乱者，治之反也。是故欲治甚者，其赏必厚矣；其恶乱甚者，其罚必重矣"②。有人抨击韩非子的"重刑"主义过于残酷而刻薄寡恩，但在韩非子看来，"重刑"恰恰是在承认人的"好利"本能的基础上，运用外在的"重刑"手段引导人性的"好利"走向文明化、规范化的发展道路。因此他认为，"重刑"的目的不在于对犯罪者的直接制裁，"且夫重刑者，非为罪人也"，而在于凭借"重刑"的手段以达成犯罪一般预防的目的，即"重一奸之罪而止境内之邪"。③"重刑"只是禁止违法犯罪的形式或手段，其目的在于"以刑去刑"，一旦人们在"重刑"的规范过程中不敢以身试法，那么刑罚最终也就没有存在的必要了，"重刑"当然就不会伤民，这就是"以刑去刑"。对此，韩非子有一段话说得相当详尽："夫以重止者，未必以轻止也；以轻止者，必以重止矣。是以上设重刑者而奸尽止，奸尽止，则此奚伤民也？所谓重刑者，奸之所利者细，而上之所加焉者大也。民不以小利蒙大罪，故奸必止者也。所谓轻刑者，奸之所利者大，上之所加焉者小也。民慕其利而傲其罪，故奸不止也。"④

秦汉以后，董仲舒综合先秦人性学说，认为人性的善恶不能一概而论，而是因人而异，"人受命于天，有善善、恶恶之性"⑤。董

---

① 《韩非子·二柄》。
② 《韩非子·六反》。
③ 《韩非子·六反》。
④ 《韩非子·六反》。
⑤ 《春秋繁露·基义》。

仲舒还根据人性中善恶的多少，将人性分为"三品"：一是"圣人之性"，不经教化便可从善，并能劝导天下人向善，此为少数；二是"中民之性"，身兼善恶两性，经教化可以为善，此为多数；三为"斗筲之性"，恶性根深蒂固而冥顽不化，须以刑罚威吓方可收敛，此也为少数。既然有少数的"斗筲之性"，那么刑罚必须予以采用；而"中民之性"占据多数，因此社会秩序的调整应该以教化为主。这样，治理国家必须"德多刑少"、"大德小刑"、"先德后刑"，这就是"德主刑辅"的主要内容。后来到唐朝时明确确立起"德礼为政教之本，刑罚为政教之用"① 的基本方针，直至适用到清末，都可以说跟中国古代这种人性善恶的论调有着千丝万缕的紧密关系。

五、结论

中国古代刑法折射出来的人性观念基础是非常复杂的，但主要还是围绕人性的"善恶"问题而展开论争，如果说这种人性的"善恶"能够放到社会与历史的境域中加以讨论，但从理性存在的角度去探讨人性显然是不够的。基于对理性存在的人性没有深入探讨，因此人性如何能够为人所认识，这个问题始终没有得到真正的解决。因此中国古代刑法在寻求人性的根基时，往往都是从经验的世界出发，依据社会的生活现象所做出的基本判断。这样的人性立场，使得中国古代刑法的根基只能停留在社会经验的层面上，充满了经验主义的色彩。这对中国古代刑法的发展所产生的历史影响是非常巨大的，甚至对今天的中国仍然有着一些文化潜意识的控制。

由于"性恶"与"性善"的长期论争，最后导致秦汉以后人性的品格划分，从而将人性的"善恶"简单加以分割，导致教化的道德理想主义与刑罚的工具主义同时盛行，使得刑法丧失其应有的价值与地位，仅仅充当起辅助教化的工具，充当起"止恶"、"惩恶"的手段，"夫恶者，不杀而不止，故杀之以绝其恶，大恶

---

① 《唐律疏义》卷第一《名例律》（序疏）。

者相袭而无所惩，故杀此而戒其余"①。而刑罚一旦流于工具主义的境地，也就在道德教化的幌子下面，呈现出极其狰狞可怕的残酷面貌。所以在中国古代刑法里，我们可以看到，一方面是张扬"德礼为政教之本"的道德温情，但另一方面却是刑罚制度的极端残酷，这种矛盾只有回到人性"善恶"这个基点上，才能得到一种比较贴切的理解。

当然，也正是因为对经验世界人性"善恶"的多重判断，所以导致中国古代刑法从不同的角度出发去看待犯罪，从而提出综合治理犯罪的法律主张，至今仍然闪烁着犯罪的一般预防与特别预防的思想光辉。而且，基于对"善"的目标的肯定或乐观态度，在充分张扬教化的同时，也注重运用刑罚作为教化的辅助，使得刑罚本身具有了一定的教育价值，为今天刑罚教育主义观念的树立，提供了相当宝贵的思想源泉。

---

① 王夫之：《读通鉴论》卷十九。

第二章　中国古代死刑
观的人性根据[*]

人性作为人的基本规定性，又称为人的本性或人的本质，是人之为人的基本品性。休谟认为，哲学就是关于人性的科学，而"一切科学对于人性总是或多或少地有些关系，任何学科不论似乎与人性离得多远，它们总是会通过这样或那样的途径回到人性"[①]，在具体的学科研究中，一旦我们"掌握了人性以后，我们在其他各方面就有希望轻而易举地取得胜利了"[②]。死刑作为一种剥夺人的生命权利的刑种，其存在与适用的合理性，必须建立在对人性的科学假设的基础之上，因为死刑直接关系人之为人的存在根据。中国古代死刑制度的发达，与中国古代独特的死刑观念有着不可分割的内在联系，而这些死刑观念的形成和发展，在很大程度上又直接来自中国古代对于人性的基本判断。因此从人性的角度出发去寻求中国古代死刑相关问题的解释，无疑具有十分重要的意义。

一、性善论：教化主义死刑观的人性根据

中国古代的人性论，发端于三代的人文精神，尤其是周初

---

[*]　本章曾以题《中国古代死刑观的人性基础》刊发于《法学家》2012年第6期，后又被人大复印资料《法理学　法史学》2013年第3期全文转载。

[①]　［英］休谟：《人性论》上册，关文运译，商务印书馆1980年版，第6页。

[②]　［英］休谟：《人性论》上册，关文运译，商务印书馆1980年版，第7页。

"以德配天"、"敬德保民"思想的提出，标志着人文精神的进一步觉醒和反省，为后来人性论的形成和发展敞开了大门。既然人由天所生，而"天命靡常"①，统治者唯有"以德配天"，方能获得统治的正当性和合理性，可见"此时已有道德性的人文精神的自觉，则人的道德根源，当亦为天所命"②。但这种从道德上将人与天连在一起的做法，仅是人甚至仅是统治者向上的承接与实现，而不是一种自内向外传出的内在德性，所以"只能算是性善说的萌芽；和真正性善说的成立，还有一段相当远的距离"③。然而值得肯定的是，这种"以德配天"的向上承接，已经凸显出"敬德保民"的强烈爱民观念，从而将死刑等刑杀大权，从过去统治者生杀予夺的主观意志，转移至比较客观的社会标准，逐步形成了"义刑义杀"的死刑观念，这就是《尚书·康诰》所说的"非汝封刑人杀人，无或刑人杀人……"，"用其义刑义杀，勿庸以次汝封"，"汝乃其速由兹义率杀"。正是这一"义刑义杀"的思想主张，为后来性善论人性基础上的教化主义死刑观的形成，提供了相当丰富的思想养料。

作为原始儒家创始人的孔子，在西周"以德配天"的思想基础上，进一步提出了"仁"的概念，从而使得此前承天命而来的外在道德转化成人内心固有的内在道德。孔子认为仁乃内在于每一个人的生命之内的一种德性，故而"为仁由己"④，"我欲仁，斯仁至矣"⑤。如果说西周所张扬的"德"的观念还取决于上天赋予的话，则孔子"仁"的观念显然已将道德的动力源泉直接赋予人的内心。换句话说，在孔子这里，道德力量直接内在于人自身的人

---

① 《诗经·大雅·文王》。

② 徐复观：《中国人性论史》，华东师范大学出版社 2005 年版，第 21 页。

③ 徐复观：《中国人性论史》，华东师范大学出版社 2005 年版，第 22 页。

④ 《论语·颜渊》。

⑤ 《论语·述而》。

格世界，一旦此一世界空虚，则一切外在的规范均失去约束的力量，所以他说："人而不仁，如礼何？人而不仁，如乐何？"① 尽管孔子没有明说仁即人性，但实际上已经认定仁是对于人之所以为人的最根本的规定，而仁为人内在人格世界所固有，所以孔子明显倾向于人性是善的这一观念。尽管孔子说"性相近也，习相远也"②，似乎表明其对人性并没有做所谓善恶上的判断，而是认为从人的本性上来看，所有的人都是一样的，只是由于后天所受社会环境条件的不同，才导致不同的人呈现出不同的道德面貌，但从孔子孜孜不倦张扬教育或教化的关键意义来看，完全在于其对"仁"这一内在德性充满了自信。正是基于这种自信，孔子认为单纯运用刑罚来治理国家，不是一种正确的选择，只有通过教育或教化来治理国家，才能将社会的要求变成人们自己的思想与自觉的行动。因此，孔子坚决反对"不教而杀"的独任死刑观念，认为"不教而杀谓之虐"③，从而在仁这一内在德性概念的基础上，为死刑的存在和适用开启了教化主义的观念大门。

孟子继承孔子"仁"的学说，进一步肯定了仁的内在性质，认为内在于人格世界的仁乃人与禽兽之间的本质区别，亦即《离娄》下所言的"人之所以异于禽兽者，几希。庶民去之，君子存之。舜明于庶物，察于人伦。由仁义行，非行仁义也"。这就是说，人与禽兽之间的区别仅在一点点的地方，人之所以为人的本性，也只能从这一点点的地方去加以把握，即使舜能明察事物、人伦之理，亦只是从这一点点的地方出发加以推衍、扩充罢了。这一点点的地方就是"由仁义行，非行仁义也"，也就是根据内在人格世界的仁义而行事，而不是从外在的世界寻找一个仁义去加以实

① 《论语·八佾》。

② 《论语·阳货》。

③ 《论语·尧曰》。

行。正是基于这一判断，所以"孟子道性善，言必称尧舜"①，甚而推许"人皆可以为尧舜"②，因为"尧舜与人同耳"③。孟子之所以如此指称人之性是善的，关键在于他进一步推断人之心是善的，即《公孙丑》上所说的"人皆有不忍人之心"。孟子将这"不忍人之心"扩展而为"四心"，也就是人人都具有与生俱来的"四端"，即"恻隐之心，仁之端也；羞恶之心，义之端也；辞让之心，礼之端也；是非之心，智之端也"④，无此"四心"或"四端"即为"非人"。"四心"或"四端"既为人心之所固有，则"仁义礼智，非由外铄我也，我固有之也，弗思耳已。故曰，求则得之，舍则失之"⑤。为了将此"四心"或"四端"加以保持和发挥，孟子还进一步提出了"存心"、"养心"的主张，从而将这"四心"或"四端"无限生命力的种子加以无限的伸长，亦即孟子所谓的"扩充"或"尽心"。就个人而言，就是《尽心》下所要求的"人皆有所不忍，达之于其所忍"以及《梁惠王》上所要求的"老吾老，以及人之老；幼吾幼，以及人之幼"。就政治而言，就是《公孙丑》上所要求的"以不忍人之心，行不忍人之政"。出于性善基础之上的仁政考虑，孟子坚决反对专任刑杀的死刑观念，否定死刑的专横适用，提出"杀一无罪非仁也"⑥ 的鲜明主张，进而认为"无罪而杀士，则大夫可以去；无罪而戮民，则士可以徙"⑦。孟子甚至在当时有些真诚而迂腐地向一些好战好杀的诸侯宣讲"罪人不孥"的刑罚原则，明确反对残酷的死刑株连制度。而且孟子在孔子的思想基础上，继续反对"不教而杀"，提出了"教而后诛"的死刑原则，并对一些特别严重的犯罪行为开始主张"不待教而诛"，因为

---

① 《孟子·滕文公》（上）。
② 《孟子·告子》（下）。
③ 《孟子·离娄》（下）。
④ 《孟子·公孙丑》（上）。
⑤ 《孟子·告子》（上）。
⑥ 《孟子·尽心》（上）。
⑦ 《孟子·离娄》（下）。

杀掉这些有罪的人，可以使其他人免受非法侵害，从而维护良好的社会秩序。

可见，孟子一方面高举仁的旗帜，张扬性善，鼓吹仁政，反对专任刑杀的死刑制度，主张教化主义的死刑观念；但另一方面对于贼仁害义之类的罪恶行为，孟子也毫不动摇支持死刑的适用，甚至主张"不教而诛"。但孟子在此种情况下支持死刑的适用，仍然受到性善基础上仁政学说的理性限制，反映出孟子性善论的哲学曙光。第一个方面的限制在于死刑适用的目的原则，孟子提出了"以生道杀民，虽死不怨杀者"①。这一"生道杀民"的目的原则，后世歧义颇多。赵岐《孟子注》认为"杀此罪人者，其意欲生民也，故虽伏罪而死，不怨杀者"，意为为了维护社会秩序，杀掉有罪的人而使人们生活安定。杨伯峻的《孟子译注》则认为在于通过死刑的适用，而使人们不敢以身试法，从而得以保全自身。欧阳修则在《泷冈阡表》中追记其父治理刑狱时说："此死狱也，我求其生不得尔……求其生而不得，则死者与我皆无恨也。"其意在于处理死刑案件之时，刻意索求罪人从轻处罚情节，将死刑改为生刑，如此情节实在没有，则罪人确系罪有应得，即使处死，也应死而无怨。朱熹、丘濬则在欧阳修的基础上既强调求其罪人之生，又肯定杀罪人以生民，"天地之大德曰生……盖死之所以生之也，苟非其人实有害于生人，决不忍致之于死地。死一人所以生千万人也。是故，无益于生人必不轻致人于死"②。从孟子性善论基础上的整体学说来看，朱熹、丘濬的解释应该最为切近孟子的本意，当属孟子死刑适用的目的原则无疑。第二个方面的限制在于死刑适用的方法原则，孟子认为死刑的适用必须审慎，必须经过仔细调查，并征求国人的意见，这就是"左右皆曰可杀，勿听；诸侯大夫皆曰可杀，勿听；国人皆曰可杀，然后察之，见可杀焉，然后杀

① 《孟子·尽心》（上）。
② 丘濬：《大学衍义补·慎刑宪·总论制刑之义》（下）。

之"①。由死刑适用于贼仁害义之对象，到死刑适用的目的与方法之限制，孟子对于死刑的审慎态度，可谓苦心孤诣，溢于言表。

先秦孔、孟之性善论，至秦汉而为董仲舒所倡导的性有善有恶说所打断，迄隋唐仍为性品说所取代而为人性论之主流。直至宋儒周敦颐、张载以及二程（程颢、程颐），方才再次高举孟子"道性善"之旗帜，认为"仁"即"理"，乃为运行于宇宙之间的一种精神实体，包括人在内的天地万物全都在其笼罩之下，人人皆有这种仁的潜能，一旦"反身而诚"，便不再着眼于小我而能与天地万物合为一体。② 这种"反身而诚"的精神，正是来自对人性善的确信。然而与孟子不同的是，宋儒尽管肯定"反身而诚"的性善根基，却以天地之性、气质之性说明人性的区别，认为天地之性为万物之共性，其变易为人所禀受，人因生理各种条件不同而形成所谓的气质之性。天地之性来自本源性的"理"，是纯善的，在人与人之间也并无差别；气质之性又称气禀之性，乃本源性的"理"与物质性的"气"相结合而产生的，由于气有清浊厚薄之别，故人与人之间的气质之性有善与不善之分。而明代王阳明则直接回到孟子的传统，继承陆九渊"吾心便是宇宙，宇宙便是吾心"的主观精神传统，认为"人心"乃宇宙之本体，而良知又是心之本体，心自然会知。良知往往处在"未发之中"，是至善至美的，但人心却不断受到物欲、人欲各种因素的影响，可能发生同良知相背离的行动，从而产生善恶之行动，这就是"无善无恶是心之体"，"有善有恶是意之动"，"知善知恶是良知"。③ 可见王阳明对于人性的

---

① 《孟子·梁惠王》（下）。

② 程颢曾对张载《西铭》中关于仁的问题有所发挥，他说："学者须先识仁。仁者浑然与物同体。义、礼、知、信皆仁也。识得此理，以诚敬存之而已，不须妨检，不须穷索。……此道与物无对，大不足以名之，天地之用皆我之用。孟子言'万物皆备于我'，须反身而诚，乃为大乐。若反身未诚，则犹是二物有对，以己合彼，终未有之，又安得乐？"（《程氏遗书》卷二上）。

③ 《传习录》（中）。

判断，大体上应该属于性善论的范畴，所以他孜孜不倦地倡呼要唤醒心中的良知，从而按照良知去行善事，去恶事。而要唤醒良知，则必须"破心中贼"，必须高度重视礼义教化的作用。然而这种"知行合一"的观念，使得"意之动"所呈现出来的恶行难以跟至善至美的良知划清界限，故而王阳明对于人性的回答，也带有性有善有恶论的深刻痕迹。因此宋儒、明儒对于死刑的态度，创造性的观点可谓乏善可陈，朱熹可能是个比较特殊的例外。

二、性恶论：威慑主义死刑观的人性根据

学界一般认为，性恶论乃以法家"欲利恶害"的人性观为典型。其实法家所言的"欲利恶害"，乃属人的一种自为品性，至于该品性是否存在善恶之别，许多法家的代表人物均未明言，故而严格而论，法家"欲利恶害"的人性观实属性无善恶论的论域。然而法家尽管没有对欲利恶害的人性作出善恶之分的价值判断，仅就事实而论人性之欲利恶害，显然与正统的儒家思想相悖反，故而长期以来被视为性恶论的典型代表，本文亦从传统之见。

管仲作为齐法家的开创者，其对于人性之看法对后世法家之影响尤为深刻。后世依托管仲之名而辑录的《管子》一书，虽然反映了管仲的一些思想，但已不属管仲一人所作，而是齐地学者之言的汇集，可以齐法家或管仲学派之整体性言论来看。管仲学派认为人性或人情具有普遍性，"人情不二，故民情可得而御也"①，而这一普遍性的人性就是《版法解》中所言的"莫不欲利而恶害"，或者《形势解》中所言的"民利之则来，害之则去。民之从利也，如水之走下，于四方无择也"。管仲学派对这一"欲利恶害"的人性或人情没有作出价值上的善恶判断，只是点明其仅属于人性自为的事实。人们既然有所恶，则君主"立民所恶以禁其邪，故为刑罚以畏之"②。人们既然欲利而恶害，当然欲生而恶死，"使人不欲

---

① 《管子·权修》。

② 《管子·明法解》。

生，不恶死，则不可得而制也"①，所以君主应该充分运用此种人性特点，将死刑作为威慑与控制人臣的手段，操纵生杀之柄于掌上，亦即《版法》中所说的"正法直度，罪杀不赦，杀戮必信，民畏而惧。……罚罪有过以惩之，杀戮犯禁以振之"。管仲学派为威慑主义的死刑观念寻找到了可靠的人性基础。值得指出的是，管仲学派尽管基于人们恶害的本性而主张严禁刑罚，强化死刑的震慑作用，但并不是鼓吹专任刑杀和滥用死刑，相反由于他们认识到欲利恶害乃人性自为的事实，故而认为不能对其强行阉割、压制或扭曲，而只能予以顺应，所以在主张以刑杀进行震慑的同时，也应该兴利除弊以满足人们欲利的本性，因为"仓廪实则知礼节，衣食足则知荣辱"②。而且人的爱恶等性情，也可以通过后天教化的引导，使其顺着良好的方向加以发展，所以管仲学派在强调刑罚震慑的同时，也鼓吹教化所具有的关键意义，对于滥用死刑的专任刑杀观念，予以彻底的批评和抵制，认为"杀戮虽繁，奸不胜矣"③。

商鞅在管仲学派的基础上对人的欲利恶害之本性有着更加深刻的描述，他认为人生而有好恶，人的好利恶害之心是生来就有的，其具体表现就是"民之性：饥而求食，劳而求佚，苦则索乐，辱则求荣，此民之情也"，"羞辱劳苦者，民之所恶也；显荣佚乐者，民之所务也"。④ 其后不久的慎到明确将这一欲利恶害之人性概括为"人莫不自为也"⑤，并认为君主欲要治理好一国之民，必须充分利用民众此种自为之心。无论是商鞅还是慎到，都认为人的这种自为之心乃属天性，是不可能通过教化或思想道德教育所能改变的，即使是圣贤，亦只能因势或因循此种人性，《弱民》篇明确说："圣贤在体性也，不能以相易也。"为了应对人的欲利恶害之

①　《管子·明法解》。
②　《管子·牧民》。
③　《管子·法法》。
④　《商君书·算地》。
⑤　《慎子·因循》。

本性，商鞅的对策就是推行赏、刑两种手段，亦即《错法》篇所指明的："好恶者，赏罚之本也。夫人情好爵禄而恶刑罚，人君设二者以御民之志，而立所欲焉。"既然包括死刑在内的刑罚可以给人带来苦害，君主理所当然应该充分运用此种手段对臣民加以有效控制。刑罚越严厉，臣民越害怕，故没有谁敢于以身试法，这就是《赏刑》中所说的"禁奸止过，莫若重刑"①，因为"重刑而连其罪，则褊急之民不斗，很刚之民不讼，怠惰之民不游，费资之民不作，巧谀、恶心之民无变也"②。如何贯彻重刑主义，商鞅在《修权》篇中提出了"重轻"原则，也就是以重刑惩治轻罪，因为这样就可以达到"轻者不至，重者不来"的"以刑去刑，刑去事成"的理想境界，否则"罪重刑轻，刑至事生"，那就会"以刑致刑，其国必削"。可见，商鞅将刑罚所具有的震慑力量强调到了无以复加的地步，极其张扬"刑用于将过，则大邪不生"③的一般预防主义。对刑罚的这种迷信情绪，使得商鞅十分赞许死刑的威慑力量，故《画策》明言"以杀去杀，虽杀可也"，《说民》亦认为这样可以达到"民怯，则杀之以其所恶"的死刑运用效果。

　　韩非子作为战国后期法家最重要的代表人物，其思想学说尽管既受三晋法家之影响，又受道家以及以荀子为代表的儒家之影响，但其对于人性的思考，则主要还是来自以商鞅为中心的法家。韩非子认为，万事万物皆有自己的道理，唯有依此道理行事，人们才能有所收获。人作为万物之灵，亦有自身之理，唯有认识并因循此理，君主方能采取有效的统治策略和控制手段。韩非子认为这一道理就是人性、人心或人情，"凡治天下，必因人情"④，而好利恶害正是人所共有的本性。从韩非子的思想整体来看，他似乎仅将"好利"看作是人的一种生命需要或者自然本能，"好利"并不必

①　《商君书·赏刑》。
②　《商君书·农战》。
③　《商君书·开塞》。
④　《韩非子·八经》。

然就是"性恶"。韩非子完全是从生命的需要看待"好利"的，认为"好利"是人的生命现象的本性，是人的本能，是在人成为人的过程中引起超越的基本动力。没有"好利"的本能与欲望，人就没有超越的动力；但仅有"好利"的本能与欲望，人就跟动物无异。所以韩非子似乎已经触及人的自然性与社会性的双重人性，他明确指出，"德者，内也。得者，外也"①。"德"是人所存在的内在依据，是人成为人的社会属性；"得"是人所存在的外在依据，是人能够成为人的本能基础与外在约束，其中当然也就包括了利益的获得以及对利益获得的合理限制。所以，但就"好利"的本能而言，人与动物是没有区别的，但人之所以能够成为人，是在于其既能使得道德内在化，又能接受外在的约束，而法律的强制性就在于使本能的内在冲动能够符合社会规范的基本要求。

因此，韩非子与儒家、道家学派都不一样，他既然认为人的"好利"之心是人的本能与欲望，是由人的生存需要和生理条件所引起的，那就不可能也不应该对其加以灭绝或消除。"好利"是一切行为的起点与出发点，也是一切行为的推动力量，"医善吮人之伤，含人之血，非骨肉之亲也，利所加也。故舆人成舆，则欲人之富贵；匠人成棺，则欲人之夭死也。非舆人仁而匠人贼也"②。这样的"好利"，甚至是促进社会发展的内在动力，但其如果没有任何外在或内在的约束，就会导致欲利的泛滥，从而导致社会的混乱与无序。如何对这种"好利"的欲望进行约束，韩非子最为看重的就是"刑、德二柄"，"杀戮之谓刑，庆赏之谓德。为人臣者畏诛罚而利庆赏，故人主自用其刑、德，则群臣畏其威而归其利矣"③。可见韩非子的"重刑"，完全是建立在对人性"好利"的判断上的。"重刑"是对"好利"本能的一种严厉约束，其目的在于使"好利"的本能冲动按照社会秩序的基本要求予以规范化。

---

① 《韩非子·解老》。
② 《韩非子·备内》。
③ 《韩非子·二柄》。

正是通过"重刑"以防止犯罪，才使得"好利"的本能或欲望走向文明化的发展方向，而且韩非子也坚信，由于"好利"的人性，"重刑"也是极其有效的控制手段，"夫欲利者必恶害，害者，利之反也。反于所欲，焉得无恶？欲治者必恶乱，乱者，治之反也。是故欲治甚者，其赏必厚矣；其恶乱甚者，其罚必重矣"①。韩非子进一步认为，"重刑"恰恰是在承认人的"好利"本能的基础上，运用外在的"重刑"手段引导人性的"好利"走向文明化、规范化的发展道路。"重刑"的目的不在于对犯罪者的直接制裁，"且夫重刑者，非为罪人也"，而在于凭借"重刑"的手段以达成犯罪一般预防的目的，即"重一奸之罪而止境内之邪"。②"重刑"只是禁止违法犯罪的形式或手段，其目的在于"以刑去刑"，一旦人们在"重刑"的规范过程中不敢以身试法，那么刑罚最终也就没有存在的必要了，"重刑"当然就不会伤民，这就是"以刑去刑"。对此，韩非子有一段话说得相当详尽："夫以重止者，未必以轻止也；以轻止者，必以重止矣。是以上设重刑者而奸尽止，奸尽止，则此奚伤民也？所谓重刑者，奸之所利者细，而上之所加焉者大也。民不以小利蒙大罪，故奸必止者也。所谓轻刑者，奸之所利者大，上之所加焉者小也。民慕其利而傲其罪，故奸不止也。"③从这种重刑思想的目的来看，韩非子力图凭借刑罚的威慑力量以达到预防犯罪的基本目的，明显倾向于现代刑法所谓的一般预防主义，而在这种重刑威慑论的观点中，死刑当然是达成预防犯罪最为重要的威慑手段。

真正明确提出人性恶的首属荀子，他在人性论上与孟子针锋相对，提出了"性恶"的基本主张，"人之性恶，其善者伪也"④。荀子认为，人之所以性恶，是因为人有好利、好声色、嫉妒憎恶等

①《韩非子·六反》。
②《韩非子·六反》。
③《韩非子·六反》。
④《荀子·性恶》。

情欲，但这些情欲本身，都是人类生而有的，是一种自然而客观的人性，是没有什么善恶可言的，然而如果这些情欲任由其放纵而不加以控制，那么就有恶的产生。所以荀子在指明人所存在的恶的本性之基础上，进一步承认了可由"伪"的努力达成"善"的结果。"伪"就是人类的自觉能动性，人们可以凭借这种自觉能动性对性恶的情欲进行自觉的改造，从而达到预期的"善"的效果。可见荀子对人性恶的判断，既注意人所处的外在的社会环境，更重视人自身的主观因素，是对人性的一种综合性的判断。所以尽管荀子坚持"人之性恶"的观点，力图为犯罪寻找到人性方面的内在依据，但由于其认为人性并不是一成不变的，而是由于情欲毫无节制而走向恶的，因而犯罪不是人性的必然结果，而是人在主观上放纵自己的情欲所导致的。这样，犯罪的确具有了人性的内在依据，即恶的情欲，但恶的情欲只是犯罪的可能性，并非一定走向犯罪。由恶的情欲发展为犯罪的行为，除了主观上缺少有力的约束以外，还需要多种多样的外部条件。所以在荀子看来，有效的统治必须从人性的内在根源入手，必须以"化性起伪"作为最终目标，必须建立起整体性的调控手段，这就是"故古者圣人以人之性恶，以为偏险而不正，悖乱而不治，故为之立君上之势以临之，明礼义以化之，起法正以治之，重刑罚以禁之，使天下皆出于治，合于善也；是圣王之治而礼义之化也"①。"君上之势"就是要形成国家或君主至高无上的权威，"礼义之化"就是要推崇道德教化，"法正之治"就是要建立起制度化、法律化的控制机制，"刑罚之禁"就是要运用刑罚以震慑、阻遏犯罪行为的实施。

所以对于死刑的态度，荀子在孔孟"先教后诛"的教化主义死刑观之基础上，基于其"化性起伪"的主张，既强调教育或教化的地位，也坚持教而后诛的理论立场。荀子既然坚持人性是恶的，那么人们接受德礼教育也就缺乏一种内在的动力和自觉性，礼义由外而内的灌输，成效也就非常有限。所以荀子对教育或教化的

---

① 《荀子·性恶》。

作用也就保持有一种怀疑的态度，因此在孔孟反对"不教而诛"的基础上，荀子还反对"教而不诛"，"故不教而诛，则刑繁而邪不胜；教而不诛，则奸民不惩……"① 这就表明，教化尽管重要，但对于教化后仍然以身试法者，必须毫不留情执行死刑。而对于那些为非作歹的"奸民"，因其性之恶而不可能加以教化，也无须教化，荀子甚至还进一步主张"元恶不待教而诛"②。反对"不教而诛"，再进而反对"教而不诛"，并强调"元恶不待教而诛"，这深刻表明了荀子关于教与刑关系的三个层次的理论思考，从而使得荀子的刑法理论"既保持儒家重教育、重预防的刑法理论的基本特点，又大大加重了刑罚的地位，正面肯定和重视刑杀的作用，与孔、孟的刑法论有所不同"③，为威慑主义的死刑观留下了相当丰厚的空间，也为秦汉以后熔教化主义与威慑主义于一炉而成比较完整的预防主义死刑观奠定了相当重要的思想基础。

三、性有善有恶论：预防主义死刑观的人性根据

教化与威慑都属于死刑的基本功能，其目的都在于有效预防和控制犯罪。然而预防可以通过教化或威慑而达到，但并不是所有的预防都只能从教化或威慑而来。随着人类社会对犯罪与刑罚认识的日益深入，预防论越来越受到普遍的推崇。预防论认为，死刑之所以应该存在，不是因为其惩罚本身具有某种值得追求的内在价值，而是其本身有益于社会预防和控制犯罪这一重大目的。在这一目的的基础上，预防论又围绕死刑究竟是预防一般人犯罪还是特定的个人犯罪这一目的问题而展开论争，从而在人类死刑思想史上逐渐形成了一般预防论与个别预防论两种基本主张，并在两种基本主张之内又逐渐发展出一些新的观点。一般预防论主要诉诸死刑的威慑力

---

① 《荀子·富国》。

② 《荀子·王制》。

③ 俞荣根：《儒家法思想通论》，广西人民出版社 1998 年版，第 478 页。

量，或者通过死刑立法上的威慑使得一般人基于对死刑的恐惧而不敢犯罪，或者通过对犯罪者执行死刑的司法威慑而使一般人对犯罪望而生畏，或者通过死刑的立法与司法以强化对犯罪的禁忌而使一般人形成守法的习惯。个别预防论则主要诉诸死刑剥夺生命的特点，从而剥夺犯罪分子的犯罪能力，以达到有效预防犯罪的目的。① 中国古代自秦汉以降，单纯的性善论与性恶论都遭到普遍而强烈的怀疑，倡导性有善有恶的人性思想日益成为社会主流，从而使得先秦单一的教化主义死刑观和威慑主义死刑观日益向预防主义死刑观靠拢和转化，反映了中国古代死刑思想越来越朝着深入的方向发展。因为人性一旦善恶混杂，止恶劝善便会成为死刑等刑罚手段所欲达成的目标，而死刑通过剥夺犯罪能力所具有的个别预防功能（止恶）及其通过立法、司法上的威慑所具有的一般预防功能（劝善），理所当然日益受到思想家的垂青和立法者的青睐。

其实早在战国时代，世硕就已经提出"性有善有恶说"，认为"人性有善有恶，举人之善性养而致之，则善长；（性）恶 [性] 养而致之，则恶长。如此，则 [情] 性各有阴阳，善恶在所养焉"②。宓子贱、漆雕开、公孙尼子等人虽与世硕之说有所出入，但亦大致肯定性有善有恶。汉初陆贾、贾谊、韩婴等人虽然大多接受了孟子性善论的观点，认为"天地生人也，以礼义之性"③，

---

① 在刑罚学上，一般预防论的三种观念分别被称为立法威慑论、司法威慑论与强化规范论，对于死刑而言，这三种观念似乎都能或多或少发挥出一些作用。而个别预防论除了剥夺犯罪能力论而外，则还有矫正论（亦称为康复论、改造论或教育刑论），认为刑罚的目的在于通过积极的教育、矫治而使犯罪人不愿再次犯罪。对于死刑来说，一旦犯罪人被执行死刑，则其犯罪能力已被剥夺，矫正、教育或改造则无从谈起，故在个别预防方面，死刑遭受到比较普遍的攻击和挑战。但在中国古代独特的人性观念下，死刑在个别预防方面除了剥夺犯罪人的犯罪能力而外，似乎对犯罪人进行一定的矫正和教育也是死刑能够承担的一种目的或功能。

② 《论衡·本性》。

③ 《论衡·本性》。

"天之所生，皆有仁义礼智顺善之心"①，但亦承认环境和教育对人的发展起着决定性的作用。正是基于这一论断，他们对于人性的论说已然呈现出性有善有恶的苗头。譬如贾谊认为道、德乃宇宙本源，世界上的各种生命皆为"德之所生"，故万物之性，包括人性，皆是"道德造物"，明显肯定人性是善的。但贾谊认为尽管人性与德相同，具有仁、义、礼、智、信等潜质，但仍需接受先王之教才能真正具备这些品质。至于接受教化或教育能够达到什么程度，贾谊从材性上再将人分为三等：一种如尧舜之类的材性为上等，"可引而上，不可引而下"；另一种如桀纣之类的材性为下等，"可引而下，不可引而上"；再一种如齐桓公之类的材性为中等，"可引而上，可引而下"。②贾谊在材性上的三种划分，实际上已经透露出性三品说的端倪，性有善有恶的倾向可谓十分明显。对于人性的这种品级划分，经过《淮南子》的进一步发挥，到董仲舒时正式成为人性论的通说，成为正统的意识形态。

　　董仲舒认为，性是"无所待而起、生而所自有"③的东西，善则是通过后天的教化所带来的东西，主张性已然是善的，无异于承认不需要道德教化，显然是非常荒谬的。董仲舒打了一个比喻，认为善如米，性如禾，禾虽然可以产出米，但却不能认为禾就是米，同样性可以产生善，但却不能认为性就是善，米与善，都是人经过后天的努力而有所成就的，所以说"善出于性，而性不可谓善"④。董仲舒还将自己这种人性观与阴阳学说连接起来，认为"人之诚，有贪有仁。仁贪之气，两在于身。身之名，取诸天。天两有阴阳之施，身亦两有贪仁之性"⑤，明显主张性有善有恶无疑。为了证明性善的错误论调，董仲舒还进一步将人性分为"三品"，亦即圣人

---

① 《韩诗外传》卷一。
② 《贾谊集·连语》。
③ 《春秋繁露·实性》。
④ 《春秋繁露·实性》。
⑤ 《春秋繁露·深察名号》。

之性、斗筲之性与中民之性，并认为"圣人之性不可以名性；斗筲之性又不可以名性；名性者，中民之性"①，因为只有中民之性才能够有待于后天的教化而为善，不需要教化的圣人之性与不可以教化的斗筲之性都是微乎其微的少数，是不能够以性加以看待的。既然可以教化的中民之性占了多数，当然应该以德教为主而辅以刑罚，至于死刑等严酷的刑罚手段，主要在于镇压怙恶不悛的斗筲之性以及教化不成的中民之性，剥夺其犯罪能力以预防其对社会再次造成伤害，同时亦通过死刑的执行，以警告占据绝大多数的中民之性不要以身试法，从而达到一般预防的目的。

继董仲舒之后，性有善有恶论遂成为正统的人性学说。公元前81年，汉昭帝诏命贤良文学人士与御史大夫桑弘羊就治理国家一系列问题展开论争，针对桑弘羊所坚持的法家精神，贤良文学人士充分发挥董仲舒等人的思想，认为人性善恶相混，必须接受后天的教化，故而须重德教而轻刑罚，而死刑等刑罚的适用，必须在教化的前提下以达到预防犯罪的有效目的，这就是"刑一而正百，杀一而慎万"②。所谓"刑一"或"杀一"，指的是死刑等刑罚所具有的剥夺犯罪能力的个别预防功能，而"正百"或"慎万"，则为死刑等刑罚所具有的一般预防功能。扬雄也坚持"人之性也，善恶混。修其善则为善人，修其恶则为恶人"③ 的观点，故而主张教化当为治国之本，反对"先杀后教"，认为死刑等刑罚手段仅为辅助教化而用，其目的在于有效预防犯罪。王充则在批判前人人性论的基础上，明确指出"人性有善有恶，犹人才有高有下也。高不可下，下不可高。谓性无善恶，是谓人才无高下也。禀性受命，同一实也。命有贵贱，性有善恶。谓性无善恶，是谓人命无贵贱也"④，并将人性分为"中人以上"、"中人"、"中人以下"三种。

---

① 《春秋繁露·实性》。
② 《盐铁论·疾贪》。
③ 《法言·修身卷》。
④ 《论衡·本性篇》。

所以在王充看来，死刑的运用必须因应人的禀性，达到有效预防犯罪的目的，不能"空杀无辜之民"，因为"人所能为，诛以禁之，不能使止"。① 王符亦肯定人性善恶混杂，对于轻薄恶子或性恶之人，应严惩不贷，以实现刑罚"劝善消恶"的功能。对于当时甚嚣尘上的"独任德化"观念，王符加以猛烈抨击，认为即使尧、舜、文王、武王等辈，亦持刑杀而治国，故而只要能够达到有效预防犯罪的"止恶"目的，死刑也是应该充分加以运用的，这就是"以诛止杀，以刑御残"②。荀悦在性三品说的基础上进一步发展出性分九等的观点，赞成刘向"性情相应，性不独善，情不独恶"的观点，并认为性之三品，"上下不移"，"性虽善，待教而成，性虽恶，待法而消，唯上智下愚不移。其次善恶交争，于是教扶其善，法抑其恶。得施之九品，从教者半，畏刑者四（"四"疑为"九"之误——引者注）分之三，其不移大数，九分之一也。一分之中，又有微移者矣。然则法教之于化民也，几尽之矣"，③ 以法或刑抑恶的预防主义观念十分强烈，为死刑的运用澄清了人性基础这一前提条件。

　　性有善有恶的观点经过两汉时期的发展，已然蔚为大观，至魏晋玄学，善恶混杂的观念仍然成为人性论的主流思想，只不过此时纠缠于自然与名教之争的玄学家们，由于受到道家精神的深刻影响，大皆提出"才性"的概念，认为人之才性是已被自然给予的，而与人的道德主观努力无关，故而倾向于玄谈，对死刑等人为的法律手段着墨甚少。至隋唐时期，性有善有恶论得到韩愈、李翱等人的进一步阐释。韩愈在董仲舒的基础上，继续发展性三品说，认为"性也者，与生俱生也。性之品有三，而所以为性者五。……曰：性之品有上中下三。上焉者，善焉而已矣；中焉者，可导而上下也；下焉者，恶焉而已矣。其所以为性者五，曰仁曰礼曰信曰义曰

---

① 《论衡·非韩篇》。

② 《潜夫论·衰制》。

③ 《申鉴·杂言》（下）。

智。上焉者之于五也，主于一而行于四；中焉者之于五也，一不少有焉，则反少焉，其于四也混；下焉者之于五也，反于一而悖于四"①。可见，韩愈将儒家所张扬的仁义礼智信五种德行所兼容的多少，以评断一个人究竟属于"上品之性"、"中品之性"还是"下品之性"，显然是对董仲舒性三品学说的进一步发挥。与董仲舒不同的是，韩愈认为不仅中品之性可以通过修学或教化而决定其善恶，上品之性也可以通过修学而愈明，下品之性虽然不能修学或接受教化，但却可以通过刑罚迫使其改变，"故上者可教，而下者可制也"②。要制服下品之人的恶性，韩愈认为单靠礼乐德教是靠不住的，必须辅以刑罚，甚至礼乐刑政都被他视为教化的内容或手段，即使死刑也是"锄其强梗"的必备之具。

两宋理学之兴起，实可溯源于韩愈、李翱等人之"道学"，故其对于人性之思考，亦在韩愈关于性、情关系的基础上发展出义理之性与气质之性的划分。韩愈认为性乃"与生俱生"，情则为"接于物而生"，故而性为情的基础，情乃性接纳外界环境条件而引发，故而情与性一样，皆可通过修学或教化而使其得到符合规范的调整。韩愈的学生、侄婿与好友李翱则在此基础上，进一步认为人之性无论是百姓还是圣人大皆无差，但人之所以出现善恶之别，皆因为性为情所惑，"情既昏，性斯匿矣"③。李翱认为，人之喜、怒、哀、惧、爱、恶、欲七情循环往复，则性无以扩充，从而容易堕落为恶。要恢复性善的本来面目，则必须"复性灭情"，李翱的性情理论为宋明理学开辟了一条生路。以朱熹为代表的宋儒开始对《中庸》开篇讲的"天命之谓性，率性之谓道，修道之谓教"进行人性论的阐发，认为宇宙是一个气的世界，也是一个理的世界，理气共同作用，方派生人与万物。理是精神性的，是纯善的；气是物质性的，有清浊厚薄昏明之别。故而，人生来具有的由理所构成的

① 《韩昌黎文集·原性》。
② 《韩昌黎文集·原性》。
③ 李翱：《复性书》上篇。

天地之性是纯善的，而由理气共同作用、夹杂构成的气质之性则有善有恶。张载认为，天授予人则为命，亦可谓性，人受于天则为性，亦可谓命，故而"性即天也"。有性再加上知觉，便成为心，性发而为情，故情亦为心的内容。朱熹进一步认为源于天地之性的心谓之"道心"，是"微而难著"的；源于气质之性的心谓之"人心"，是"危而易陷"的，亦可谓之人欲之心。① 所以人生时即有气质之偏，生后又有物欲之私，每个人不可能知晓其纯善的天地之性，不少人会不断堕落而陷于邪恶之深渊。为了避免此种堕落，朱熹进一步区分了性、理、情、心等一系列概念，认为除了喜、怒、哀、惧、爱、恶、欲七情为情外，孟子所言的恻隐、羞恶、辞让、是非等四端亦是情，并为性、理的外在化，而仁、义、礼、智等四德则为天所授予、人之所以为人的内在之性、理。要使可善可恶的情"发而皆中节"，从而回到纯善的性、理本源，便必须努力做到"心统性情"，以人心的思虑去引领道德的实践。朱熹认为天地之性虽皆善，但因气禀不同，人便有气质之性或气禀之性上的善恶之别，人心的思虑便是时时提醒自己要努力向善，做个好人，由此向学而改变气禀。所以朱熹对于心、性、理、情等概念的阐释，"是要在不把性、理混同于、降低为情、气的前提下，解决性、理的实践性问题，尤其是解决道德实践的动力问题，因此，他必须借助于情、气来激活性、理，使性、理变死为活"②。

朱熹这种颇为注重道德实践的努力，使其对于德礼政刑关系的阐释有了新的内容。他认为"人之为学，却是要改变气禀，然极难变化"③，必须德礼政刑综合加以运用，人之向善方才有所收获，因为一旦礼乐刑政这些维持之具废弛不用，则"那不好气质便各

---

① 朱熹：《中庸章句序》。

② 郭齐勇：《朱熹与王夫之的性情论之比较》，载《文史哲》2001 年第 3 期。

③ 《朱子语类》卷第二十三，"论语五"，"为政篇上"。

自出来"①，人定堕落无疑。故而德礼与政刑互为表里，如影随形，德礼既是天理的表现，也与政刑一样是维护天理的手段。人的天地之性尽管是至善至美的，但人的气质之性却有善有恶，必须根据人的不同气质之性，分别施以德礼政刑之术。气质好的，以德导之、率之、感之；次之者，以礼齐之；再次之者，以政治之；最坏者，则必须以刑严加惩罚。朱熹说得相当明白，"圣人谓不可专恃刑政，然有德礼而无刑政，又做不得"，故而"先立个法制如此，若不尽从，便以刑罚齐之"。②"先立个法制"在于凭借立法的威慑力量达到一般预防的目的，"若不尽从，便以刑罚齐之"则在于通过对犯罪人的惩处以达到特别预防的目的。朱熹正是在此基础上，对于死刑问题作出了相当深刻的思考和明确的回答。在朱熹看来，刑罚是辅助教化的必备手段，"教之不从，刑以督之，惩一人而天下人知所劝戒，所谓'辟以止辟'"，所以死刑作为剥夺生命的手段，看似残酷，实则为仁爱之心的贯彻，因为"非法以求其生，则人无所惩惧，限于法者愈众；虽曰仁义，适以害之"。③所以对于那些怙恶不悛罪至处死者，朱熹认为应该毫不犹豫执行死刑，不能"以为当宽人之罪而出其死"④。故而朱熹对《尚书·舜典》所言之"钦哉！钦哉惟刑之恤哉"中的"恤"字，也有相当清晰的解释。他认为此一"恤"字并非"宽恤"的意思，而是言刑罚牵涉人的身家性命，司法官吏不可不谨，乃属"矜恤"的意思，亦即"欲其详审曲直，令有罪者不得免，而无罪者不得滥刑也"⑤，否则仅从宽恤出发，不令杀人者偿命，则死者何辜?! 可见朱熹这种道德实践的自觉，至少使其在刑罚的认识上已然大大超越了前儒之见。

---

① 《朱子语类》卷第七十九，"尚书二"，"吕刑"。
② 《朱子语类》卷第二十三，"论语五"，"为政篇上"。
③ 《朱子语类》卷第七十八，"尚书一"，"大禹谟"。
④ 《朱子语类》卷第一百一十，"朱子七"，"论刑"。
⑤ 《朱子语类》卷第一百一十，"朱子七"，"论刑"。

明清时期，作为正统意识形态的性有善有恶论得到进一步强化，即使明末清初的启蒙思想家在此问题上也难有大的突破，只是他们越来越倾向于承认人的自私之心乃属人的天性，人欲乃属人的本性，理在欲中而不在欲外。因此他们在预防主义死刑观的基础上，进一步肯定死刑的适用必须做到罪刑相称，不能够不加节制而夸大死刑的威慑力量。譬如王夫之就曾明确指出，实施死刑的目的在于"绝其恶"和"戒其余"，亦即"夫恶者，不杀而不止，故杀之以绝其恶，大恶者相袭而无所惩，故杀此而戒其余"①。这里所谓的"杀之以绝其恶"明显系指剥夺犯罪人的犯罪能力，从而达到个别预防的目的；而"杀此而戒其余"则系通过死刑执行的司法威慑，儆戒一般的社会公众不要以身试法，从而达到一般预防的目的。王夫之这一表述应该充分阐明了预防主义死刑观的主要内容，同时他也深刻指出，死刑作为一种"止恶"、"戒余"的手段，是不得已而加以适用的，那些采用极端残酷的死刑方法，不仅对于被害的死者和犯罪人毫无意义，即使对于犯罪人的亲属以及广大的社会公众，亦无法达到推进教化、淳化风气的目的，"枭之、磔之、辗之，于死者何加焉！徒使罪人之子孙，或有能知仁孝者，无以自容于天地之间……无裨于风化"②。

四、结论

性善论主张人性善，因此人是可以通过教化为善的，故而极力张扬教化所具有的主导性力量，对于死刑保持一种敬而远之的态度，故而季康子请教孔子是否可运用死刑"杀无道以就有道"时，孔子明确回答："子为政，焉用杀？子欲善而民善矣。君子之德风，小人之德草。草上之风，必偃。"③ 孔子当然并不在于完全反对死刑的适用，只是主张教化为先，在教化不能奏效的前提下，方才可

①　《读通鉴论》卷十九。
②　《读通鉴论》卷十九。
③　《论语·颜渊》。

以考虑适用死刑。这样的思路明显视死刑为辅助教化的手段，对于死刑的适用保持一种冷静和克制的态度，为中国后世恤刑慎杀理论的发展奠定了基础。以法家为主的性恶论认为欲利恶害乃人之自为之心，故而主张以赏刑作为调控人类社会秩序的两种手段，而以荀子为代表的性恶论则主张通过"伪"的努力以走出人性恶的自然境地，礼法恰是最好的"伪"的努力。可见性恶论必将重视死刑的威慑力量，使其成为控制犯罪的最后一道防线。这两种人性论及其基础上的死刑观念经过长期的论争，至汉唐遂逐渐握手言和，性有善有恶论开始成为正统的意识形态，基于止恶劝善的目标，中国古代的死刑观日益注重于犯罪的预防，越来越朝着比较深入的方向发展。但在这一发展过程中，性善论过于高看教化、性恶论过于高看威慑的极端态度，时刻纠缠着中国古代的死刑观念。性善论近乎认为教化万能，死刑仅是迫不得已选择的手段，"以德去刑"恰是儒家上下求索的目标；性恶论则几乎认为刑罚万能，死刑完全可以成为消除犯罪、最后消除刑罚的手段，"以刑去刑"实为法家孜孜以求的宏愿。发展至性有善有恶论基础上的预防主义死刑观，"刑措不用"仍然属于士大夫们悲天悯人的情怀。一方面死刑作为一种工具和手段而被现实利用；另一方面死刑又恰恰成为去掉刑罚手段的一条通道，拥抱着"去刑"的崇高理想。理想往往可望而不可及，而那些急于求成的士大夫们，总是希冀发挥死刑等刑罚手段"止恶劝善"的作用，将这个他们看来有些糟糕的世界重新拉回到他们的理想蓝图中。所以在中国古代社会，我们可以看到，一方面是张扬"德礼为政教之本"的道德温情；另一方面却是死刑制度的极端残酷，这种理想主义与工具主义的尴尬矛盾，实在跟中国古代独特的人性观念有着千丝万缕的关系。

最重要的关系还是在于，中国古代的人性观念始终停留于经验世界的描述，只是对伦理社会秩序善恶事实的描述。经验世界总是千变万化的，经验世界的实质对象也是因人、因时、因地而异的，伦理社会的基本秩序往往也因环境条件的变化而变化，注重经验世界和伦理社会秩序的人性描述注定难以寻找到一个普遍而绝对的标准。所以中国古代社会的人性观总会跟人心、人情之类的存在表象紧密联系在一起，性乃本体自有，是人与生俱来的，情出自性，是性与外在世界接触、发生联系后所产生的，所谓"性也者，与生俱生也。情也者，接于物而生也"①。因此欲要对性进行界定，则往往诉诸情的表现形式，无论是先秦诸子，还是秦汉以降历代儒生，其言性则必言情，几乎形成了"情由性生，情不自情，因性而情；性不自性，由情以明"② 的人性论证铁律。一旦性情连接起来，由于情无穷尽，性则成为一个无法肯定的问题，只会陷入善恶的泥潭中无法自拔，这也是中国古代流行性品说并在此基础上形成比较成熟的预防主义死刑观的深刻缘由。所以，无论是性善还是性恶，或是性有善有恶、无善无恶，其实无非都是一种经验世界的现实描述而已，没有深入形而上的人性世界，便不可能自人性的角度而回答人之所以为人的本质问题，亦不希冀为死刑提供一个人性上的绝对准则。

其实善也好，恶也罢，无非都是人类自身的一个认识问题，欲要澄清什么是善，什么是恶，恐怕首先还得认识清楚我们究竟如何判断此善彼恶，故而道德伦理上的善恶问题，最终一定还得转化成一个知识论或认识论的问题。所以，"在西方哲学中，性之善恶虽然是一个与人性有关的问题，但人性研究主要集中在理性与经验之争。人到底是理性的还是经验的，这个问题成为西方人性论的永恒主题，它不仅影响到世界观与方法论，而且是一切科学的基础"③。而在中国古代，不仅作为理性存在的人性始终没有受到注视，而且对于人的知性或智性还抱持一种"反智主义"的态度。以老、庄为代表的道家学派，坚信智性的发展，只会给社会带来沉重的灾难，因此他们一致认为，只有彻底根除理智的活动，摒弃人类凭借

---

① 《韩昌黎文集·原性》。

② 李翱：《复性书》上篇。

③ 陈兴良：《刑法的人性基础》（第三版），中国人民大学出版社2006年版，第2页。

智慧而创造出来的一切人为制度与手段，包括死刑制度，天下才能太平。以商鞅、韩非子为代表的法家明确指出："民智之不可用，犹婴儿之心也。"① 他们甚至规划出一个"反智主义"的治国方略，那就是"明主之国，无书简之文，以法为教；无先王之语，以吏为师"②。儒家的知识分子虽然不反智，但他们所倡导的知或智大多局限于伦理世界，缺乏对形而上世界的真正兴趣和热情。荀子可能是个比较难得的例外，他认为正是因为"知"与"义"才使得人与其他生物区分开来，才使得人最为可贵，"水火有气而无生，草木有生而无知，禽兽有知而无义；人有气、有生、有知亦且有义，故最为天下贵也"③。在这里，"知"是知觉，为人与动物禽兽共有，但人在知觉的基础上，可以凭借自己的理性判断何者为义，这就是荀子在另外一个地方所言的"辨"。"人之所以为人者"，"以其有辨也"。④ 辨别就是一种理智作用，所以荀子是中国思想史上第一个最为明确而系统阐释人的理性意义的思想家。然而在中国古代的历史长河里，荀子一直被视为儒家的另类甚至异端，其理智主义的态度始终没有得到重视和张扬。一旦人作为理性存在的一面被无视或切除，便只能成为伦理社会秩序的一颗螺丝钉，无论是教化还是威慑抑或是预防，人都只能是死刑控制的消极对象。我们今天要走出这种困境，恐怕需要高度重视理性主义这一剂良药。

---

① 《韩非子·显学》。
② 《韩非子·五蠹》。
③ 《荀子·王制》。
④ 《荀子·非相》。

第三章　中国古代死刑报应思想

报应主义学说认为，刑罚是犯罪的一种报应性结果，"犯罪本身给予了刑罚正当性，刑罚除了作为罪行的法律后果以外别无其他目的"①。作为最严厉的刑罚制裁措施，死刑不仅深深植根于古朴的报应观念之中，而且受到正义思想的理论支撑。中国古代社会独特的伦理秩序更是强调人类行为的相互对待性，此即《礼记·曲礼上》中所张扬的"太上贵德，其次务施报。礼尚往来，往而不来，非礼也；来而不往，亦非礼也"。施与报，成为中国古代社会思考和建构人类秩序的基本出发点。犯罪是对人一种恶的实施，刑罚则是对犯罪一种理所当然的报应。当犯罪严重到侵犯或者剥夺他人生命的时候，死刑报应思想便在私力复仇的古老习俗中得以孕育和成长，并随着国家报应司法的脚步而迈入报复刑的殿堂。而刑官在适用死刑的过程中无疑是对犯罪分子实施一种剥夺生命的刑罚制裁，施报观念犹如一道紧箍咒约束着刑官死刑适用的司法伦理，从而全面折射出中国古代死刑报应思想的基本特质。

一、私力复仇：死刑报应思想的孕育

复仇是一种古老的观念与习惯，任何民族在文明国家形成前夕都不可能避免。在人类历史上，刑罚报应观与原始复仇习惯的血缘关系相当清晰可辨，死刑报应思想尤其如此。在原始社会氏族制度下，个人的安全依靠其氏族来保护，凡是伤害个人的，便是伤害整

---

①　[美]欧内斯特·范·登·哈格、约翰·P.康拉德：《死刑论辩》，方鹏、吕亚萍译，中国政法大学出版社2006年版，第22页。

个氏族，血亲复仇的义务于是得以天然产生，摩尔根在考察易洛魁人血亲复仇这一习俗时专门指出："氏族的一个成员被杀害，就要由氏族去为他报仇。……自从有人类社会，就有谋杀这种罪行；自从有谋杀这种罪行，就有亲属报仇来对这种罪行进行惩罚。"① 恩格斯也说："假如一个氏族成员被外族人杀害了，那么被害者的全氏族必须实行血族复仇。"② 对于自己氏族成员生命的被剥夺，则全氏族一般都会以剥夺加害人或其亲属的生命为复仇的基本目的，"杀人者既已偿命，公正的要求乃得到满足"③。而在国家这一公共权力正式形成之后，剥夺杀人者的生命上升为国家运用死刑的刑事惩罚权，所以马克思进一步指出："死刑是往古的以血还血、同态复仇习惯的表现。"④

在中国古代文明国家形成前夕，复仇亦是一种相当古老的习惯，吕思勉便说："复仇之风，初皆起于部落之相报，虽非天下为公之义，犹有亲亲之道存焉。"⑤ 这一见解也充分表明，氏族组织及其一体性的生存条件和观念的确为血亲复仇提供了天然的社会基础。在文明国家正式形成后，刑事惩罚权虽然成为国家唯一合法运用的公共权力，但由于中国古代社会坚持家国同构的伦理秩序，儒家思想一步步强化了血亲复仇的天然义务，复仇仍然受到或多或少的道德赞许和伦理支持。《礼记·曲礼上》明确鼓吹："父之雠，弗与共戴天。兄弟之雠，不反兵。交游之雠，不同国。"《礼记·檀弓上》更是借用子夏与孔子的对话，对此做了更为细致的分析："子夏问于孔子曰：'居父母之仇，如之何？'夫子曰：'寝苦，枕干，不仕，弗与共天下也。遇诸市朝，不反兵而斗。'曰：'请问

---

① [美] 路易斯·亨利·摩尔根：《古代社会》上册，杨东莼、马雍、马巨译，商务印书馆 1997 年版，第 75 页。

② 《马克思恩格斯选集》第 4 卷，人民出版社 1972 年版，第 83 页。

③ [美] 路易斯·亨利·摩尔根：《古代社会》上册，杨东莼、马雍、马巨译，商务印书馆 1997 年版，第 75 页。

④ 《马克思恩格斯选集》第 8 卷，人民出版社 1972 年版，第 352 页。

⑤ 《吕思勉读史札记》，上海古籍出版社 1982 年版，第 382 页。

居昆弟之仇如之何?'曰:'仕,弗与共国。衔君命而使,虽遇之不斗。'曰:'请问居从父昆弟之仇,如之何?'曰:'不为魁。主人能,则执兵而陪其后。'"《大戴礼记·曾子制言上》就此做了进一步的发挥,认为"父母之雠,不与同生;兄弟之雠,不与聚国;朋友之雠,不与聚乡;族人之雠,不与聚邻"。可见,由于家国同构的伦理本位,中国古代社会即使在文明国家正式形成后,仍然依照伦理亲疏关系的远近而赋予复仇存在的正当性。只是相比于氏族社会那种有仇必报的毫无节制而言,文明国家对于复仇已有一定程度的限制。

　　限制之一是加害人的主观意图。凡加害人具有故意杀人的主观意图,则报仇者均可在朝士处进行登记,"杀之无罪"①。倘若加害人没有故意杀人的主观意图,而是因过失致人死亡,则不在复仇之列,国家专门设立调人一职以公共权力介入调停,即使在和解不能的情况下,也只能实行"避难"制度,"凡和难:父之仇,辟诸海外;兄弟之仇,辟诸千里之外;从父兄弟之仇,不同国⋯⋯"② 限制之二是受害者是否属于罪有应得,即是否具有罪过。《周礼·地官司徒》认为"凡杀人而义者,不同国,令勿仇,仇之则死",就是对于正当被杀情形下复仇的禁止。公羊学在此基础上借用伍子胥伐楚复仇一事作出解释:"父不受诛,子复仇可也。父受诛,子复仇,推刃之道也⋯⋯"③ 所谓"不受诛",就是罪不当诛。所以父无罪而被诛杀,则子女可以复仇;若父有罪而被诛杀,则不允许子女复仇,因为这样子女的复仇就是不正当的,从而会引发新的复仇行动,如此则复仇一往一来而永远无法遏制。限制之三是复仇对象逐渐限定为加害人本人。氏族社会复仇以加害人及其亲属甚至族人为复仇对象,文明国家则对复仇对象有所限制,亦即《春秋公羊传》所说的"复仇不除害",就是复仇只能针对加害人本人实施,

---

① 《周礼·秋官司寇·朝士》。
② 《周礼·地官司徒·调人》。
③ 《春秋公羊传·定公四年》。

而不能担心将来受到反报复而将仇人即加害人的子孙杀死。瞿同祖先生认为"这种将犯罪者或作恶者与无辜者加以区别的概念"是人类复仇历史上一种缓慢的进化①，中国古代社会对于复仇这一限制正是极好的佐证。限制之四是复仇者的范围相比于氏族社会亦有所缩小，与国家作为刑事惩罚权的唯一运用者这一立场日益接近。

从这些限制来看，进入文明国家以后，中国古代社会尽管由于家国同构的伦理本位没有彻底否定复仇所存在的正当性，但仍然力图将复仇限制在国家法律所允许的范围之内。这样，远古氏族社会时期那种以血还血、同态复仇的古老习俗逐渐渗入文明国家的法律之中，孕育着中国古代社会源远流长的刑罚报应思想，而死刑报应观念当是其中强调得更为坚定的基本内容。氏族社会同态复仇的古老习俗不断深化着"以命还命"的复仇信条，必须置仇人于死地，成为千千万万复仇者孜孜以求的目标。郑玄曾在注释《礼记》"父之雠，弗与共戴天"时专门指出："父者，子之天；杀己之天，与共戴天，非孝子也。行求杀之，乃止。"这与《大戴礼记》中"父母之雠，不与同生"原则的坚持，可谓是一脉相承。即使是因过失而致人死亡，如果行为人不主动"避难"，复仇者亦可以将其杀死，所谓"不吾辟，则杀之"②。自秦汉而至明清，中国古代社会关于"杀人者，人亦报以杀之"这一问题的争论，几乎不绝于耳，甚至到 20 世纪前期，仍然纠缠着国人的头脑。

二、报应司法：作为报复刑的死刑

毫无节制的原始复仇无疑太过于血腥和残忍，文明国家逐渐将复仇引向理性化与规范化的道路，并力图将复仇的权利完全交由国家这一公共权力加以行使，从而在原始复仇的施报观念中缓慢蜕化出刑罚报应主义思想，报应司法开始取代私力救济的复仇，死刑成

---

① 参见瞿同祖：《中国法律与中国社会》，中华书局 1981 年版，第67—68页。

② 《礼记正义》。

为国家司法过程中惩治犯罪最为显要的报复刑种。在康德看来，一个人犯了一种罪行，法律才施加惩罚于他，因为"任何一个人对人民当中的某个个别人所作的恶行，可以看作是他对自己作恶。因此，也可以这样说：'如果你诽谤别人，你就是诽谤了自己；如果你偷了别人的东西，你就是偷了你自己的东西；如果你打了别人，你就是打了你自己；如果你杀了别人，你就杀了你自己。'这就是报复的权利"。① 出于这种等害报复的主张，康德甚至认为"凡违反法律而杀人者必须处死"属于刑法的绝对命令。②

黑格尔认为康德的等害报复论有些荒诞不经，不仅由于有限的刑罚无法应对无限的犯罪形态，而且就本质而言，"犯罪的扬弃是报复，因为从概念说，报复是对侵害的侵害"③。所以黑格尔在继承康德刑从罪生的因果报应思想的基础上，"用刑罪等价的命题取代了康德的刑罪等害的命题"。④ 然而在对杀人者适用死刑的问题上，黑格尔仍然毫不含糊地肯定了报复所具有的意义："报复虽然不能讲究种的等同，但在杀人的场合则不同，必然要处死刑，其理由是，因为生命是人的定在的整个范围，所以刑罚不能仅仅存在于一种价值中——生命是无价之宝——而只能在于剥夺杀人者的生命。"⑤ 可见黑格尔尽管认为犯罪的扬弃首先是复仇，而复仇就是

①　[德] 康德：《法的形而上学原理——权利的科学》，沈叔平译，商务印书馆1991年版，第165页。
②　[德] 康德：《法的形而上学原理——权利的科学》，沈叔平译，商务印书馆1991年版，第171页。
③　[德] 黑格尔：《法哲学原理》，范扬、张企泰译，商务印书馆1961年版，第104页。
④　邱兴隆：《关于惩罚的哲学：刑罚根据论》，法律出版社2000年版，第17页。
⑤　[德] 黑格尔：《法哲学原理》，范扬、张企泰译，商务印书馆1961年版，第106—107页。

报复，在文明国家里，"不是要求复仇的而是刑罚的正义"①，但在杀人问题上，毫无疑问只能适用死刑以对罪行进行报复。很明显，死刑带有相当深刻的报复刑烙印。

中国古代社会迈入文明国家的门槛后，对复仇的逐步限制同样意味着国家在犯罪问题上力图扬弃复仇。但由于独特的家国一体的社会结构，中国古代社会对于复仇的扬弃是很不彻底的，甚至用礼教精神继续肯定或鼓励复仇的存在，"视复仇为孝义、仁勇、节烈，是生活的一部分，生存的目的之一、价值之一、意义之一"②，从而使得报复刑思想或刑罚报应观念日益深入人心，其中死刑作为一种报复刑的刑罚报应观念尤其得以凸显出来。

远古氏族社会坚持复仇的"同态"，进入文明国家门槛的人类社会亦在相当长的时期之内肯定刑罚的"同害"。无论是古巴比伦的《汉穆拉比法典》，还是古罗马的《十二表法》，全都充满了同害刑的基本规定，报复刑的面目相当清晰可辨。中国古代社会最早形成的以肉刑与死刑为中心的墨、劓、剕、宫、大辟旧五刑体系，很可能就是报复刑观念在惩治杀人罪、伤害罪方面的刑罚表现。《尚书大传》所言"男女不以义交者，其刑宫"，正是处罚淫乱行为的报复刑之表现。所以在文景废除肉刑之后，汉晋之际仍有相当多的士大夫主张恢复肉刑，譬如陈群曾言："杀人偿死，合于古制，至于伤人或残毁其体，而裁剪毛发，非其理也。若用古刑，是淫者下蚕室，盗者刖其足，则永无淫放穿窬之奸矣。"③ 律学家刘颂更是将"去其为恶之具，使夫奸人无用复肆其志"作为肉刑所具有的价值大加颂扬，认为"亡者刖足，无所用复亡；盗者截手，

---

① ［德］黑格尔：《法哲学原理》，范扬、张企泰译，商务印书馆 1961 年版，第 108 页。

② 霍存福：《复仇·报复刑·报应说——中国人法律观念的文化解说》，吉林人民出版社 2005 年版，第 97 页。

③ 《三国志·魏书·陈群传》。

无所用复盗；淫者割其势，理亦如之。除恶塞源，莫善于此"。①
可见即使在进入文明国家上千年之后，中国古代社会仍然深陷于报
复刑的泥沼而难以自拔。

　　所以可以想见，《荀子·正论》所说"杀人者死，伤人者刑，
是百王之所同也"，的确不为妄语。这种"杀人者死"的司法报应
正是对必置仇人于死地的私力复仇的回应，经过数千年的历史发
展，不断塑造着中国古代社会独特的死刑报应观念和死刑制度体
系，所以蔡枢衡先生说："死刑体系的出现和存在，本来是以原始
社会氏族对外复仇为历史条件和社会条件的。"② 必置仇人于死地
的复仇追求不断深化了中国古代社会对于死刑的执着情怀，尤其对
于杀人罪而言，"以命偿命"、"以死酬死"几乎成了千古不变的金
科玉律。唐代兴平县人上官兴因酒醉杀人后逃窜，官府逮捕其父入
狱，上官兴听闻后投案自首，京兆尹杜悰、御史中丞宇文鼎以其能
"首罪免父，有光教义"，请求减死配流，却遭到王彦威与其他谏
官的坚决反对："杀人者死，百王共守。若许杀人不死，是教杀
人，兴虽免父，不合减死。"③ 作为国家的司法官员如此执着于
"杀人者死"的死刑报应观念，更不要说作为受害者的亲属那些普
通的社会公众了。这种将死刑作为报复犯罪的手段的观点，甚至发
展成中国传统法律规定中的一个关键性词语，即"抵命"。西方学
者在分析中华帝国的法律问题时就曾一针见血地指出："'抵命'
的含义是：一个人的生命可作为另一个人的生命的替代或补
偿。……在古代中国人看来，在人类与自然界之间，存在着和谐的
秩序。人类的任何犯罪行为——尤其是杀人行为——都是对宇宙间
和谐秩序的破坏。而要恢复宇宙和谐秩序，只能通过对等性偿还的

---

　　①　《晋书·刑法志》。
　　②　蔡枢衡：《中国刑法史》序，广西人民出版社 1983 年版，第 3 页。
　　③　《旧唐书》卷一百五十七，列传第一百七，王彦威。

方式，才能达到——以命偿命，以眼还眼。"① 正是出于这种"抵命"的报复刑思想，国家的法律规定对那些杀一家非死罪数人的犯罪，往往也采用以数命相抵的方式加以处理，清代乾隆四十一年的条例便是恰如其分的例证："谋、故杀一家非死罪四命以上，致令绝嗣者，凶犯拟以凌迟处死。凶犯之子无论年岁大小，概拟斩立决。妻、女改发伊犁给厄鲁特为奴。若死者尚有子嗣，即将凶犯之子俱拟斩监侯，妻、女给死者之家为奴。如本家不能管养，不愿受领者，亦改发伊犁给厄鲁特为奴。"②

而且更具意味的是，尽管现代人鉴于生命的唯一性特征，认为无论采取何种方式处死，其结果无非都是剥夺犯罪者的生命，没有什么本质上的区别。但是在中国古代社会，由于报复刑观念的根深蒂固，同样是处死，却因为死刑的执行方式不同，完全可以与罪行的轻重相匹配，这无疑是将死刑作为一种报复刑加以看待的结果。早在三代时期，就已根据杀人的性质及其对象身份的不同，规定了不同的死刑执行方式，以此实现不同的杀人罪与死刑之间的罪罚相等，如《周礼·秋官司寇》就曾规定："凡杀其亲者，焚之；杀王之亲者，辜之。凡杀人者，踣诸市，肆之三日。"秦律亦已形成贼杀、谋杀、盗杀、擅杀这些罪名，并分别处以不同形式的死刑或其他刑罚。汉代继续加以完善，逐渐出现谋杀、斗杀、戏杀、狂易杀人、轻侮杀人等罪名，并在死刑的执行方式上予以区别对待。至唐代，正式系统完成谋杀、故杀、斗杀、误杀、过失杀、戏杀所谓的"六杀"罪名体系，并根据不同的犯罪情节、结果分别适用不同的死刑执行方式或其他刑罚方式。这种做法，不仅大大深化了中国古代社会对于罪名体系的细致规定，同时也极大地促进了刑罚方式的发展变化。仅就死刑的执行方式而言，自先秦繁杂的戮、醢、脯、

---

① ［美］D. 布迪、C. 莫里斯：《中华帝国的法律》，朱勇译，江苏人民出版社 1995 年版，第 280 页。

② （清）吴坛撰、马建石、杨育棠等校注：《〈大清律例通考〉校注》，中国政法大学出版社 1992 年版，第 791 页。

剖、焚、斩、杀、辜、踣、磬、磔、辗、炮烙、剔刳、弃市、枭首、肢解而降，直至隋唐时期形成绞、斩二等死刑，再经宋元明清增加凌迟刑，作为报复刑的死刑观念无疑左右着中国古代社会死刑种类和方式的发展变化。

与死刑种类和方式的多样化同步，远古氏族社会血族复仇所具有的集体性质，使得血族之间大规模的互相灭杀行动带来了一种独特的集体死刑制度，即族刑。栗劲先生认为，族刑"是从原始社会部落战争中胜利一方屠杀战败一方全体族类的习惯发展而来的"①，应该有着十分可贵的道理。私力救济的复仇坚持亲属一体或亲族一体的原则，一则为了发泄私愤；二则为了防止自身的复仇再次遭受对方亲属或亲族的反报复，往往将对方亲属或亲族作为一个整体加以消灭或屠杀。当作为最高公共权力的国家接替野蛮的复仇而为刑罚的行使时，用斩草除根或斩尽杀绝的族刑方式对待和惩罚某些犯罪者，也就成了理所当然的事情。通过族刑，野蛮的复仇规则仍在文明国家的法律领域中得到了某种确认。尽管荀子指责这种"以族论罪"、"一人有罪而三族皆夷"的族刑乃属乱世之表现，并呼吁"刑罚不怒罪"，适用刑罚应做到"杀其父而臣其子，杀其兄而臣其弟"，② 但中国古代社会族刑的长期适用还是深刻映射出报复刑观念在死刑问题上的顽固立场。

此外，出于防御反报复的心态，中国古代社会不仅广泛推行族刑这一集体死刑制度，而且在死刑的司法适用过程中亦将死刑决定的做出与执行面向广大的社会公众，以表明处以死刑属于众人的行为，而不是个人的行为，从而一则为死刑决定者和执行者开脱责任，避免其遭受报复或遭致不利；二则亦使被执行死刑的对象为众人所不齿，以减少或消除他人的报复情绪。这就是《礼记·王制》中所载的"刑人于市，于众弃之"观念，并曾一度形成所谓的"弃市"死刑制度。死刑是对犯罪的报复，但同时也是对"不可杀

---

① 栗劲：《秦律通论》，山东人民出版社1985年版，第17页。
② 《荀子·君子》。

人"原则的一种反动，因此任何个人甚至国家都不愿意承担此方面的责任。所以沈家本认为，"刑人终弃之义，即国人杀之之义，盖必与天下共之，而不出于一己之私意也"①。这与《孟子·梁惠王下》所说"左右皆曰可杀，勿听；诸大夫皆曰可杀，勿听；国人皆曰可杀，然后察之。见可杀焉，然后杀之。故曰国人杀之也"，应该是一脉相承的解释。后世君主为了凸显自身的权威，不再将死刑的决定交由民众加以裁定，但仍然保留了死刑在公共场所的执行，企图以此表明被执行死刑者遭受到众人的唾弃，从而避免死刑的执行给决定者或执行者带来某种报复或不利。这是作为报复刑的死刑不仅在中国古代社会所造就的一道奇特景观，即使在其他民族或国家的刑罚史上，也同样存在一定程度的表现，所以西方学者亦指出："过去认为'大家一起执行'为好。即杀人犯要共同社会的全体人都参与。典型的例子就是石砸，用心理学解决，即使尽量多的人分担内疚的罪责感。"②

三、刑官报应：死刑适用过程中的司法伦理

死刑作为一种报复刑，尽管是对犯罪的惩治，但亦是对"不可杀人"信条的违背。那些作出死刑决定或执行死刑的司法官员虽然可以在法庭上以"杀死杀人凶手以保护他人生命"为自己进行辩护而抵消自身的责任，但并不能在内心抵消自身的责任心，"我杀人的理由是决不允许杀人，我以杀人来制止杀人，但我终究杀了人，我做了自己决不允许做的事"③。而在讲求施报传统的中国古代社会，犯罪无疑是一种恶的施加，刑罚则是对犯罪的报复，

---

① （清）沈家本：《历代刑法考》，行刑之制考。载（清）沈家本：《历代刑法考》（三），邓经元、骈宇骞点校，中华书局1985年版，第1227页。

② ［德］布鲁诺·赖德尔：《死刑的文化史》，郭二民编译，生活·读书·新知三联书店1992年版，第62页。

③ 邓晓芒：《文学与文化三论》，湖北人民出版社2005年版，第104页。

同时亦是对犯罪者所施加的"恶"，至于剥夺犯罪者生命的死刑，可谓给犯罪者施加的最大的"恶"。欲要免除此种"恶"的施加之责任，便须有合法性与正当性的前提限制。在中国古代先民的眼里，一旦缺此前提限制，宏观上王朝政治必受影响，微观上司法官员必遭报应，所以瞿同祖先生专门指出："古人认为灾异不是自生的自然现象，而是神灵对于人类行为不悦的反应。政事不修是致灾的原因，而政事中刑狱杀人最为不祥，其中不免有冤枉不平之狱，其怨毒之气可以上达云霄，激起神的忿怒。"① 尤其对于审理和适用死刑的司法官员而言，死刑报应观念极为强烈地约束着他们的司法过程，从而形成了蔚为大观的刑官报应思想，造就了中国古代社会死刑适用过程中独特的司法伦理机制。

作为中国传统思想中一种独特的文化现象，刑官报应在比较广泛的意义上大致是指立法或司法官员基于其立法或司法行为的善恶而导致的因果报应，但由于中国古代社会法自君出，刑官一般皆为执行君主意志的司法官吏，故而刑官报应往往集中于司法领域。中国古代社会本就张扬"德"的力量，认为道德教化方为治理国家之根本，刑罚仅为辅助教化之手段。死刑作为剥夺他人生命的严厉制裁，不仅是对犯罪者所施加的最大的"恶"，亦是整个社会迫不得已采用的不祥之物。如果刑官缺少仁慈之心，专任刑杀，滥杀无辜，必将遭受子孙丧、寿考减、禄位削之类的恶报。但倘若刑官本着仁爱之心，慎刑恤刑，酌用死刑，化死为生，则必会得到子孙兴、寿考增、禄位隆之类的善报。这种刑官作法之报的鼓吹，不仅有着现实生活的实例支持，而且亦受到"阴骘"观念的潜在浸染。

早在佛教传入中国之前，阴骘之说已是支配中国人报应观的重要范畴。《尚书·洪范》最早载有"惟天阴骘下民"一语，意为上天庇荫安定下民百姓，后世遂逐渐发展而为上天报应之意，即"天谴"。为善报之以福，为"阴德"或"阴福"；为恶报之以祸，为"阴谴"或"阴祸"。佛教传入之后，鬼神报应便随因果报应扩

---

① 瞿同祖：《中国法律与中国社会》，中华书局1981年版，第256页。

散开来，更是支配了中国古代社会阴骘观念的全面发展。生则人报，死则鬼报，几乎成为人们深信不疑的教条，以致明成祖朱棣还亲自上阵督饬《为善阴骘》一书的编写，搜罗古今一百六十五个典故，各以四字作为标题，发行全国以教化天下。最初这种阴骘观念支配下的祸福相报意识具有相当强烈的普遍性，不专属于刑官。然而随着报应观念的深入发展，刑官作为人命关天的决定者和掌握者，日益成为报应意识指向的主要对象，从而得以形成专门的刑官报应学说。西汉于定国的父亲于公，曾任县狱掾、郡决曹，因治狱多积阴德，未尝制造冤狱，相当自信子孙必兴，后来其子于定国果然官至丞相，其孙于永亦官至御史大夫。① 相比于于公积阴德而得子孙兴之善报，那些炮制恶法、大肆杀戮者则必然遭受作法自毙之恶报，如商鞅厉行严刑酷法而遭车裂，实是非常鲜明的对比。在中国古代社会阴骘观念的支配下，刑官所遭恶报甚至发展到"刑官无后"或"刑官不蕃其后"的诅咒地步。这在一个坚持"不孝有三，无后为大"② 原则的伦理社会，对那些司法官吏无疑有着巨大的心理威慑力。

更让司法官吏心惧的是，刑官报应的结果往往也以报复刑的方式作为基础，"人们对报应结果的设想，离不开报复刑的惩罚方式与惩罚幅度的提示；报应只是在这个刑罚幅度与刑罚方式的标准的基础上，作程度不同的轻重调整而已"③。既然法律规定"杀人者死"或"杀人偿命"，则刑官无故枉杀生人，必获死报。自《汉书·酷吏传》所载酷吏多为抵罪伏诛、自杀之人报而至《旧唐书·酷吏传》所载酷吏多为鬼厉索命之鬼报，不仅报复刑思想表露无余，阴骘观念亦日益强化。人报与鬼报并辔而行，阳谴与阴祸相提并论，使得枉法裁断而妄取他人性命的司法官吏无从逃脱作为

---

① 参见《汉书·于定国传》。
② 《孟子·离娄上》。
③ 霍存福：《复仇·报复刑·报应说——中国人法律观念的文化解说》，吉林人民出版社2005年版，第212页。

报复刑的死刑之制裁。即使过失误杀人，或逢迎他人、缄默放任杀人，以及故意放纵应处死罪之人，司法官吏亦会遭致死报，只不过没有故意枉法杀人所遭恶报之激烈罢了。

出于这种阴骘观念支配下的刑官报应思想，中国古代社会的司法官吏大致都能肯定"夫通法律，非以致深文也，在用之平恕，以求人之生，使无怨抑"① 这一司法原理。即使对于触犯刑律应予处罚之辈，亦必司刑公平，使其抵罪而不怨恨，因为"刑法于人，大则戕性命，小则残肢体，孰肯甘心受之哉"②。正是从这样的刑官报应观念出发，司法官吏于决定或执行死刑之际，或主动或被迫遵循一些最起码、最基本的职业伦理，譬如避免故枉人罪，谨小慎微考量死刑，坚持恶有所惩、责有所归而不限于息事宁人，等等。总之一句话，作为"人命关天"的掌握者，司法官吏只有廉正无私，秉公执法，方能免除恶报或祸报，并能得善报或福报之助。在没有有效权力约束机制的中国古代社会，刑官报应构成了司法官吏软性的职业伦理，多多少少回应着司法公正这一永恒的价值追求。

更具有意义的是，阴骘观念依凭刑官报应思想，大大强化了君主以及刑官们"人命关天"的生命意识，使其尽力朝着限制死刑的方向而努力，从而使得慎刑、恤刑思想成为中国古代社会死刑立法和司法的重要观念。首先，逐渐限制死刑的适用范围。受战争与复仇思想的影响，源自远古氏族社会的族刑和连坐之法至秦朝发展到顶峰，汉代阴骘观念流行，文帝尽除连坐之法，虽未真正成为现实，但后世一般仅在谋反、谋大逆之类的重罪中继续沿用死刑株连制度，并在株连的亲属范围等方面已有极大的限制。针对盗窃、抢劫等罪而言，最早不分情节轻重，一律处死，后世逐渐区分情节，提高死刑的适用标准。此外对于年幼或年老之人、妇女以及残疾人等特殊犯罪主体，死刑慎刑、恤刑制度皆在立法和司法中有所规定。其次，建立严格的死刑复核、复奏制度。既然是"人命关

---

① 明成祖朱棣：《为善阴骘》第一卷，"比干受策"。
② 明成祖朱棣：《为善阴骘》第三卷，"文瑾无怨"。

天"，死刑决定的作出则必须逐级上报复核，直至奏请皇帝亲自裁决，至隋唐时期，甚至发展而成"三复奏"、"五复奏"的繁杂程序，明清时期的朝审、秋审制度，更是将死刑的最终裁决程序推进到极其显要的地位。再次，推行死刑赦免制度。统治者为求上天福报，体现宽仁之心，历代王朝广行大赦、特赦、曲赦、减等、赎罪等名目繁多的赦宥制度，对于司法实践中死刑的限制或减少起到了一定的作用。最后，代刑、留养承嗣等死刑执行制度的推广，亦是慎刑、恤刑思想在限制死刑适用方面的表现。总之，阴骘观念与刑官报应思想的不断鼓吹，慎刑、恤刑的死刑观念日益为中国古代社会的立法和司法所肯定和接受，"圣王之治天下，无论宽严，总归于神武不杀。盖此不嗜杀人之心，即是天之生理。在人身为元气，在宇宙为太和。人主常存此心，不惟盛德感人，抑且以和召和。凡天地间吉祥善事，自然与之相会。故曰元者善之长，又曰作善降之百祥。自古及今，惟有仁胜不仁，未闻以杀止杀"①，几乎成为士大夫们难以割舍的深厚情怀。

四、结论

诚如杨联陞先生所言，"中国人的'报'，注重人的来往关系，总必先有两人：我可以先施，你后报；或你施我报，其中缺一不可"②，这种施与报一来一往的报应思想在中国古代社会不仅产生的历史源远流长，而且展开的领域也相当宽泛。《周易·坤·文言传》最早系统阐释"积善之家必有余庆，积不善之家必有余殃"的报应观念，《尚书·伊训》继而张扬"作善降之百祥，作不善降之百殃"的"福善祸淫"思想，此后无论先秦儒家、法家、道家、墨家等诸子百家，皆有祸福相随之类的报应看法，延至后世历代儒生，彻底怀疑或者否定报应主张者可谓寥寥无几，足见报应思想实

---

① 倪元璐：《倪文贞讲编》卷二。
② ［美］杨联陞：《中国文化中"报"、"保"、"包"之意义》，贵州人民出版社 2009 年版，第 3—4 页。

为中国文化矢志不移的精神传统。待佛教传入中土，报应论虽然朝着自业自报或自作自受的方向发展，多少改变了中国宗法伦理下的子孙受报观念，但"福祸随善恶"的主流报应思想仍然是根深蒂固，永不衰败。

　　早在远古氏族社会蔓延开来的复仇习俗，正是中国文明酝酿阶段中"施报"观念的集中体现，同时也孕育了中国古代死刑报应观念的历史基础。无论是施恩还是施恶，皆必有报，或为报恩或为报仇，复仇正是施报关系中一个不可绕过的关键问题。中国古代社会的伦理结构，无疑有助于施报关系的鼓吹。从"杀人者死"的一般观念到孟子所提出的"杀人之父，人亦杀其父；杀人之兄，人亦杀其兄"①的特殊主张，不仅施报关系清晰可辨，伦理秩序的要求亦是不言自明。复仇作为一种极为普通、古老而又朴素的情感，既是以暴制暴的必然反映，属于一种野性的正义，同时也是对受害人的必要回复和补偿，其间包含着人类情感中对公平正义的基本需要。正因为其以暴制暴的本质，从中孕育出来的死刑也就充分透露出残酷与狰狞的面目。正因为其讲求必要的回复和补偿，也就推进了中国古代社会对"刑当罪则威，不当罪则侮"②这一罪刑相称理论的认识，甚至使得报复成了刑罚本身首当其冲的本质、目的与价值，从而逐渐造就了中国古代社会基于"杀人者死"的报应追求而对死刑所抱持的肯定甚至赞许的文化心理。

　　正是出于复仇所坚持的报复心理，文明国家即使取代了远古氏族社会以暴制暴的私力复仇方式，刑罚成为国家这一公共权力唯一能够合法运用的惩罚机制，但基于自然正义的报复情绪依然深深渗透进作为国家公权力的刑罚之中。中国古代先秦时期死刑执行方式的繁杂，后世专制帝国死刑轻重等级的划分，以及族刑这一集体死刑制度的萌生和延续，都或多或少打上了报复刑的深刻烙印。从这种报复刑的观念出发，中国古代社会的死刑制度一直没有走出野蛮

---

① 《孟子·尽心下》。
② 《荀子·君子》。

和残酷的困境，但也同时回应了报应性这一刑罚的本质。刑罚自产生伊始，就以报复为特征，尽管随着人类社会的进步，报复不再是刑罚唯一的价值取向，但毋庸置疑的是，"报应性，是刑罚的题中应有之义。报应性表明刑罚是对犯罪的一种反应，这种反应是以犯罪的存在为前提的，离开了报应，刑罚就不成其为刑罚"①。因为，报应毕竟是一种社会公正感的满足，刑罚的启动以及其预防犯罪的功利目的，如果不以报应为基础，就极有可能走向不公正。中国古代社会深深洞察到这个问题，紧紧围绕"报"这一关键概念，高度重视主观恶性与客观危害结果的内在连接以认定犯罪，从而根据罪责的轻重以甄别死刑的具体适用，在一定程度上约束着司法官吏适用死刑的生理冲动，淡化了死刑执行制度的残酷色彩。

尤其当适用死刑的司法官吏意识到自己的行为将给处决的对象带来剥夺生命的结果，必须认真对待自己的死刑决定时，那种"德主刑辅"思想指导下的慎刑、恤刑观念就会伴随刑官报应这一意识形态而深深扎根于司法官吏的内心深处。可以说，"报"的观念作为一种道德箴律，的确使刑官背负起极大的心理压力，从而为其适用死刑设定了一定的职业道德约束。《尚书·大禹谟》所载"与其杀不辜，宁失不经"的基本精神，在很大程度上正是依托刑官报应观念的力量而成为司法官吏适用死刑的圭臬。然而刑官害怕作法而受恶报的心理支持一旦有所过失，放纵人犯而置法律的明确规定于不顾也会成为刑官慎刑、恤刑思想的借口。朱熹就曾对刑官基于罪福报应思想而"多喜出人罪以来福报"进行了尖锐的批评，他认为"使无罪者不得直，而有罪者得幸免，是乃所以为恶尔，何福报之有！"所以他对《尚书》"钦哉！钦哉！惟刑之恤哉"一语作出了自己独到的解释，认为"所谓钦恤者，欲其详审曲直，令有罪者不得免，而无罪者不得滥刑也"，而当今刑官则往往惑于钦恤之说，以为宽人之罪而出其死或依次减等处罚就是钦恤，实在

---

① 陈兴良：《刑法的人性基础》（第三版），中国人民大学出版社 2006年版，第 389 页。

糊涂至极。① 于此可见，中国古代社会"报"的观念所造就的死刑思想既有着刑罚正义、慎刑恤刑极为积极的一面，同时又有着刑罚残酷、放纵犯罪颇为消极的一面。在面临全球废除死刑风起云涌的时代，如何正确对待这一报应观念中死刑思想的历史遗产，可能还需要我们孜孜不倦地努力解读……

① 《朱子语类》卷第一百一十，"朱子七"，"论刑"。

第四章　沈家本与中国近代死刑思想的转换

　　死刑作为人类社会最为古老的刑罚，在中国古代法律起源的历史过程中，可谓是极其重要的内容之一。早在"刑起于兵"的传说或苗人"五虐之刑"的史载中，死刑皆已成为最基本的刑罚种类，并开始呈现出狰狞的面貌。在墨、劓、剕、宫、大辟所组成的以肉刑为中心的旧五刑体系中，死刑不仅涉及的罪名广泛，而且执行的方式极为繁杂残酷。经过秦汉三国魏晋南北朝长时期的历史发展，至隋唐确立笞、杖、徒、流、死的新五刑体系，死刑最终仅有绞、斩两等，但自北宋以降凌迟作为法定刑，死刑不仅种类增多，执行方式亦复残酷。可见在中国古代的历史发展过程中，死刑作为重刑主义的具体表现形式，历来为统治者作为威慑目的的重要手段加以采用。延至清末，西方思想纷至沓来，中国传统的死刑制度不仅饱受西方指责，亦多为国人所诟病。沈家本作为修订法律大臣，顺应社会发展的时代潮流，通览中外，博稽古今，引领中国近代死刑思想的迅速转换，着手中国近代死刑制度的伟大变革，充分呈现出其死刑改革的全球眼光。

一、从仁政到法权：死刑改革的基本依据

　　中国古代尽管自刑罚起源之际，死刑即已透露出狰狞残酷的面目，但慎刑、恤刑的观念同时亦随之相伴产生，否则一旦罪刑有失公允、适当，就会杀及无辜而难以挽救。《尚书》明确记载司法官

皋陶诚恳劝请舜帝"慎乃宪"①，并反复强调"钦哉，钦哉，惟刑之恤哉"②，甚至已经提出"与其杀不辜，宁失不经"③的思想主张。随着"天人合一"学说的日渐成熟，慎刑、恤刑观念则日益获得终极意义上的思想基础。"天人合一"学说认为，天道通于人道，君王秉承天意，替天行道，则天立法，代天行罚，必须努力做到以德配天，即《易经》所言"天垂象，圣人则之"是也。刑罚作为人类社会惩奸治恶的工具，正是"观雷电而制威刑，覩秋霜而有肃杀"④的表现。然"天道好生恶杀，好赏恶罚"⑤，君王治理国家亦应以德化民，推行德教而不专任刑杀，否则就会导致天事不畅，进而招致各种自然灾害和社会动荡。死刑作为剥夺生命最为严厉的刑种，理所当然是不得已而为之的选择，必须将其控制在一定的范围之内。

春秋战国时期的儒家，继续肯定并发扬以德配天的基本精神，提炼出"仁"这一最为根本的核心概念。孔子甚至将"仁"视为人最为深层次的本质性规定，视为礼乐的精神根基，其"仁者爱人"的思想明确主张为政以仁，要求统治者爱民，重视人的生命价值。孔子认为，死刑的适用，不是为了杀人而杀人，而是为了让人能更好地存活下来，"今之听狱者，求所以杀之；古之听狱者，求所以生之"⑥，"求所以生之，不得其所以生之，乃刑杀焉"⑦。所以孔子对于剥夺生命的死刑，始终保持一种极其谨慎和克制的态度。季康子曾以"杀无道以就有道"问政于孔子，孔子对此极为反感："子为政，焉用杀？子欲善而民善矣。君子之德风，小人之

① 《尚书·皋陶谟》。
② 《尚书·尧典》。
③ 《伪古文尚书·大禹谟》。
④ 《唐律疏义》卷第一，名例。
⑤ 《盐铁论》卷第九，论灾第五十四。
⑥ 《汉书》卷二十三，刑法志第三。
⑦ 《通典》卷一六八，刑六，详谳。

德草，草上之风必偃。"① 孟子在孔子"仁"的基础上，直接提出了"仁政"这一政治治理概念，要求统治者"以不忍人之心，行不忍人之政"②，"施仁政于民，省刑罚"③。在此基础上，孟子不仅提出了"生道杀民"的死刑适用目标，而且明确主张仔细调查、征求国人意见的死刑适用程序，即"左右皆曰可杀，勿听；诸侯大夫皆曰可杀，勿听；国人皆曰可杀，然后察之，见可杀焉，然后杀之"。④ 孔子与孟子这种"仁"或"仁政"思想下的死刑观对中国古代死刑的适用产生了深远的影响，成为儒家知识分子以及统治者对待死刑的基本价值取向。

作为传统士大夫出身的修订法律大臣，沈家本深刻认识到传统仁政思想对于死刑改革所具有的重要意义。他考察了世界各国的法律制度，认为各国法律的精意虽然不能超出中国法律的范围，但是无论从刑制还是罪名来看，中国的法律均较西方的法律严峻，遂致西方人士批评中国法律为不仁。面对此种情势，中国与其墨守旧章以授外人口实，还不如酌加采择，修改法律以收长期之效。而要达此目的，则应充分发扬中国的仁政传统，以改变刑罚严峻的现实面貌，因为"治国之道，以仁政为先，自来议刑法者，亦莫不谓裁之以义而推之以仁，然则刑法之当改重为轻，固今日仁政之要务，而即修订之宗旨也"⑤。所以沈家本认为凌迟、枭首、戮尸等极刑，虽可惩戒凶顽，但实非国家法外施仁的本意，必须予以迅速的变革，其他诸如斩、绞之类的死刑制度，亦应循序渐进加以改进。可以说，沈家本关于死刑改革的整体思想的确是在受到西方冲击的前提下而提出来的，但其死刑改革的基本依据则仍然主要来自中国传

---

① 《论语·颜渊》。

② 《孟子·公孙丑上》。

③ 《孟子·梁惠王上》。

④ 《孟子·梁惠王下》。

⑤ （清）沈家本：《寄簃文存》卷一，奏议，删除律例内重法折。载（清）沈家本：《历代刑法考》（四），邓经元、骈于骞点校，中华书局1985年版，第2024页。

统的"仁政"传统，是对儒家慎刑、恤刑理论的一次新解释。

　　然而面对西方文化冲击下的新时代，中国传统的"仁政"思想所存在的致命缺陷也是不言而喻的。中国古代社会长期以来所推崇的君主政治，不仅大大强化了君主至高无上的统治权力，而且更为严重的是，使得法律不是"天下之法"，而是"一家之法"、"一人之法"，从而导致法律刑法化、刑法刑罚化、刑罚重罚化的色彩极为浓厚。诚如福柯所说，在"朕即法律"的君主专制社会，犯罪是对作为君主意志的法律的挑战，君主则以刑罚来对其进行干预或纠正，"惩罚权是君主对其敌人宣战权利的一个层面"，"在最普通的刑罚中，在最微不足道的法律形式的细节中，占据支配地位的是活跃的报复力量"。① 中国古代社会的血缘伦理秩序已然公开鼓吹"血族复仇"的原始正义观念，奠基于其上的君主政治当然更易于导致个人（君主）报复主义价值的凸显，国家镇压特征的突出，遂致刑罚制度暴戾残忍，缺乏人道。在这样的社会环境中，"仁政"往往只会成为一种君王的恩赐，成为一种"圣君贤相"式的期待，而难以对报复主张下的重刑主义进行有效的约束。

　　沈家本应该看到了"仁政"所存在的这一局限，开始将眼光转向西方国家建构起来的"法权"这一概念。法权概念是在欧洲中世纪逐步萌芽并不断发展起来的，是回答个人权利与国家权力如何平衡这一重大问题的关键性概念。从教会神学原则的法权哲学，到来源于理性与经验的自然法权理论，大致都为个人权利与国家权力之间的平衡提供了不同角度的解释。为资产阶级革命以及资本主义国家建构准备了丰富养料的自然法权理论认为，人是理性、自由的动物，我的自由要与他人的自由共存，就必须把我自己限制在我拥有的自由范围中，而"法权概念是关于自由存在者彼此的必然

---

　　① ［法］米歇尔·福柯：《规训与惩罚：监狱的诞生》，刘北成、杨远婴译，生活·读书·新知三联书店1999年版，第52页。

关系的概念"①。自由存在者依据法权概念建立起来的共同体——国家，恰是个人自由受到侵犯或法权平衡受到损害时而提供救济或纠正的必然要求。可见，国家所运用的那种强制性的、侵犯者无法抗拒的惩罚力量不仅为救济或纠正所必要，而且亦是建立在法权概念这一必然关系的基础上的。法权概念不仅为个人权利的保护提供了盾牌，也为国家权力的运行划定了边界。贝卡利亚正是从这样的角度出发，鞭辟入里地批评了君主时代刑罚制度的残酷和野蛮，呼吁刑罚的宽和与文明，尤其是谴责了"死刑并不是一种权利……而是一场国家同一个公民之间的战争"②，其实质无非就是国家为了阻止公民去做杀人犯，却让自己成了公共的杀人犯，实在是极其荒谬的事情。

沈家本似乎看到了法权概念对于刑罚所具有的约束意义，从而在思考死刑改革时强烈谴责了报复主义的酷刑观念。他认为，"刑法乃国家惩戒之具，非私人报复之端，若欲就犯罪之手段以分刑法之轻重，是不过私人报复之心，而绝非国家惩戒之意"③，死刑本为刑罚之极端，倘若还因犯罪而以其为轻，更以车裂、炮烙之类酷刑加重处罚，无非极尽私人报复之心而极其残忍之性而已。沈家本甚至认为"立宪之国，专以保护臣民权利为主"④，滥用死刑之淫威，绝非尊重法权之表现。更难能可贵的是，沈家本面临西方国家对中国刑罚残酷的指责，毅然抓住"法权"这一关键概念，强烈呼吁改弦更张以变法自强。他认为"西国首重法权，随一国之疆

---

① ［德］费希特：《自然法权基础》，谢地坤、程志民译，商务印书馆2004年版，第8页。

② ［意］贝卡利亚：《论犯罪与刑罚》，黄风译，中国大百科全书出版社1993年版，第45页。

③ （清）沈家本：《寄簃文存》卷三，说，死刑惟一说。载（清）沈家本：《历代刑法考》（四），邓经元、骈宇骞点校，中华书局1985年版，第2100页。

④ 李贵连编著：《沈家本年谱长编》，山东人民出版社2010年版，第256页。

域为界限，甲国之人侨寓乙国，即受乙国之裁制，乃独于中国不受裁制，转予我以不仁之名，此亟当幡然变计者也"①，而当务之急则在于使刑法改重为轻，尤其应立即着手死刑制度的改革。通过"法权"这一概念的诉求，沈家本不仅进一步发挥了中国自古以来的"仁政"传统，而且也为其缺陷的克服提供了有力的支持，从而为死刑改革准备了充分的思想养料和基本依据。

二、从限制到废除：死刑改革的基本步骤

数千年来，中国传统的刑事法律制度在"刑罚世轻世重"观念的导引下，坚持的是法律工具主义，大都渲染和推行"乱世用重典"或"重典治国"的刑事政策，认定重刑能达到治好国、治好民的目的。法家所鼓吹的重刑主义虽然为许多儒家知识分子所唾弃，亦为一些统治者所反对，但对于刑罚"惩恶除暴"功能的迷信，则是很少有人能够深刻加以反思的，"以刑止刑"、"以杀止杀"成为千古不移的信条，这无疑强化了中国传统法律重刑残民的暴戾本质。沈家本深刻地看到了这一层面的问题，从传统的仁政思想寻找到了死刑改革的重要依据，指责中国的死刑制度过于残酷而有失仁政之风范。他详尽考察了历代王朝的死刑制度，并与西方死刑制度的历史发展进行了一定程度的比较，认为欲要启动中国的死刑改革，就必须逐步走上严格限制死刑的道路。而首当其冲的是要删除凌迟、枭首、戮尸等酷刑。沈家本认为凌迟死刑，唐代以前无此名目，自辽宋列于正刑之内，元明清三代相继沿用。枭首则于秦汉时期仅用于族诛，三国魏晋南北朝时期仅于斩外另立名目，隋朝删除其法，直至明清时期才死灰复燃。戮尸最初仅见于秦，后世几无此法，明代万历始定此例，至清代扩大适用范围。沈家本认为这些酷重之刑，至为惨毒，既不能达到惩戒凶恶的目的，又不能起到警戒众人的作用，"谓将以惩本犯，而被刑者魂魄何知？谓将以

---

① （清）沈家本：《历代刑法考》（四），邓经元、骈宇骞点校，中华书局 1985 年版，第 2024 页。

警戒众人，而习见习闻，转感召其残忍之性"①，只会感伤至和，亏损仁政，必须将其一概删除，死罪至斩决而止。沈家本认为在法律制度的整体变革前夕，先将律例之内凌迟、斩枭各条俱改为斩决，斩决各条俱改为绞决，绞决俱改监候而待秋审，斩候俱改绞候并与绞决人犯入于秋审。至于将来应否酌加变通，再待商议核定。

　　删除酷刑，其主要目的在于限制残酷的死刑执行方式，从而使死刑改革开始走上文明化的道路。但中国古代社会死刑制度的残暴，还充分表现在死罪数量的蓬勃扩张上。从相关史书记载来看，自夏代而至汉代，死罪数量由 200 条左右而迅速攀升几近 2000 条。三国魏晋南北朝时期大致皆以减少死罪数量作为立法目标，至隋唐而再次压缩到 200 余条，然自宋而降至清，死刑数量几度膨胀，至清末增至 800 余条。② 沈家本详尽考察了中国历代死刑罪名的数量，认为欧美、日本各国的死刑，从前极为惨虐，然近年则少者仅数项，多者亦不过二三十项。而中国当时"死罪凡八百四十余条，较之顺治年间增十之七八，不惟为外人所骇闻，即中国数千年来，亦未有若斯之繁且重者也"③，必须对此大加压缩与削减。沈家本于奏请删除酷刑的次年，进一步陈请将虚拟死罪改为流徒，其中以修订戏杀、误杀、擅杀三项死罪罪名为核心。在沈家本看来，"戏杀初无害人之心，死出意外，情节最轻。误杀虽有害心，而死非互斗之人，亦初意之所不及。擅杀情节轻重不等，而死者究系有罪之

---

　　① （清）沈家本：《历代刑法考》（四），邓经元、骈宇骞点校，中华书局 1985 年版，第 2025 页。

　　② 详见（清）沈家本：《历代刑法考》，死刑之数。载（清）沈家本：《历代刑法考》（三），邓经元、骈宇骞点校，中华书局 1985 年版，第 1247—1250 页。亦可见胡兴东：《中国古代死刑制度史》，法律出版社 2008 年版，第 6 页。

　　③ （清）沈家本：《寄簃文存》卷一，奏议，虚拟死罪改为流徒折。载（清）沈家本：《历代刑法考》（四），邓经元、骈宇骞点校，中华书局 1985 年版，第 2028 页。

人。故此数项罪犯，在各国仅处惩役禁锢之刑"①，即使在唐律中，戏杀、误杀亦仅处徒、流，并无死罪，擅杀虽分情节可分勿论、徒、流、绞四等刑罚，也并非概问死罪。而在中国现行律典之中，不分戏杀、误杀与擅杀，皆比照斗杀拟判绞监候，秋审缓决一次，即准减为流罪，其重者，亦可秋审缓决三次减为流罪，故而虽为绞罪，实与流罪无异，不过虚拟死罪而已，与其多费秋审之司法程序，还不如直接改为流徒罪名。此外，沈家本为限制死刑罪名，还专门对故杀、杀死奸夫、威逼人致死等情形进行了深入的分析和论述，力图大大压缩死刑罪名的数量。

死刑作为剥夺生命的极刑，其具体的执行方式与方法无论如何都具有一定的残忍性。倘若完全公开执行，其血腥残忍的场面，必将对耳闻目睹的社会公众产生不可忽视的负面影响。沈家本欲使死刑改革走上完全文明的道路，当然不会无视这一问题。他全面考察了中国古代公开执行死刑的"弃市"制度，认为古代刑人于市并与众弃之，其原意本在于"以犯法者多，不肖之人为众所共恶，故其戮之也，亦必公之于众"②。然相沿日久，后世遂以此为威慑手段，以之警示社会公众，显然丧失了"与众弃之"的本旨，因为"稔恶之徒，憨不畏死，刀锯斧钺，视为故常，甚至临市之时，谩骂高歌，意态自若，转使莠民感于气类，愈长其凶暴之风。常人习于见闻，亦渐流为惨刻之行"③，不仅达不到威慑的目的，更有害于民心的教育。沈家本认为西方各国的死刑执行大多采用密行方法，其执行场所、参观人员多有严格之规定，颇可为中国所采择，

① （清）沈家本：《寄簃文存》卷一，奏议，虚拟死罪改为流徒折。载（清）沈家本：《历代刑法考》（四），邓经元、骈宇骞点校，中华书局 1985 年版，第 2029 页。

② （清）沈家本：《寄簃文存》卷一，奏议，变通行刑旧制议。载（清）沈家本：《历代刑法考》（四），邓经元、骈宇骞点校，中华书局 1985 年版，第 2060—2061 页。

③ （清）沈家本：《历代刑法考》（四），邓经元、骈宇骞点校，中华书局 1985 年版，第 2061 页。

"嗣后京师处决重囚，别设刑场一所，筑屋数椽，缭以墙垣。除监视官吏、巡警、弁兵外，须由承审官许可，方准入场。其余勿论何项人等，一概不准入视。至各直省、府厅、州县，向有行刑之地，应即就原处围造墙垣"①。沈家本认为这样变通处理，既可因防卫严密而免意外之虞，又可因民众极少见其惨苦情状而养其仁爱之心，于教育实大有裨益。

经过奏请删除酷刑、压缩死刑罪名、死刑秘密执行一系列死刑改革措施之后，死刑得以大为减省，但死刑仍有斩、绞两项执行方法，时有协助修订法律的冈田朝太郎博士亦对此予以批评，认为当时世界各国已有废除死刑之先例，即使未废除死刑者，亦皆采用一种执行方法，中国经初步改革后仍存斩、绞，实乃陋习，非有正当之理由。沈家本对于冈田博士的批评大致还是认可的，认为在唐虞三代，死刑皆称为大辟，即死是罪之大者，自然不能于其中再分等差。后世刑至于死，仍以其为轻，以一死为未足而淫刑以逞，车裂、菹醢、炮烙、铁梳种种惨毒之刑，实为法外滥施刑威。清朝开国之初，死刑仅用斩刑一项，与古最合，后来采用明制，死刑遂多。然而死刑改革自启动以来，删除凌迟、枭首、戮尸诸种酷刑，便有许多人士以为刑之过轻而难以惩治犯罪，于今死刑仅有斩、绞两项，倘若再删去一项，必致訾议蜂起而难以实行。基于此种考虑，沈家本认为宜拟定绞为死刑的主刑，斩为死刑的特别刑，凡犯罪情节重大者，酌立特别单行刑法加以规定。这就朝着"死刑惟一"的方向跨越了大大的一步。

当然，作为中国近代死刑改革的领跑者，沈家本不会仅仅局限于死刑的限制方面，其对西方世界风起云涌的死刑废除思想以及南美各国废除死刑的法律实践，亦有相当深刻的洞察。自贝卡利亚猛烈鞭挞死刑的不是开始，废除死刑日益成为西方世界的磅礴思潮。到沈家本筹划中国的死刑改革之际，南美的委内瑞拉、哥斯达黎

---

① （清）沈家本：《历代刑法考》（四），邓经元、骈宇骞点校，中华书局 1985 年版，第 2061—2062 页。

加、厄瓜多尔、乌拉圭、哥伦比亚等国已经废除所有犯罪的死刑。沈家本认为,废除死刑的学说喧腾于欧美各洲时日已久,南美诸小国亦有毅然实施者,但终究未能一律实行,"推原其故,欲废死刑,先谋教养,教养普而人民之道德日进,则犯法者自日见其少,而死刑可以不用。故国小者尚易行之,若疆域稍广之国,教养之事安能尽美尽善,犯死罪而概宽贷之,适长厥奸心,而日习于为恶,其所患滋大"①。可见,沈家本对于死刑的废除,是向往的,但这必须建立在教养这一基础上。这再次充分体现出沈家本循序渐进的死刑改革思路,具有相当宽广的全球视野。

三、从威慑到教养:死刑改革的基本目标

在人类的历史长河中,"对不明就里的人而言,死亡的威胁不言自明地比终身监禁的威胁具有更有效的威慑力"②,这也是中国古代社会关于死刑正当性的一种心理期待。《尚书》虽然时刻强调德政对于刑罚的指导意义,但亦有"折民惟刑"的政治追求,逐步造就了"义刑义杀"的观念。先秦儒家继承了这一德治主义传统,力图赋予人以"仁"这一内在人格,从而主张通过教养去造就此种人格力量。但是对于教养无成或教养无望的恶徒,儒家亦皆主张予以刑罚的制裁或诛杀。从孔子反对"不教而诛",到孟子提倡"教而后诛",再到荀子主张"元恶不待教而诛",先秦儒家一步步为死刑的适用留下了足够的空间。而从留下这些空间的思想支持来看,无不是建立在死刑所具有的威慑性这一基础上,亦即"以极刑杀一儆百,使人有畏惧之心,则所活人命不可胜计矣"③。先秦法家则干脆一反儒家"德主刑辅"的教养思想而公开鼓吹刑

---

① (清)沈家本:《历代刑法考》(三),邓经元、骈宇骞点校,中华书局1985年版,第1249—1250页。

② [英]罗吉尔·胡德:《死刑的全球考察》,刘仁文、周振杰译,中国人民公安大学出版社2005年版,第425页。

③ 《宋会要辑稿》,刑法二之五八。

罚的力量，宣扬"德生于刑"，认为"刑生力，力生强，强生威，威生德"。① 对刑罚的这种迷信情绪，使得法家十分赞许死刑的威慑力量，即"以杀去杀，虽杀可也"②。后世的认识虽然有所发展变化，但对于死刑所具有的威慑性仍然是大多数人肯定死刑正当性的根基，如王夫之就曾明确指出，实施死刑的目的在于"绝其恶"和"戒其余"，亦即"夫恶者，不杀而不止，故杀之以绝其恶，大恶者相袭而无所惩，故杀此而戒其余"③。这里所谓的"杀之以绝其恶"明显系指剥夺犯罪人的犯罪能力，从而达到个别预防的目的；而"杀此而戒其余"则系通过死刑执行的司法威慑，儆戒一般的社会公众不要以身试法，从而达到一般预防的目的。可见在中国古代社会，死刑威慑论已是影响相当广泛的共识。

其实在西方世界，死刑作为一种威慑犯罪的手段一直也相当深入人心，直到 18 世纪贝卡利亚强烈呼吁限制甚至废除死刑以后，死刑的威慑性才日益遭致怀疑和否定。贝卡利亚认为过去过于注重对犯罪的惩罚而强化了刑罚的制裁功能，但"用死刑来向人们证明法律的严峻是没有益处的"，恰恰相反，"酷刑的场面给予人们的常常是一付铁石心肠，而不是教人悔过"。④ 其实，预防犯罪远比惩罚犯罪高明和重要得多，所有优秀的立法都必须以预防犯罪为主要目的，而"预防犯罪的最可靠但也最艰难的措施是：完善教育"⑤。所以贝卡利亚虽然认为刑罚对其他人的威慑属于其政治目的，但这以遏制犯罪为必要，并以遏制犯罪为限度，而死刑显然不能达到劝阻人们不去犯罪的目的，因而是不必要的，也是不公正的。正是由于贝卡利亚这些思想家的持续努力，西欧各国自 19 世

---

① 《商君书·说民》。

② 《商君书·画策》。

③ 《读通鉴论》卷十九。

④ ［意］贝卡利亚：《论犯罪与刑罚》，黄风译，中国大百科全书出版社 1993 年版，第 49 页。

⑤ ［意］贝卡利亚：《论犯罪与刑罚》，黄风译，中国大百科全书出版社 1993 年版，第 108 页。

纪开始日益限制死刑的适用，并付诸废除死刑的大量努力，而且迅速波及全世界，至 20 世纪初沈家本领导清律修订活动时，中南美洲数国已陆续通过立法正式废除了死刑，或者事实上不再执行死刑。

　　沈家本对于欧美废除死刑的学说与实践深有所触，并从历史以及司法实践的角度指出，一味地重视死刑，强调死刑的威慑力，其实导致的结果往往是死刑的适用不仅没有起到警示或威慑的作用，反而还会助长社会的凶暴之风，因为被处决者已然一无所知，而社会公众耳濡目染，逐渐就会感召残忍之性。对此，沈家本有着相当深刻的见解："稔恶之徒，憨不畏死，刀锯斧钺，视为故常，甚至临市之时，谩骂高歌，意态自若，转使莠民感于气类，愈长其凶暴之风。常人习于见闻，亦渐流为惨刻之行。"① 当时有人认为凌迟、枭首、戮尸等重法，乃处决穷凶极恶之徒的威慑手段，一旦废除，将无以炯戒世人。沈家本对此深加驳斥，引经据典，历数中国古代死刑适用的历史事实，尤其是以唐太宗减省死刑、武则天重用死刑、唐玄宗废除死刑的历史反复加以说明，充分表明作为酷刑的死刑对于犯罪所具有的威慑力是极其有限的。因而沈家本的结论就是："化民之道，固在政教，不在刑威也。"②

　　沈家本看到死刑威慑性的不足与缺陷，既是对中国古代社会"仁政"观念下"教养"思想的透彻了解，也是对西方世界当时蔚然兴起的教育刑思潮的深刻洞察。他反复强调"明刑弼教"的刑罚观念，认为死刑有损于仁政，亦无补于有效预防犯罪，因为"犯罪之人歉于教化者为多，严刑厉法，可惩肃于既往，难望涵被

---

　　① （清）沈家本：《历代刑法考》（四），邓经元、骈宇骞点校，中华书局 1985 年版，第 2061 页。

　　② （清）沈家本：《历代刑法考》（四），邓经元、骈宇骞点校，中华书局 1985 年版，第 2025 页。

于将来"①。所以在沈家本看来，教育与刑罚本应相互支持，尤应充分发挥教育的指引作用，"刑罚与教育互为消长，格免之判，基于道齐，有虞画像，亦足致垂拱之治"②，而且从世界各国刑法的发展变化来看，"咸从武健严酷以来，迨后改从轻刑，专事教育"③。可见中国也好，西方也罢，无不以教养或教育作为指引刑罚文明化的根本方针。沈家本甚至认为修订法律伊始，即使草案施行尚需时日，但到时教育普及，犯罪自少，尤不应以目前的情形永远限制将来的发展。正是在这样的思路上，沈家本在限制死刑的基础上，进一步提出了废除死刑的设想。

死刑是人类社会历史的产物，同样，废除死刑也是历史的要求。但是废除死刑不是一件容易的事情，要与各个国家和民族的具体情况联系起来才能稳步推进。沈家本认识到中国古代社会既存在有老子"民不畏死，奈何以死惧之"的死刑批判论，更有孔子"子为政，焉用杀"之类的开明执政主张，还有唐代太宗、玄宗和宪宗三朝废除死刑的司法实践。然而在中国古代社会，事实上并未真正废除过死刑，相反自宋凌迟成为法定刑，明以剥皮实草反贪，太平天国以点天灯惩奸，残忍的死刑执行方法可谓花样翻新。无论是西方世界鼓吹废除死刑的声音，还是中国历代限制或者废除死刑的情怀，沈家本认为皆由于教养或教育的艰巨而遽难实行。至于中南美洲废除死刑之诸国，皆为小国，故而易于施行。中国作为大国，教养之事至为宏巨，废除死刑非一朝一夕所能成就。沈家本既深刻洞察到教养或教育对于废除死刑的关键意义，同时又敏锐认识到教养或教育的不易而对废除死刑所具有的约束作用，从而颠覆了

---

① 李贵连编著：《沈家本年谱长编》，山东人民出版社 2010 年版，第 172 页。

② 李贵连编著：《沈家本年谱长编》，山东人民出版社 2010 年版，第 197 页。

③ 李贵连编著：《沈家本年谱长编》，山东人民出版社 2010 年版，第 257 页。

死刑威慑论的思想根基，为中国近代的死刑改革树立了教养或教育这一伟大的基本目标，也为自己从限制死刑到废除死刑的改革思路提供了强有力的理论支持。

四、结论

作为清末修订法律大臣，沈家本的死刑改革思想融合中西，贯通古今，最终逐渐为最高统治层所认可和接纳，从而为中国近代死刑思想的转换以及死刑制度的重构准备了丰富的精神养料。1910年5月15日，清政府颁布具有过渡性质的《大清现行刑律》，其中规定死刑分为斩、绞两种，正式废除了凌迟、枭首、戮尸等酷刑。次年1月25日，清政府再次颁布了中国历史上第一部仿照西方近代刑法体例、原则而编定的刑法典——《大清新刑律》，最终以正文规定死刑仅用绞刑一种，足见沈家本的死刑惟一说得到了国家立法的肯定和认可，并开始深刻影响此后中国死刑制度的发展变化。沈家本能够取得这样的成就，其中最为决定性的因素，就是他始终坚持一种世界化、全球性的死刑改革眼光，将古今中外的死刑思考融会贯通起来，从而为中国近代死刑思想的转换创造了良好的条件。沈家本一直坚信，"为学之道贵具本原，各国法律之得失既当研厥精微，互相比较，而于本国法制沿革以及风俗习惯，尤当融会贯通，心知其意"[①]。基于这样的信念，沈家本充分发挥中国古代社会"仁政"观念下慎刑、恤刑传统，将其与西方世界的法权学说、人道主义联系起来，为死刑改革寻找到了坚实的思想依据，并在这一基础上为死刑改革指明了循序渐进的基本步骤，从而打破了人们长期以来深信不疑的死刑威慑迷信，将中国传统社会的教养思想与西方世界的教育刑理念结合起来，奠定了中国近代死刑思想转换与死刑制度改革的基本目标。在这个意义上，沈家本不愧是

---

① 李贵连编著：《沈家本年谱长编》，山东人民出版社2010年版，第119页。

"深刻了解中国法律而且明白欧美法律的一个近代大法家"①，是中国近代法律变革的伟大先行者。同时，沈家本关于死刑改革的思考及实践，也必将为我们今天关于死刑的思考尤其是废除死刑这一问题的解决提供足够的智慧支持和历史启示。

① 杨鸿烈：《中国法律思想史》（下册），商务印书馆 1998 年版，第 312 页。

第四编

近代中国的宪法思潮与实践

第一章　近代中国的联邦主义思潮及实践

一、晚清联邦主义思潮的输入

晚清联邦主义思潮输入中国，与地方主义的日益兴起有着极其密切的内在关系。中国的政治制度，打从初具国家形象的商周开始，延绵数千年，都是以君主为中心的政治制度。君主一直是这个政治制度的核心，享有绝对的专制权力，集全国立法、行政、司法以及军事各种权力于一身。自秦汉始，郡县制大规模的推行，进一步巩固并深化了中国古代的君主集权主义政治。为了强化中央对地方的有效控制，历代王朝都力图派遣中央官员莅临地方进行纠举、监察，如汉设刺史，宋设监司，元设行中书省，明清设督抚。此种举措，可在一定程度上对地方加强控制，但时间一长，临时莅临监视的中央官员往往与地方之间形成盘根错节的复杂关系，甚至一跃而成为地方最高一级行政长官，从而与中央形成分庭抗礼之势，直接另立或推翻中央，造成中国历史几乎难以摆脱的一个铁律，即《三国演义》开篇所言的"分久必合，合久必分"。

满清总督、巡抚之设，本取自明代督抚之制。明代的督抚制，实为御史巡按制度的发展，当时将按省制增设十三道监察御史一百一十人，分别掌管地方监察事务。御史出巡时，可被皇帝特命兼管其他事务，兼管军事的称"提督"，兼管行政、财政的称"巡抚"，三者兼管的称"总督"，其中总督与巡抚有"便宜行事"的权力，但在有明一代，督抚大皆仅为中央监临地方的临时派遣之行官。清兵入关后，各地经常发生重大事故，中央政府为便宜行事，乃差遣重臣分别监临重要地区，督抚遂逐渐演变为各省之最高行政长官，后来又陆续取得过问辖内兵权之事。待天平天国之役后，各省督抚自行募练"勇营"，成为地方军事统帅，顿时彻底改变其过去中央派往地方之差遣官的地位，地方遂逐渐权重于中央，形成清末朝廷"皆拱手而听之督抚"① 的政治形势。尤其是通过洋务运动，地方督抚创办的新式企业，更是加强了其左右朝政大局的经济实力。义和团运动期间，由李鸿章、刘坤一、张之洞等发起，联络东南诸省公开抗拒中央的"东南互保"活动，已经充分显示出地方督抚权重于中央的政治格局。

随着地方主义的兴起，西方国家的地方自治思想也开始在中国迅速得以传播，成为晚清颇具影响的社会思潮，无论是立宪派还是革命派，都极力主张仿行西方的地方自治制度以取代中央集权的专制政体。尤其是在清政府无法确保各地利益的情形下，提倡地方自立、自主或自治的思想日益抬头。首倡广东独立的欧榘甲，指斥清政府"视广东为他人之物，则其以广东之地卖于他人为居处，广东人民卖于他人为奴隶"，此为"朝廷不能报我而反弃我，是朝廷先为叛逆也"，因而"我亦何可不求自立，以求安我种类乎？"② 随后杨笃生作《新湖南》，明确提出"建天心阁为独立之厅，辟湖南巡抚衙门为独立之政府，开独立之议院，选独立之议政院国会院，制定独立之宪法，组织独立之机构，扩张独立之主权，规划独立之地方制"③ 的政治主张，一时"省国"或"省界"意识风起云涌。

地方自治如何推行，西方国家的联邦制政治方案遂引发诸多国

---

① 康有为：《废省论》，载中国行政区划研究会编、张文范主编：《中国省制》，中国大百科全书出版社 1995 年版，第 164 页。
② 欧榘甲：《新广东》，载张枏、王忍之编：《辛亥革命前十年时论选集》第 1 卷上册，生活·读书·新知三联书店 1960 年版，第 273—274 页。
③ 杨笃生：《新湖南》，载张枏、王忍之编：《辛亥革命前十年时论选集》第 1 卷上册，生活·读书·新知三联书店 1960 年版，第 614 页。

人的推崇和青睐，联邦主义思潮便逐渐得以传播开来。早在鸦片战争前夕，美国传教士裨治文（Elijah Coleman Bridgman）就曾编写出版《美理哥国志略》一书，介绍美国史地以及政治法律制度知识。受其影响，1853年魏源在《海国图志》中亦介绍了美国的联邦制度，并表示赞美："西洋称部落曰士迭，而弥利坚无国王，止设二十六部头目，别公举一大头目总理之，故名其国育奈士迭国，译曰兼摄邦国。"① 洋务运动时期，郑观应、何启、胡启垣等人则已充分认识到西方国家议会制度对于中央与地方关系所发挥的重要作用。1894年，孙中山创建兴中会时，其所提出的"创建合众政府"表露了在未来中国建立美国式联邦制国家的理想。1897年8月，孙中山在一次谈话中进一步指出人民自治的关键意义，并对中国政治制度作了一种联邦主义的设想："惟作联邦共和之名下，其夙著声望者，使为一部之长，以尽其材。然后建中央政府以驾驭之，而作联邦之枢纽。"② 同年，梁启超向湖南巡抚陈宝箴写信提出湖南自立的主张，其实也是以西方联邦制度下的地方自治作为理论参考的。1901年，梁启超在《卢梭学案》中甚至高度赞扬联邦制："据联邦之制，以实行民主之政，则其国势之强盛，人民之自由，必有可以震古铄今，而永为后世万法者。"③ 1903年，邹容于《革命军》中提出了"中华共和国"的口号，并主张联邦主义的宪法制度，"立宪法悉照美国宪法"，"自治之法律悉照美国自治

---

① 魏源：《海国图志》，中州古籍出版社1999年版，第397页。魏源当时称美国的州为"部落"，称美国为"兼摄邦国"，其认识尽管有着一定的时代局限，但他对美国联邦宪法中的联邦分权制度，还是有着比较清晰的认识，并给予了比较高的评价，甚至认为其"可垂奕世而无弊"。他这里所使用的"士迭"，即为"State"的音译；所使用的"育奈士迭"，即为"United States"的音译。

② 《孙中山全集》第1卷，中华书局1981年版，第172—173页。

③ 梁启超：《卢梭学案》，载《饮冰室合集》第1册，《饮冰室文集之六》，中华书局1989年版，第110页。

法律"。① 章太炎在为《革命军》作序时，更加坚定地主张中国应走与美国类似的联邦主义道路。而 1905 年革命党的机关报《民报》第 4 号发表的《民生主义与中国革命之前途》一文，则非常坚定地指明了未来中国采取联邦制的宏伟蓝图："共和政治也，联邦政体也，非吾党日以为建设新中国无上之宗旨乎？使吾党之目的而达，则中国之政体，将变为法国之共和，美国之联邦……"② 所以在晚清阶段，作为未来中国的新兴政治力量，无论是维新派还是革命派，都对西方的联邦制充满一定的好感或期待，并极力鼓吹联邦主义的建国方案，一时间遂使古老的中华帝国日益遭受联邦主义思潮的强烈冲击。

二、应对集权的联邦制：1910 年代的联邦主义思潮

晚清联邦主义思潮的兴起，基本上是对中央集权政治的反动。受此影响，武昌首义后，各省纷纷宣布独立，要求效仿联邦制的思想正式成为政治上的现实诉求。山东宣布独立时，咨议局向清政府提出的八条要求，其最后四条说："宪法须注明中国为联邦政体（五）；外官制、地方税由本省自定，政府不得干涉（六）；咨议局章程即为本省宪法，得自由改定之（七）；本省有练兵保卫之自由（八）。"③ 江苏都督程德全、浙江都督汤寿潜联电上海都督陈其美倡议，请各省公推代表赴沪商讨临时政府的组织问题，更是明确提出"美利坚合众国之制，当为吾国他日之模范"④ 的联邦建国主张。这时由于中央政府尚未成立，国宪尚未制定，各省更是陆续制定或颁布了一些相当于省宪的"省制约法"。这些"省制约法"尽

---

① 张玉法：《晚清革命文学》，台北新知杂志社 1972 年版，第 139 页。
② 转引自李剑农：《中国近百年政治史（1840—1926）》，复旦大学出版社 2007 年版，第 486 页。
③ 参见潘树藩：《中华民国宪法史》，商务印书馆 1934 年发行，第 103 页。
④ 李剑农：《戊戌以后三十年中国政治史》，中华书局 1965 年版，第 117 页。

管属于临时性的宪法大纲，主要内容也集中于革命政权的权力结构和政府组建，但从基本精神来看，明显受到联邦宪法思想的深刻影响，譬如在宋教仁的主持起草下，湖北军政府所拟定的《中华民国鄂州临时约法草案》，其第 3 条明显富有联邦制的基本精神："中华民国完全成立后，此约法即取消，应从中华民国宪法之规定；但鄂州人民关于鄂州统治之域内，得从中华民国之承认，自定鄂州宪法。"① 贵州独立后，为了确立民主立宪共和政体的基础，决定将咨议局改名为立法院，并由立法院拟定了一个《宪法大纲》，非常明确地宣称："统观中国领土之大，就现在独立情形推定，将来必为一联邦国。其关于联合上之宪法，为共定宪法；至各省自治之宪法，则为特定宪法。宪法为各项法律之所出，虽共定宪法，尚待联邦会商，而特定宪法，势不可缓。谨就现在情形，拟定国宪大要，以质我全体国民。"② 其他如上海通过的《沪军都督府条例》、江苏公布的《江苏临时议会章程》和《江苏军政府临时约法》、四川宣布的《蜀军政府组织大纲要点》和《蜀军政府政纲》、浙江施行的《浙江军政府临时约法》、江西发布的《江西省临时约法》、广西颁行的《广西军政府临时约法》等，虽然没有明确提出联邦制的立宪目标，但从其肯定权力分立和军民分治的基本规定上来看，还是受到了联邦思想或多或少的影响。

孙中山也趁武昌首义所造成的政治局面，在巴黎公开发表谈话，强烈倾向采用美国联邦制以建构中国的政治框架："中国革命之目的，系欲建立共和政府，效法美国，除此之外，无论何项政体皆不宜于中国。因中国省份过多，人种复杂之故。美国共和政体甚合中国之用，得达此目的，则振兴商务，改良经济，发掘天然矿

---

① 《中华民国鄂州临时约法草案》，载夏新华、胡旭晟等整理：《近代中国宪政历程：史料荟萃》，中国政法大学出版社 2004 年版，第 610 页。

② 《贵州立法院拟定宪法大纲》，载夏新华、胡旭晟等整理：《近代中国宪政历程：史料荟萃》，中国政法大学出版社 2004 年版，第 629—630 页。

产，则发达无穷。"① 他在与《巴黎日报》记者谈话时进一步作了相当全面的阐释，认为中国于地理上分为二十二行省，加以三大属地即蒙古、西藏、新疆，其面积实较整个欧洲还大，加上各省气候不同，因此人民的习惯性质亦各随气候而为差异，所以于政治上实在不宜于中央集权，而应采用北美联邦制度。② 这种论调对于当时各省纷纷制定临时约法以寻求自治产生了相当重要的影响，也为日后联邦主义思潮在中国的进一步传播开辟了政治诉求上的道路，更重要的是为临时政府的组建奠定了联邦制度的发展倾向，明显属于应对中央集权的联邦主义思想的集中表述。

正是在这样的背景下，黎元洪担任中华民国武昌都督府都督后，为争取各省支持，在邀请各省代表前往武昌共商国计的电文中，明确强调"建立联邦国家，作为对外交涉"的政治主张。③ 随后在汉口各省代表推选雷奋、马君武、王正廷三人为《临时政府组织大纲》起草员，拟定《中华民国临时政府组织大纲草案》，送交代表会议审议。各省都督府代表联合会议于 1911 年 12 月 3 日议决《中华民国临时政府组织大纲》4 章 21 条，并即日宣布之。从代表的选派以及《组织大纲》的签署上，都表明临时政府倾向于采用联邦制。从《组织大纲》的具体条文来看，美国联邦宪法的精神跃然纸上，如第 1 条规定："临时大总统，由各省都督府代表选举之，以得票满投票总数三分之二以上者为当选。代表投票权，每省以一票为限。"第 8 条规定："参议院每省以三人为限，其派遣办法由各省都督府自定之。"第 16 条规定："参议院未成立以前，暂由各省都督府代表会行使其职权；但表决权，每省以一票

---

① 《孙中山全集》第 1 卷，中华书局 1981 年版，第 563 页。

② 参见《孙中山全集》第 1 卷，中华书局 1981 年版，第 561—562 页。

③ 参见谢俊美：《政治制度与近代中国》，上海人民出版社 1995 年版，第 277 页。

为限。"①

　　但是孙中山回国就任临时大总统后，因临时政府政令难出都门，遂逐渐认为联邦制会削弱国家权力，助长军阀割据，因此转而主张建立中央集权的总统制政府，《中华民国临时约法》遂改变了《中华民国临时政府组织大纲》的联邦精神。但在袁世凯即将掌握全国政治局势时，革命党人中的胡汉民等仍然认为专制余毒尚存中央，主张地方分权，采取联邦制，以此利用各省的力量来阻止袁世凯的野心。袁世凯上台后，更是以全国统一为幌子，废《临时约法》而颁布《中华民国约法》，极力推行中央集权，停办各级地方自治，借此削弱各省都督尤其是革命党控制的各省都督的实力。革命党人寻求军民分治、省长民选、地方分权等进行反抗，李烈钧、胡汉民等地方实力派代表则继续坚持走联邦制的道路，以此抵制袁世凯的中央集权。徐谦、伍廷芳、王宠惠等人则于 1912 年初在上海成立国民共进会，并以该会名义发表《共和联邦折衷制商榷书》，列举了中国适合联邦制的六大理由，主张在中国建立联邦共和国，立法、司法集权于中央，行政则分权到地方。1914 年，戴季陶在《民国杂志》上发表著名的《中华民国与联邦组织》一文，详尽分析了联邦制的优劣长短以及中国实行地方自治的客观需要，并直陈民国以来实行中央集权的弊端，进而认为中华民国非组织为联邦国家不可，这样才能避免中央与地方的长期冲突，根绝专制与革命两大社会病根，促进民族的团结和融合，奠定国基而免除分裂之忧。戴季陶针对当时那种将联邦视为分裂的误解，还专门特别指出："若云'联邦'二字为不适，则此系形式上之问题，而非实质上之问题也。倘新造术语以命之，则'联州'、'联省'皆未尝不可用。"②

---

　　① 《中华民国临时政府组织大纲》，载夏新华、胡旭晟整理：《近代中国宪政历程：史料荟萃》，中国政法大学出版社 2004 年版，第 153—154 页。
　　② 戴季陶：《中华民国与联邦组织》，载《民国杂志》第 1 卷第 3 号，1914 年 7 月。

此时张东荪、丁佛言等人为了跳出联邦即为分裂的思想误区，尽力避免使用"联邦"一词，而主张地方自治或地方制度建设。张东荪在《中华杂志》第 1 卷第 7 号发表的《地方制之终极观》一文，提出以自治精神作为解决地方制度之终极问题的钥匙，强调联邦制的精神在于自治，但目前的中国的只宜采用联邦制的精神，而不必要讲求联邦之名。而要推行自治，则非采用英美国家的自治不可，因为英美国家的自治权力来自人民的自觉，而西欧大陆国家的自治权力则来自中央政府自上而下的授权。① 张东荪从自治权力的来源上肯定英美的自治，明显深受联邦思想的影响，这是他后来干脆鼓吹"联邦立国"论调的前奏。丁佛言则在《中华杂志》第 1 卷第 8 号上发表《民国国是论》一文，认为中国国家的政治基础在于地方各省，正如美国国家的政治基础在于各州一样，所以必须在宪法中将中央与各省的权限划清。他拟定了组织民国的三个要点：（1）制定宪法，注重中央与地方权限的划分；（2）各省置行政首长，亦无须拘定简任。设省议会为地方立法机关，并监督地方政府；（3）中央置国会，上院以各省首长派遣之委员及各省议员选出之代表组织之，下院以全国人民选出之议员组织之。② 这三个要点，几乎完全是美国联邦宪法的翻版。而坚持联邦理想最为彻底的章士钊，则对张东荪等人仅肯定自治而未肯定联邦的思想主张进行了深入批判，他在《甲寅杂志》第 1 卷第 4 号上发表署名为"秋桐"的《联邦论》一文，认为张东荪等人主张的地方自治其实就是联邦的精神。在《甲寅杂志》第 1 卷第 5 号上，章士钊又发

---

① 张东荪专门指出："以英美之自治精神提倡于我，而不可以大陆派之帝制精神移植于中国也。何也？英美之自治出于人民之自觉。易言之，即出于道德上、政治上之义务。此政治义务为先天所赋，履行此义务即为自我实现也。大陆之自治，实不得谓之自治，盖全基于中央政府之委任，其权非固有的，而为让与的，以与英美相较，则如南北两极，绝不相侔矣。"参见张东荪：《地方制之终极观》，载《中华杂志》第 1 卷第 7 号，1914 年 7 月。

② 丁佛言：《民国国是论》，载《中华杂志》第 1 卷第 8 号，1914 年 8 月。

表了更加有名的长文《学理上之联邦论》，对联邦制的若干问题从学理上作了比较深入而专门的探讨。针对当时甚嚣尘上的反联邦论，章士钊提出了三个重要的核心观点：（1）组织联邦，邦不必先于国；（2）邦非国家，与地方团体相较，只有权力程度之差，而无根本原则之异；（3）实行联邦，不必革命，所需者舆论之力而已。①

　1916 年袁世凯死后，洪宪帝制取消，联邦论归于沉寂，但确立省自治或省制以巩固民权之根基的观点仍然为许多国民党人所坚持，如胡汉民于 1916 年 7 月在上海各界欢送国会议员北上的集会上提出："制定宪法，兄弟意见，……当从事具体的办法之研究，或即宪法中定一省制，庶以后根本巩固不至易于动摇，更可防一种反动，致权不在地方人民而在行政长官，如此则地方发达而民权发达，民国自然巩固。"② 段祺瑞上台后奉行"武力统一"政策，力图继续推进中央集权主义的政治策略，遭到各派政治势力的强烈抵制。其中最早策动联省自治运动的熊希龄，即在 1917 年护法战争发生前夕，就与范源濂一起联系谭延闿，共同推出"湘人治湘"的论调，倡议军民分治以行联邦制，以抵制段祺瑞"武力统一中国"的集权策略，并得到唐继尧与陆荣廷的大力支持。1918 年，熊在致岑春煊的一封长信中商讨了联邦制问题，认为"倘能采用各联邦制，将国省权限一取概括，一一列举，订入宪法，以资率循。则中央有可集之权，无须以专制争地方之权；地方亦有权可分，而无须以革命争中央之权"③。对于制宪的办法，他进一步主张"由各省特派代表，组织联邦会议，先定一最良之联邦宪法，

---

①　章士钊：《学理上之联邦论》，载《甲寅杂志》第 1 卷第 5 号，1915 年 5 月。

②　《民国日报》1916 年 7 月 15 日。

③　熊希龄：《详论联邦制复岑春煊书》，载周秋光编：《熊希龄集》第 6 册，湖南人民出版社 2008 年版，第 489 页。

颁布天下"①。像熊希龄这样的联邦主张，仍属应对集权的政治策略，只是与晚清以及民国创建之初自上而下创造联邦政体的目标不同，熊希龄的联邦主张明显已经倾向于自下而上的联邦建国方略，从而为 1920 年代风起云涌的联省自治运动启开了思想的大门。

三、寻求统一的联邦制：1920 年代的联省自治运动

袁世凯死后，段祺瑞继续推行"武力统一"政策，不仅遭到直系军阀"和平混一"的抵制，更为以孙中山为首的革命党人和西南各省地方军阀所反对，南北对峙开始形成，人们逐渐饱受军阀混战的痛苦，联邦制的思潮卷土重来。面对南北分裂的政治形势，此时国人对于联邦制的思考，明显从晚清以及 1910 年代应对中央集权的政治策略，转向寻求国家统一的目标上来。当时国人大多以为，造成政治混乱的根源在于中央集权的政治制度，只有采取西方国家的联邦制，全面改造中国的政治结构，才能制止纷乱，谋求统一。大约在 1920 年前后，以联邦制作为国家统一的思潮蔚然兴起，联邦制研究的范围也日益深入，涌现了蔡元培、熊希龄、范源濂、胡适、朱经农、王世杰、丁燮林、章太炎、高一涵、王正廷、李剑农等一批倡导联邦主义的知名人士，其中章太炎、李剑农尤其是坚定的联邦主义者。而且，北京的《晨报》、《顺天时报》以及上海的《申报》、《时事新报》等主要报纸竞相宣传，甚至开始形成以《东方杂志》、《太平洋》杂志和《改造》杂志为代表的联邦主义舆论的重要基地。② 经过很多人的努力，逐渐形成一种以实行联邦制为中心内容的"联省自治"思潮，并进而在各省议会以及颇有实力的军人支持下，形成盛极一时的省宪运动，使得联邦制正式有了政治实践的机会。

---

① 《停战声中之军民分治论》，载北京《晨钟报》1918 年 1 月 6 日。

② 这三个杂志分别开设了"宪法研究号"、"联省自治专号"、"联邦研究"等专号研究，讨论在中国建设联邦制的可能，从而为联省自治运动准备了极其重要的思想来源。

联省自治的发起，湖南实为急先锋。南北对峙期间，湖南成为南北政争的主要战场，湖南人民所遭受的战争创伤可谓异常惨烈。为了摆脱这种悲惨命运，湖南力图争取自治以超脱于南北两个中央政府之外，遂成为发起联省自治的大本营。1920 年 7 月，湖南人民在驱逐北洋军阀张敬尧取得胜利后，谭延闿公开发表"祃电"，宣言："民国之实际，纯在民治之实行。民治之实际，尤在各省人民组织地方政府，施行地方自治，而后权分事举，和平进步，治安乃有可期……鄙见以为吾人苟有根本救国决心，当以各省人民确立地方政府，方为民治切实办法。"① 此电一出，迅速激起全国各省的热烈响应，湖北、江苏、江西、四川、广东、浙江等省纷纷谋求自治，并有各省争取自治的各类联合会相继成立。待至 1921 年 6 月，卢永祥作为皖系残存的地方大员，为摆脱直系的挤压，顺应浙江来势凶猛的自治潮流，公开发表"豪电"，明确提出"先以省宪定自治之基础，继以国宪保统一之旧规"② 的联邦主张，引起陕西陈树藩、湖南赵恒惕、广东陈炯明、贵州卢焘、湖北王占元、四川刘湘、云南顾品珍、安徽孙发绪等纷纷响应。自此，以西南、东南为中心的联省自治运动，开始迅速波及全国。是月，江苏省议会即于卢"豪电"发出次日议决制宪规程；安徽亦通电胪陈五事，其中以制宪为首务；山东省议会亦议决积极筹备制定省宪；河南省第二届议会议员对于制宪问题，亦开茶话会讨论，由议长孙正宇牵头提出制定省宪案，并讨论制定省宪的具体步骤和手续；广西省议会亦发出歌、庚两电，主张制宪。7 月，山西省议会提议成立委员会起草省宪。10 月，陕西省成立"省自治临时委员会"，由于右任担任会长，准备筹划省宪自治；福建省议员亦联名要求召集临时会，预备制宪。甚至连远在山海关外的东三省，张作霖因在第一次直奉

① 王无为：《湖南自治运动史》上编，泰东图书局 1920 年版，第 21 页。

② 《浙江卢督豪电建议之由来》，载夏新华、胡旭晟等整理：《近代中国宪政历程：史料荟萃》，中国政法大学出版社 2004 年版，第 648 页。

战争中失利，也发布了《东三省联省保安规约》。声势浩大的联省自治运动遂日益振发，不可阻挡。

联省自治如何进行，各省自治当为首要任务，是联省自治的第一步。而要实现各省自治，关键又在于制定和施行省宪。这是当时全国各地的联省自治派所共同认识到的问题，"中国今日急需，莫过宪法，而要宪法早成，莫过省自制宪"①。省自治的任务在于将省"由集权制下之被治省改为分权制下之自治省"②，而要实现这种转变，就必须制定省宪以推进全面而彻底的联邦自治。所以自1920年湖南省发起联省自治运动至1926年北伐战争全面展开止，争取自治的各省"除湖南、浙江两省外，其它如广东、河南、江苏、陕西、四川、云南、广西、贵州、江西、湖北、福建等，或由省议会公布宪法会议组织法，或由行政当局宣言制宪自治，或由专门人士起草宪法。……北方的奉天也附和发表了联省自治宣言"③。这些省宪文本均明确采用了"省自治主义"的基本原则，以对省自治作出宪法制度上的安排。首先，均在序言中或强调"全省人民，为增进幸福，巩固国基，制定宪法"，或声言"为巩固中华民国之基础，确定本省之自治权，增进本省人民之幸福，由宪法会议制定省宪法宣布之"，明确"省自治主义"之立宪主旨。其次，均明确宣告本省"为中华民国之自治省"，并规定"省自治权属于省民全体"，并就本省之疆界、行政区域之设置与变更、省民之资格或省籍等问题作出纲领性的规定。再次，为了确认省自治的范围，明确划分省之事权，并就省政府与国政府之间的事项关系作出了原则性的安排，使省权与中央权力能够有一明确的划分，为省自治的落实框定了基本范围。又次，对于省之事权究竟由何种机关实施，

---

① 吴天放：《对于自治我始终是这个主张》，载《晨报》1922年6月24日。
② 愚厂：《省宪概论》，载愚厂：《省宪辑览》，上海自治学社1921年版，第11页。
③ 夏新华、胡旭晟等整理：《近代中国宪政历程：史料荟萃》，中国政法大学出版社2004年版，第710页。

详细规定了省议会、省长及省务院、审计院以及立法、行政、司法各自职能的配置，并且还就一省之财政、教育、实业、交通、生计等问题进行制度设计，以使省自治权落到实处。最后，专门规定了县、市、乡自治的基本制度，将省自治自上而下予以扩展，从而形成全方位的自治制度。从具体的结构与条文设计来看，联邦制的基本意蕴可谓极其浓厚。尽管这些省宪文本大多没有真正实施的机会，但《湖南省宪法》自1922年1月1日起正式颁布实施，直至1926年7月唐生智推翻省宪政府，不仅依据省宪选举了省议会与县议会的议员，选举省长组成了省政府，而且还在发展教育、整顿财政、裁减军队、缩减军费等方面取得了一定的成绩，可以算是联邦制的一种初步实践。

各省自治当然还只是联省自治的基础，欲要实现联邦制的建国方案，各省联治是关键，只有这样，才能逐步实现联邦制的组织形式，从而在事权上划清中央政府与地方政府之间的界限，以杜绝中央集权的危害，最终达成国家的真正统一。当时除了社会各界提出了形形色色的联治方案外，各自治省亦颇有一些召开联省会议以组联省政府的努力，可惜不是停留于设想，就是夭折于半途。其中1922年5月在上海召开的八团体国是会议，顺应联省自治的潮流，将制定宪法看作解决时局的前提性问题，专门组织了国宪草议委员会，聘请张君劢、张东荪、章太炎、蔡元培等为顾问，负责和指导宪法起草工作，可算取得了一定的成果。基于联省自治运动的联邦主义目标，国是会议决心超越南北两个政府，制定联邦制性质的联省宪法，以促成全国的统一，最终由张君劢执笔起草了两个联省宪法草案。除甲种草案采用大总统及国务院制而乙种草案采用国政委员会制这一最大区别外，两种草案基本精神大致相近，都体现了联邦制的根本精神，明确规定"中华民国为联省共和国"，专设第二章"联省及各省权限之划分"，规定凡事关于全国者由联省机关立法或执行的事权27项，凡事关于一地方者由各省或地方机关立法或执行的事权15项，并明确规定"各省得自定宪法"，就联省法律与各省法律之效力问题作出安排，对联省政府的国家机关组成亦从联邦制的角度加以规定。这两个联省宪法草案不仅是联省自治运动所取得的重要立法成果，而且也对随后曹锟政府通过的 1923 年《中华民国宪法》产生了极其深刻的影响。

面对声势浩大的联省自治运动，北洋军阀所控制的北京政府此时所着手制定的两个宪法（草案），即 1923 年曹锟政府的《中华民国宪法》与 1925 年段祺瑞政府的《中华民国宪法案》，均深受联邦主义思潮的强烈影响，并带有比较浓厚的联邦制色彩。1923 年曹锟正式颁行的《中华民国宪法》，首次在中国近现代立宪史上确立起国权与地方制度，颇具联邦制的表象，明显受到联省自治运动各省宪法尤其是八团体《国是会议宪草》的极大影响，同时也透露出直系军阀仍然强化中央集权的企图。首先在国权划分上，既对国家事项与地方事项加以划分以行分治，又通过具体条款的设置对地方权限加以限制；其次在国家机关的组成上，尽管有些方面顾及地方的要求，但是主要在于形成中央政府的国会专制；最后在地方制度的设计上，一方面赋予省有制定省自治法的权力，另一方面又对省以及省以下的各层自治作出制度上的硬性安排。之所以如此，完全在于直系军阀控制的北京政府所处的尴尬地位。直系军阀对于联省自治运动一直是持打压态度的，但是面对孙中山领导的广州军政府的挑战，曹锟、吴佩孚在取得直皖战争的胜利后，尽力争取地方实力派军人的支持，以实现形式上的全国统一。此时黎元洪遭受驱逐，国会议员纷纷离京，宪法会议因人数不足经常流会，章太炎、唐绍仪、岑春煊三人建议在上海召开联席会议，甚至电请黎元洪南下。西南各省的"联治"派趁机大肆活动，建议召开各省会议，促成制定省宪，树立联治规模，甚至直系军阀控制的山东省议会，也通电发起召开全国各省省议会联席会议，促成联省自治。这就不免使得曹锟、吴佩孚身陷困境之中，因为欲要拉拢地方实力派，就要对他们所发动的联省自治和省宪运动表示认可和接受，而这就意味着中央政府与省政府之间的联邦分权，曹锟、吴佩孚极不情愿看到这种情势。但为了尽快当上总统，实现全国形式上的统一，曹锟、吴佩孚决心承认各省自治意义上的地方分权，至于对联邦制性质的联省自治，却讳莫如深，幽暗不明。这种态度，使得1923年《中华民国宪法》所坚持的国权划分，实仅有联邦主义的表象，骨子里仍为根深蒂固的单一制集权思想，深陷于中央集权的泥沼中不可自拔。

1924年冯玉祥发动"北京政变"，曹锟被囚禁，直系军阀控制的北京政府宣告垮台。吴佩孚拟设"护宪军政府"于武昌，冯玉祥与张作霖为稳定政局，联名拥戴段祺瑞出任"中华民国临时总执政"。段祺瑞以"法统已坏，无可因袭"为由，公布《善后会议条例》，拟召开"善后会议"，并下令撤销1923年的《中华民国宪法》，即曹锟的"贿选宪法"，同时也宣告《中华民国临时约法》失效。1925年2月，段祺瑞召集善后会议，通过了《国民代表会议条例》，规定国民代表会议掌握制定宪法的最高权力，拥有"议决宪法权"，但作为拟定宪草的机关——宪法起草委员会，却不由国民代表会议产生，而由政府指员组成。随后段祺瑞指派20人，各省区军民长官推举50人，组成国宪起草委员会，公推林长民为委员长，并通过议事细则，先后一读、二读、三读通过《中华民国宪法案》，但国民代表会议始终未曾召集，段祺瑞执政府旋即倒台，故未及颁布实施。从文本上看，该宪法案回应了20世纪20年代的联省自治运动，相比于1923年的《中华民国宪法》，联邦制的色彩更为浓厚。在国家与地方事权的分配上，对于国家事权和各省区事权均采列举主义的方式；在国家与地方关系的调整上，运用联邦主义精神调整国家立法与各省区立法、国家行政与各省区行政之间的关系；在国家机关的组织上，对于民国议会、民国政府、民国法院的组成及规定，充分考虑到中央政府与各省区之间的联邦制政治结构；在地方制度问题上，较为彻底地贯彻省宪自治的基本精神，呈现出"民主共和国"联合共治的联邦意蕴。但是，段祺瑞此时倾向国宪省宪同条共贯的联邦制宪法结构，其主要原因仍然与曹锟肯定国权划分的"贿选宪法"没有本质上的区别，二者都是为了争取地方实力派的支持而实现形式上的全国统一，达成政治局势的稳定，从而顺应浩浩荡荡的联省自治潮流，将联邦制作为一种策略和手段加以利用。其中的区别仅在于，曹锟肯定国权划分和地方制度的"贿选宪法"，其时手中所能控制的武力可谓是如日中天，故在妥协时仍带有极其强烈的中央集权色彩；而段祺瑞出任临时总执政时，其所领导的皖系力量已经土崩瓦解，即使残存的皖系大将如卢永祥，也早已为了自保而通电倡言自治，并推动了浙江省宪运动的深入发展，因此段祺瑞只能极尽手段而拉拢各省地方实力派，故所草拟的 1925 年《中华民国宪法案》也就更倾向于联邦分权，而中央集权色彩较淡。

四、消解对抗的联邦制：二十世纪三四十年代的联邦主义余音

1928 年张学良宣布东北"易帜"，标志着蒋介石领导的国民党暂时实现了全国形式上的统一，军阀割据的历史暂时结束，联省自治的联邦主义倡呼当然亦被彻底压抑下去。南京国民政府随即依据孙中山的"五权宪法"思想、"权能分治"理论以及"军政、训政、宪政"建国三阶段说，于 8 月召开国民党二届五中全会，明确宣布军政时期结束，训政时期开始。10 月 3 日，国民党中央第172 次常务会议通过了《训政纲领》，国民党第三次全国代表大会相继予以追认，并公布了《中华民国国民政府组织法》。这些宪法性文件对于"训政"思想的理解极为偏颇，将服从拥护国民党作为基本原则加以肯定，实为一党专政，中央集权主义思想极为浓厚。1931 年 5 月，国民会议开幕，会上三读通过了《中华民国训政时期约法》，尽管写入了一些民主性的条文，削弱了国民党对政府的控制权，但仍然继续肯定国民党全国代表大会和中央执行委员会为最高权力机关，事实上就是肯定一党专政的中央集权政治体制。关于中央与地方的权限，该约法采用孙中山倡导的"均权"理论，规定各地方于其范围内，得制定地方法规，但与中央法律抵触者无效；地方可以课税，但不得妨害中央收入之来源；工商业之

专利、专卖特许权属于中央；省置省政府，受中央指挥。① 由此可见，国民党北伐战争全面胜利后，刻意推行中央集权主义策略，力图实现一党专政的政治体制，联邦主义思潮遂于此种高压下归于沉寂。但是在二十世纪三四十年代特殊的政治环境里，面对各种各样的政治对抗，联邦主义思潮亦不时得以抬头，成为解决各种政治对抗的宪制策略。

第一种消解对抗的联邦制策略是针对当时日本制造满洲独立、英国制造西藏独立以及苏俄制造蒙古独立的特殊情势而提出来的，可谓是一种针对国际对抗的联邦主义策略。1931 年，日本发动"九·一八"事变，武力夺取东三省。为了使武力掠夺合法化，日本利用"伪满洲国"，并借助联省自治期间张作霖父子宣言东三省自治的事实，力图使东三省成为日本主权控制的领土，迅速激发起关于东三省的国际争端。1932 年上半年，国际联盟派遣以李顿为代表的调查团前来中国，经过一段时间的调查后，国联调查团发表了一个调查报告书，建议东三省将来由所谓"顾问会议"讨论特殊政制，成为一个自治省政府。对于这种东三省自治的建议，当时的国际联盟尽管不希望日本凭借武力控制东三省，而希图通过自治进行转圜，但还是遭到全国人民的反对。可是 1920 年代极力鼓吹联省自治的胡适，却再次拾起联省自治和省宪运动的武器，挑起联邦制的论争，认为从联邦制的角度来看，东三省自治也未尝不可。他在《独立评论》第 21 号上发文说："这样的一个自治省政府，我看不出有什么可以反对的理由。调查团五位团员之中，三位（英德美）是从联邦国家来的，大概他们都假定中国的政治制度的演变，总免不了要经过一种联邦式的统一国家。他们想象中的东三省自治政府，也不过是联省政府之下的一个自治省。"② 面对中国与

①　参见赵晓耕主编：《中国近代法制史专题研究》，中国人民大学出版社 2009 年版，第 136 页。
②　转引自阮毅成：《东省自治与联省自治》，载阮毅成：《政言》上册，台湾商务印书馆 1980 年版，第 1—2 页。

日本对于东三省主权的角逐，胡适仍然借重联省自治运动时期联邦主义的思想，甚至不惜背上卖国主义的骂名，其目的主要在于消解日本与中国之间在东三省的政治对抗，以使东三省不致沦为日本强大武力压迫下的割让地。无独有偶，熊希龄作为联省自治运动的主要发起者和参与者之一，此时尽管早已告别政坛，专心致力于社会慈善事业，但也就东三省问题发表了一个颇具联省自治色彩的永久和平建议案。他的方法就是由中国政府将东三省完全开放，考虑设置特别制度，各省只设省长治理，不设国防，不驻过多的军队，每省仅练正式军队五千人，其余各县皆以警察或民兵制度维持地方治安，同时所有中日两国之军队，均概行撤退。① 后来在 1934 年西方列强不断制造满洲、西藏、蒙古问题，欲图分裂中国领土之际，熊希龄也是再次举起联邦主义的旗帜，倡呼政府迅速自动改变政体，仿照俄国联邦制度，以本部十八省区为主体，如德之普鲁士；以内外蒙、西藏为联邦，如俄之芬兰，英之印度、澳大利亚、加拿大，定名为中华联邦民国，并渐次推及于满洲加入，从而将历史上所有之疆域，全部归复为中国的领土。熊希龄还认为此举不仅可以有效解决西藏、外蒙、满洲等问题，还可以为当时李宗仁所挟持的两广自立寻找到政治解决的方案。熊希龄并且还带着一些天真的幻想，认为只要中国政府决心实施此一方案，便可以与英、俄、日等国开诚布公加以交涉，逐步谋取内外蒙、西藏、满洲加入联邦。② 熊希龄的这些主张，今天看来似乎有些幼稚可笑，但是在当时中国面临多重内忧外患的特殊情况下，仍不失为一种解决国际对抗的理性思考。

第二种消解对抗的联邦制策略主要是针对当时国民党地方军阀尾大不掉的政治形势提出来的，除了熊希龄比较明确的联邦主张

① 参见熊希龄：《东三省永久和平建议案》，载周秋光编：《熊希龄集》第 8 册，湖南人民出版社 2008 年版，第 451 页。
② 参见熊希龄：《非常国策建议案》，载周秋光：《熊希龄集》第 8 册，湖南人民出版社 2008 年版，第 646 页。

外，其他主张大皆有些暧昧不明，可谓是一种针对地方对抗的联邦主义策略。1928 年以后，国民党尽管实现了全国形式上的统一，中央集权主义策略也颇取得一些成效，但旋即已经透露出国民党内部的分裂以及国民党与共产党之间的对立，中央集权政治开始遭遇瓶颈，如不改弦更张，后果不堪设想。尤其是 1930 年阎锡山、冯玉祥、李宗仁等联合反叛、另立中央的举动，引发中原大战；1931 年李宗仁、陈济棠等联合起兵反蒋，在广州另立"国民政府"，都充分表明集权主义的独裁政治已经走向极端，地方分立主义势力再次卷土重来。而共产党领导的新民主主义革命，亦是坚决反对一党专政，反对专制独裁，对国民党的集权政治更是提出了尖锐的批评，并构成了严峻的挑战。在各种政治势力的压迫和推动下，国民党中央开始在中央与地方权限问题上有所松动。1932 年 4 月，上海《时事新报》刊登了一篇题为《中央与地方权限之划分》的文章，认为当前中国国民党当政，厉行训政，实为集权于中央。中国山川阻隔、交通不便、国土辽阔，为中央政治效率计，为地方行政便利计，都必须实行联邦制。① 1934 年 11 月 27 日，蒋介石与汪精卫联合发表通电，提出了中央与地方确立"共信互信"，实现"和平统一"的五项基本原则，具体为：（1）关于法制，中央只宜规定富于伸缩力的原则大纲，其具体实施办法及详细条例，则由各省市自由厘定；（2）关于用人任命之权，固由中央操持，但人选则由各地方主管长官选择符合法定资格者予以保荐；（3）关于地方行政及经济设施，应由地方斟酌实情，拟定计划，编制预算，呈请中央核定施行；（4）关于财权，凡属于全国性质之国家财政，应由中央统收统支，地方财政则由地方自己管理；（5）关于军队，国家正规军的指挥管辖统一于中央，但在过渡时期得以其统属关系对于部属之任免，得由其最高主管长官呈准中央任命，至于地方兵警及保安队、保卫团、警察等，除编制数额须由中央核定外，训练

---

①　参见《中央与地方权限之划分》，载上海《时事新报》1932 年 4 月 30 日。

调遣之权一概属于地方长官。① 这些基本原则尽管没有声明采用联邦制或地方分权的思想，但已经与纯粹的集权策略大有不同。1936年5月，国民党元老、两广实力派政治领袖胡汉民病逝，蒋介石决心趁此机会彻底解决两广问题，两广实力派再次举兵反蒋。尽管蒋介石无所不用其极成功解决了这次反蒋事变，但迅速激起全国联邦派、反联邦派以及均权主义派之间的论争，就中央与地方事权的划分问题进行了非常广泛的辩论，几有联省自治运动可观之丰富思想。

第三种消解对抗的联邦制策略主要致力于解决中国国民党与中国共产党两党之间的政治对抗问题，可谓是一种针对政党对抗的联邦主义策略。抗日战争期间，国人团结抗日成为主旋律，联邦主义之类的话语几乎绝迹。然抗战接近尾声，国内建设便成为一个迫在眉睫的问题，况且国内所存在的两大政党及其各自领导的军事力量之政治现实，亦是一个不可回避的事实。面对此种政治形势，一些民主党派人士开始考虑采用何种政治形式，以解决中国两大政党、两大军事力量并存的政治局面。1944年9月，中国民主政团同盟在重庆召开全国代表大会，正式更名为"中国民主同盟"，成为战后中国的"第三大党"。在这次代表大会上通过的《中国民主同盟纲领草案》，从政治、经济、军事、外交、教育、社会6个方面全面阐述了民盟的主张，其中有关政治的15条主张中，对于中央与地方的关系，尤其是中央与省的权限划分，明确指出应于国宪中加以规定，各省在国宪颁布后，得召集省宪会议，制定省宪，但其规定不得与国宪相抵触。② 曾在联省自治运动时期积极参与浙江省宪法制定工作的沈钧儒，于1946年作为民盟的代表参加政治协商会议，再度提议使省成为一自治单位，可以自制省宪，省长应由民

① 参见孙娇：《民国初年中央与地方关系研究》，西北大学2006年硕士学位论文，第56页。
② 参见中国民主同盟中央文史资料委员会编：《中国民主同盟历史文献》（1941—1949年），文史资料出版社1983年版，第32—33页。

选，并在此基础上考虑采用联邦制以解决中国的政治问题。针对当时中国共产党所领导的解放区问题，他更是主张："应本联邦联省精神，在中共领导区域试行，并从法律上承认他，这种问题就能解决。这种解决办法，不仅对中共领导区域，对整个国家进步，都很有关系。"①

周鲸文于1947年全面内战爆发后，为争取国内和平统一，专门撰写《中国需要建立联邦制度》一书，分别阐释了"联邦制的性质"、"中国为什么需要联邦制度"与"中国联邦制的设计"三个最为重要的问题。周鲸文认为，中国自辛亥革命以来，打了二十几年的内战，国家仍然糟成一团，关键在于没有从制度方面想办法、寻出路，而这一制度就是联邦制。在他看来，联邦制就是在国家的政治制度上，使中央政府与地方政府之间的权力有着明显的划分，"既使联邦政府对全国普遍性的事务，畅行其所欲，复能令地方人民在其各自地方政府下满足其切身的要求"②，所以单一制与联邦制虽然各有短长，但联邦制的缺点易于克服，而其长处却非单一制所能比拟，单一制之短处不易克服，而其长处却能为联邦制兼而有之。对于联邦制分裂国家主权的论调，周鲸文认为全国人民的共同意志乃为国家主权最后的寄托，共同意志是国家能成为国家最重要的关键，联邦制下的邦未加入联邦之前虽有主权，但加入后则受联邦宪法之限制，其在本邦内行使的自有权力不碍于国家主权的最高性。对于联邦制有碍国家统一的论调，周鲸文认为联邦制作为一种适合于地广人众、种族复杂的国家的最好的长治久安的制度，其统一的方法是联合情愿的统一，而避免高压强制的统一，因此能使地理不同、种族各异、宗教思想互不相容的人民，联合在一个国家之内，各自情愿地忠实于国家，而又不放弃其各自利益和兴趣，

---

① 沈钧儒：《在政治协商会议讨论宪草问题会议上关于地方政权问题的发言》，载《新华日报》1946年1月20日。

② 周鲸文：《中国需要建立联邦制度》，香港时代批评社1947年版，第5页。

故而"联邦制下的统一，不但是真实的，而且是进步的"①。周鲸文还就此进一步认为，联邦制由于在中央与地方之间进行分权，使得彼此都得到了宪法的保证，都得到了适当的发展，因此就能避免高压或越分的行为，从而制止野心家走向独裁而惹致烽烟四起、国家分裂的状态。周鲸文在详尽阐释联邦制的性质后，又从地理的条件、历史的背景、种族的复杂以及国共两党政治纷争的现状四个方面出发，回答了中国需要建立联邦制度的理由。至于如何着手中国联邦制的设计，周鲸文亦提出了四个方面的设想：一是划区，即划若干区，各区均称共和邦，其总称为"中华联邦共和国"，所属各邦为西藏、新疆、蒙古、察绥、满洲、直鲁豫、山陕、青宁、川康、江浙皖、湘鄂、滇贵、粤桂、闽赣、台湾；二是分权，即以中央权限采取列举式，地方权限采取概括式，将专属于联邦的权限如外交、国防军事、国际及邦际贸易等悉数加以列举；三是组织政府，即大致采用英国议会下的责任内阁制，联邦议会由各邦平等选出之议员组成的上院与按人口比例分区选出之议员及若干职业代表组成的下院所构成，掌管立法权，总统由全国人民选出，为虚职，内阁负行政责任，由总理及若干行政长官组成，得下院大多数议员之拥护，并向下院负责，司法完全实行独立；四是筹备，即在当前的政治形势下，各方加以充分讨论，召开各党派及各地人民代表的国是会议，以为联邦制宪的筹备会，着手联邦宪法的制定工作，然后以此为基础，产生真正合法的联邦政府。

第四种消解对抗的联邦制策略则是中国共产党基于民族问题而逐步提出并发展起来的，可谓是一种针对民族对抗的联邦主义策略。早期的中国共产党人如李大钊不仅热情讴歌联邦制对于中国政治的重要意义，而且还有毛泽东、施洋、吴玉章等一批时代先锋亲身投入联省自治运动之中，这使得中国共产党在 20 世纪前期也曾留下了关于联邦制的丰富思考。陈独秀、蔡和森等对联省自治的反

---

① 周鲸文：《中国需要建立联邦制度》，香港时代批评社 1947 年版，第 7 页。

对，主要是出于对军阀割据的反对，而不是反对联邦制本身。而且由于当时中国共产党接受共产国际的领导，苏维埃联邦制很容易对其产生深刻的影响。1922 年 1 月，远东各国共产党及民族革命团体代表大会在莫斯科召开，着重研究中国革命问题。共产国际东方部主任萨发洛夫曾在会上就中国革命问题发表了演说。他指出，"一切中国的民主主义者必须联合为中华联邦共和国作战"，中国共产党"当前的第一件事便是把中国从外国的羁轭下解放出来，把督军推倒，土地收归国有，创立一个简单联邦式的民主主义共和国……建立一个联邦的统一的共和国"。① 随后，共产国际在给中共中央的指示中也明确提出"现在在中国具有头等重要意义的两个问题是：（1）消灭督军统治；（2）各省实行自决和在联邦制原则基础上的联合"。② 受此影响，在同年 6 月召开的中共二大会议上，中国共产党在关于时局的说明中，明确指明当前联省自治的主要目的在于实现军阀的割据，无法建设民主政治的全国统一政府，不是一种民主主义的联省自治。所以在二大会议上，中国共产党对联省自治的否定，其本质是对军阀割据的否定。③ 至于中国共产党

---

① 中共中央党史研究室第一研究部：《共产国际、联共（布）与中国革命文献资料选辑》第 2 册，北京图书馆出版社 1997 年版，第 282—283 页。

② 中共中央党史研究室第一研究部：《联共（布）、共产国际与中国国民革命运动》第 1 辑，北京图书馆出版社 1997 年版，第 118 页。

③ 中国共产党在该时局说明中指出："我们所认为不违背民主主义的联省自治，是由民主派执政的自治省联合起来，组织联省政府，来讨平非民主的军阀政府，建设民主政治的全国统一政府，结果仍是一种民主主义对于封建制度战争的形式；决不是依照现状的各省联合——联省自治的政府和北京政府脱离就算完事，因为这乃是联督自治不是联省自治；更不是联合卢永祥、张作霖几个封建式的军阀就可以冒称联省自治的，因如这种联省自治不但不能建设民主政治的国家，并算（且）是明目张胆地提倡武人割据，替武人割据的现状加上一层宪法保障。总之，封建式的军阀不消灭，行中央集权制，便造成袁世凯式的皇帝总统；行地方分权制，便造成一班武人割据的诸侯。哪里能解决时局。"详细参见《中国共产党对于时局的主张》，载中央档案馆编：《中共中央文件选集》第 1 册，中共中央党校出版社 1989 年版，第 39—40 页。

所提出的未来中国国家结构形式的设想，则仍然带有联省自治运动所追求的联邦式目标的浓厚印迹，即统一中国本部（包括东三省）为真正民主共和国；蒙古、西藏、回疆三部实行自治，成为民主自治邦；用自由联邦制，统一中国本部、蒙古、西藏、回疆，建立中华联邦共和国。① 显而易见，中国共产党对于联邦制的思考，开始将注意力转向于解决国内民族问题。

1931 年 1 月中华苏维埃第一次全国代表大会通过的《中华苏维埃共和国宪法大纲》第 14 条明确规定："中国苏维埃政权承认境内少数民族的自决权，一直到各弱小民族有同中国脱离、自己成为独立国家的权利。蒙、回、藏、高丽人等，凡是居住在中国地域之内的，他们有完全自决权：加入或脱离中国苏维埃联邦，或建立自己的自治区域。"② 1941 年 11 月通过的《陕甘宁边区施政纲领》虽然不再提联邦的主张，但其第 17 条仍然肯定了民族自治的基本方针，"依据民族平等原则，实行蒙回民族与汉族在政治经济文化上的平等权利，建立蒙回民族的自治区，尊重蒙回民族的宗教信仰与风俗习惯"。1945 年 4 月，毛泽东在中共七大上的政治报告《论联合政府》特别指出："在新民主主义的国家问题与政权问题上，包含着联邦的问题。中国境内各民族，应根据自愿与民主的原则，组织中华民主共和国联邦，并在这个联邦基础上组织联邦的中央政府。"③ 尤其在民族问题上，毛泽东尤其强调"要求改善国内少数民族的待遇，允许各少数民族有民族自决权及在自愿原则下和汉族联合建立联邦国家的权利"④。抗日战争胜利后，中国共产党尽管

---

① 参见中央档案馆编：《中共中央文件选集》第 1 册，中共中央党校出版社 1989 年版，第 99—117 页。

② 中央档案馆编：《中共中央文件选集》第 7 册，中共中央党校出版社 1991 年版，第 775 页。

③ 毛泽东：《论联合政府》，载《毛泽东选集》（下册），中共晋冀鲁豫中央局 1948 年发行，第 999 页。

④ 毛泽东：《论联合政府》，载《毛泽东选集》（下册），中共晋冀鲁豫中央局 1948 年发行，第 1005 页。

不再经常提及联邦制的政治主张，逐步转向建立单一制国家的设想，但对蒙古等少数民族聚集的地区，仍然还是考虑采取联邦制的方针，如 1947 年 10 月 10 日《中国人民解放军宣言》就明确提出："承认中国境内各少数民族有平等自治及自由加入中国联邦的权利。"① 1949 年新中国成立前夕，毛泽东考虑到苏联政治的影响，当时在人民政协筹备期间，也曾就实行联邦制与否广泛征求过许多人的意见。李维汉认为中国与苏联不同，一是十月革命后苏联的少数民族人口占据将近总人口的一半，而中国当时少数民族的人口则仅占全国总人口的 6%，因此不宜模仿苏联的联邦制；二是苏联采用的联邦制是逼出来的，因为当时许多非俄罗斯民族已经分离为不同国家，而中国则是在各民族在中国共产党领导下由平等联合进行革命，到最后建立统一的人民共和国，其间并没有经受过民族的分离。所以李维汉经过对斯大林行政自治、比较广泛的政治自治、更加扩大的自治、最高自治形式即条约关系四级自治理论的研究，认为行政自治这一级比较适合中国的国情，最终为毛泽东所采纳，从而正式启动了我国民族区域自治制度。② 由此可见，早期的中国共产党对于联邦制并不是坚决反对的，而且在民族问题上还是相当予以认同的。但有一点却是比较一致的，那就是中国共产党始终相信，"联邦制的原则在中国本部各省是不能采用的"③，所以尽管 20 世纪上半叶中国共产党主张过联邦制，甚至还曾留下过相当强烈的呼声，但是主要的考虑是为了有效解决民族问题，一旦寻求到民族区域自治这一制度，联邦制便不再属于中国共产党思考国家政治的基本方向。

---

①　毛泽东：《目前形势和我们的任务》（标准版），解放社 1948 年发行。
②　详细参见黄铸：《中国共产党民族政策的重大转变——从联邦制到民族区域自治制度》，载《中南民族大学学报》2003 年第 4 期。
③　中央档案馆编：《中共中央文件选集》第 1 册，中共中央党校出版社 1989 年版，第 111 页。

五、结论

联邦制作为一种与中国文化传统完全不同的政治模式，是中国人在短期内很难真正弄清楚的。不仅不能弄清楚，而且在中国文化传统以及政治现实的影响下，还会对联邦制思想发生相当大的误解。这是 20 世纪上半叶联邦主义思潮最终归于消失的深层次根源，诚如时人针对联省自治的联邦制政治实践所指出的："足知联省自治之真正阻力，不在一二强暴军阀之反对，而在一般人民，对于联省自治，缺乏一种真正明确之见解。"① 从 20 世纪上半叶联邦主义思潮的传播及其实践来看，国人对于联邦主义的误解大致包含三个方面：一是将联邦纯粹等同于分权，认为其仅是中央与地方之间的分权制度；二是将联邦完全等同于分裂，认为其是地方对中央的对抗或分离；三是将联邦基本上只作为一种手段加以运用和权衡，对于其背后所具有的价值缺乏深入的了解，无法将其提升为一种理性建构的目的。第一个误解忽视了联邦制所具有的集权功能，无法为造就强大的国家提供宪法上的支持；第二个误解歪曲了联邦制所具有的统一功能，不能为政治分裂的局面提供国家统一的良方；第三个误解则漠视了联邦制所具有的内在价值和目的，从而使得联邦制成为一种可以任意取舍的手段。

英国阿克顿勋爵说得非常透彻："联邦制：它是权力之间相互并列的关系，而不是权力之间相互从属的关系；它是一种平等的联盟，而不是上下之间的等级森严的秩序；它是相互制约的各种独立自主的力量；它是权力之间的相互平衡，因此，自由出现在其中。"② 以美国为代表的联邦制，其联邦政府和各州政府并不是权力隶属关系，而是权力并列关系，美国总统并不能任命任何一个州

---

① 祉伟：《联省自治与中国政局》，载《太平洋》第 3 卷第 7 号，1922年 9 月。

② ［英］阿克顿：《自由与权力》，侯健、范亚峰译，商务印书馆 2001年版，第 379 页。

长，二者必须都来自民选。所以美国作为一个统一的联邦国家，其实是各州之间的平等的联盟，无论是联邦政府的权力还是州政府的权力，都由宪法（联邦宪法与州宪法）来决定，二者完全是两个平行的层次。所以在事实上，联邦制并非地方分权或地方自治的代名词，至少不是简单的地方分权或地方自治，而是表现为一种多中心的（polycentric）政治体制。奥斯特罗姆甚至认为，正是联邦制这一多中心性（polycentricity）的特征，才使得"我们能够建构不再依赖一种单一权力实现和谐的社会"①。然而中国近代以来对于联邦制的理解，基本上是围绕中央与地方之间的分权而展开的，其主要目的也在于反对中央集权的政治。所以在中国近代以来的语境里，联邦制就等同于地方分权，而单一制就等同于中央集权。从联邦制思想引入中国开始，中国人的注意力便是将联邦制作为抵制中央集权的政治策略。联邦制一旦被视为简单的分权，那么联省自治就没有必要，因为在单一制下实行地方分权也可以达到目的。而且将联邦制的本质误为分权，不仅与中国长期以来的"视集权为统一"的文化传统相悖，而且也与中国近现代救亡图强的政治现实相左。面临内忧外患尤其是落后挨打的政治局势，国人极其热切期待一个强大的中央政府横空出世，而联邦制一旦被误解为分权，似乎便与建构强大的中央政府相抵牾。

更糟糕的是，中国长期以来的中央集权，使得国人大多视集权为统一，分治为分裂。联邦制一旦被视为分权，进而又被视为国家分裂的征兆。早在清末民初之际，梁启超等进步党人就认为倡行联邦，无异于鼓励地方脱离中央政府，因此理论上与事实上都不能采用联邦制度。在以进步党的名义拟定的中华民国宪法草案中，梁启超还专门就草案第 1 条"中华民国永远定为统一共和国"特地作

---

① 〔美〕文森特·奥斯特罗姆：《美国联邦主义》，王建勋译，生活·读书·新知三联书店 2003 年版，第 230 页。

注说："共和上加统一两字者，亦别于联邦制也。"[1] 明显有将联邦等同于分裂的倾向。加上当时中国还深受西方世界进化论的影响，在许多人的眼里，国家政权体制依照一种内在的规律而依次递升为邦联制、联邦制、单一制三级，"凡由邦联而进于联邦，由联邦而进于单一，斯为进化；若其国本为单一组织，而复改为联邦，即为分裂之见端"[2]。为了避免这种联邦即分裂的误解，当时那些宣扬联邦主义思潮的知识分子，几乎没有什么人敢于理直气壮地鼓吹联邦制，而是采取一种"取联邦之实而避联邦之名"的曲线策略，譬如王宠惠、张东荪等著名政论家大皆如此，故而在南北对峙期间，还要创造一个令人费解的"联省自治"的名词。倡行湖南自治的赵恒惕为了澄清对于联邦的分裂误解，甚至还曾提出"建设联邦化的单一国"之怪异主张，并说"国会自由集会，应时势之要求，树百年之大计，首在完成国宪，并予各省以自由制宪之权，或纳省宪大纲于国宪之中"[3]。这种似是而非的论调，纯粹是避免分裂误解的一种说辞，其本身便很难获得人们的理解。既然鼓吹或推行联省自治运动的中坚人物都不敢堂堂正正、明目张胆宣传联邦制，要使那些普通的社会公众对联邦制予以理解和支持，显然是缘木求鱼。

正是对联邦制的这些误解，更使得许多国人仅仅将联邦制视为一种解决中央与地方关系问题的手段，而很少看到联邦制所具有的内在价值，及其基于内在价值而富有的保障自由之目的。清末联邦制思想的引入和兴起，便是力图以联邦制作为限制君主专制或中央集权的手段。袁世凯登上总统的宝座后，一些原先反对联邦制的政论家，如张东荪、丁佛言，忽然又主张扩大各省的自治权，仿效美

---

① 梁启超：《进步党拟中华民国宪法草案》，载《饮冰室合集》第30卷，第60页。

② 剑农：《民国统一问题》（篇一），载《太平洋》第1卷第8号，1917年11月。

③ 李剑农：《戊戌以后三十年中国政治史》，中华书局1965年版，第341页。

国的宪法将中央与各省的权限划清，"但此时鼓吹联邦论，鼓吹扩大省自治权的人，大概是感于袁世凯的专制淫威，使得各派新人士全无活动插足之所，想假联邦自治之说，一方面挑动各省反袁的情感，另一方面为新派人士谋活动的机会"①。革命党人李烈钧于1913 年第一届国会选举后，明确表示："现值选举告竣……总统如属之项城，则鄙意以为联邦制。"② 以联邦制作为约束袁世凯的手段，可谓溢于言表，时人即有相当深刻的洞察："但民国二年至六年间，中国发生的联邦论，却和上面所说的定义，微有不同。当时反对中央政府的国民党人，以为采用联邦制，是使各省与中央居于对等地位。此等论调，实则主张中国采用美国初年十三州各有自主权的制度，故大为具统一中国壮志的袁世凯所不喜。"③ 二次革命失败后，李烈钧与张继还曾发起组织激进社，进一步高举联邦制的旗帜，以抗衡袁世凯的中央集权策略。但洪宪帝制一旦被推翻，甚嚣尘上的联邦论便暂时归于消沉。而且到了联省自治运动时期，李烈钧、张继等还相继加入联邦制的反对阵营，成为联省自治运动强有力的反对者。孙中山对于联邦制的态度一再反复，更是将联邦制作为一种解决时局的手段之表现。即使 20 世纪 20 年代推行省宪自治的各省，大多也是在中央集权失效后力图通过联邦制的政治实践或者寻求各自的利益，或者寻求国家的统一。至于 20 世纪三四十年代联邦主义思潮的余音，其目的几乎清一色都是消解各种政治上的对抗。无论什么样的政治派别，将联邦制仅视为解决政局的手段和策略，一旦能够寻找到别的有效途径，则本有些烫手的联邦制便必会弃之如敝屣。20 世纪上半叶中国的联邦主义思潮及其实践最终的沉寂或失败，无疑也就是情理当中的事情……

---

①　李剑农：《戊戌以后三十年中国政治史》，中华书局 1965 年版，第310 页。

②　杨幼炯：《中国政党史》，上海书店 1984 年影印本，第 115 页。

③　曾友豪：《中华民国政府大纲》，张君劢校订，商务印书馆 1926 年改订版，第 272 页。

第二章　中华民国宪法案（1925）
的联邦制架构

　　1924 年冯玉祥发动"北京政变"，曹锟被囚禁，直系军阀控制的北京政府宣告垮台。吴佩孚拟设"护宪军政府"于武昌，冯玉祥与张作霖为稳定政局，联名拥戴段祺瑞出任"中华民国临时总执政"，段祺瑞乃于 11 月 21 日宣布大政方针，22 日入京，24 日正式宣告就职。执政府组成后，段祺瑞以"法统已坏，无可因袭"为由，公布《善后会议条例》，拟召开"善后会议"，并下令撤销 1923 年的《中华民国宪法》，即曹锟的"贿选宪法"，同时也宣告《中华民国临时约法》失效。1925 年 2 月，段祺瑞召集善后会议，通过了《国民代表会议条例》，规定国民代表会议掌握制定宪法的最高权力，拥有"议决宪法权"，但作为拟定宪草的机关——宪法起草委员会，却不由国民代表会议产生，而由政府指员组成。8 月，段祺瑞指派 20 人，各省区军民长官推举 50 人，组成国宪起草委员会，公推林长民为委员长，并通过议事细则，着手起草宪法。10 月 26 日开始召开一读、二读会议，至 12 月 11 日三读通过，是为《中华民国宪法案》。然草案虽已完成，但国民代表会议始终未曾召集，段祺瑞执政府旋即倒台，故未及颁布。可是从文本上看，该宪法案回应了 20 世纪 20 年代风起云涌的联省自治和省宪运动，相比于 1923 年的《中华民国宪法》，联邦制的色彩更为浓厚，对于中国近现代宪政史的发展及其纷扰之理解，均具有不可或缺的史料价值和历史意义。

一、国家与地方事权的联邦制分配

"联邦立国，以中央各省权限之划分为中心"[1]，1925 年的《中华民国宪法案》既采联邦制的立宪倾向，当然也不例外。如何划分联邦政府与各州或各邦政府之间的权限，当时的联邦制国家主要形成了两种做法：一是将联邦政府的权限加以列举，凡未列举的权限即剩余权属之各州或各邦，如美国；二是将联邦政府与各州或各邦政府的权限同时加以列举，如加拿大。从理论上来说，还可以将各州或各邦政府的权限加以列举，而未列举之剩余权属之联邦政府，然因联邦政府的权限可以无限扩大，故联邦制国家一般都不采用此种方法。由于中央政府一直无法制定国宪，以确立国家与各省区之事权，联省自治时期执着于制定省宪的湖南、浙江、广东等省，均在自己的省宪法文本中设有"省之事权"专章，采用列举方式对省有议决执行的事权明确加以规定，至于中央政府的事权如何安排，省宪法文本当然无权置喙，只能就中央政府与省的事权关系作出非常笼统的规定。所以张君劢认为，美国的做法容易导致各省根据剩余权对抗中央政府，而联省自治时期各省省宪文本的做法则无法真正澄清中央政府与各省区政府之间的权限关系，因此欲要成就中国的联邦制，则应该采用加拿大的做法，将中央政府与各省区的事权同时加以列举，"列举中央权限者，所以保障中央也，列举各省权限者，所以限制各省，不得以剩余权抗中央也。若夫双方列举之上，各冠以总原则，曰全国利害之事，中央主之，地方利害之事，各省主之，此后苟有新事权发生，则根据此原则而判其所属"[2]。出于这样的考虑，在南方各省开展省宪运动之际，1922 年在上海召开的八团体国是会议发布"劝告各省速制省宪之通电"，

---

[1]　张君劢：《国宪议》，载张君劢：《宪政之道》，清华大学出版社 2006 年版，第 12 页。

[2]　张君劢：《国宪议》，载张君劢：《宪政之道》，清华大学出版社 2006 年版，第 17 页。

并提出预拟联省宪法草案以明确联省政府与省政府之间的权限，由张君劢执笔草定了两个宪法草案，都在联邦主义的基本精神下，设有"联省及各省权限之划分"专章，分别对联省机关立法或执行的事项、各省或地方机关立法或执行的事项加以列举式的规定，其中关于全国的事项由联省机关立法或执行的为 27 项，关于一地方的事项由各省或地方机关立法或执行的为 15 项。直系军阀首领曹锟、吴佩孚经过 1920 年直皖战争与 1922 年直奉战争，取得暂时决定性的胜利，掌握了北京政府的中央大权，面对蔚然兴起的联省自治和省宪运动，为获得各省实力派的支持，遂在国宪制定过程中先后讨论地方制度和国权问题，最终通过的 1923 年《中华民国宪法》，第五章"国权"第 22 条首先确定了"中华民国之国权，属于国家事项，依本宪法之规定行使之；属于地方事项，依本宪法及各省自治法之规定行使之"的基本原则，然后在此基础上分别列举了由国家立法并执行的事权 15 项，由国家立法并执行或令地方执行的事权 13 项，由省立法并执行或令县执行的事权 11 项，并规定未经列举之事项发生时，其性质关系国家者，属之国家；关系各省者，属之各省；遇有争议，由最高法院裁决之。由此可见，1923年《中华民国宪法》在国家与地方事权的划分上，"其制度精神，酷类民国十一年上海国是会议所起草之联省宪法第二章中所规定也。此章无异承认中国已改单一为联邦"[1]，甚至有人认为"十二年十月十日的《中华民国宪法》实是一种联邦宪法"[2]。

1923 年《中华民国宪法》虽然带有联邦制的深刻痕迹，但在国家与地方事权的划分上，仍然深受单一制自上而下的权力运行模式的影响，譬如其所采用的"由国家立法并执行，或令地方执行之"之类的话语，明显属于国家自上而下命令地方的权力运行机制。至于就未列举事项发生时所作出的规定，根据性质关系国家还

---

① 陈茹玄：《民国宪法及政治史》，上海政治学社 1928 年版，第 176 页。

② 王世杰、钱端升：《比较宪法》，商务印书馆 2004 年版，第 442 页。

是关系各省的标准，将遇有争议的裁决权力赋予最高法院，则"属之国家"、"属之各省"的分界毫无意义可言，因为最高法院事实上只能行使取消省宪法的权力。之所以如此，关键在于该宪法第28条还进一步规定了"省法律与国家法律抵触者无效"的基本原则，并将省法律甚至省自治法与国家法律发生抵触而产生疑义时的解释权，授予最高法院加以行使，但是对于宪法的修正与解释，却规定由宪法会议行使权力。这就意味着最高法院只能行使各省法律与国家法律相冲突或相抵触的裁决权力，至于国家法律与宪法发生冲突或抵触的裁决权力以及宪法自身存在疑义的解释权力，必须由宪法会议行使。而国家法律则是国会所制定，宪法会议又规定由国会议员加以组织，这不仅剥夺了最高法院裁决国家法律之效力的权力，使其仅有取消省法之权而无取消国法之权，而且也使得国会议员组成的宪法会议无异于以"被告裁判原告"的方式，而对一切法律与宪法发生冲突或抵触加以垄断性的解释、控制和裁决，"国会至此，真可为专制万能之机关矣"①。这种国会至高无上的制度设计，大大削减了国家与地方事权划分的价值与意义，使得事权划分仅仅保留了一些联邦制的表象。

1925 年的《中华民国宪法案》对于国家与地方事权之分配，则更注重联邦主义的原则，体现了联邦制的基本精神。该宪法案第6 条列举属于国家事项凡 24 种，第 7 条列举国家有立法权的事项凡 8 种，第 8 条列举属于各省区的事项凡 16 种，不再使用 1923 年《中华民国宪法》"由国家立法并执行或令地方执行"之类的话语，同时对于属于各省区的事项，进一步规定"有关系外资及外债者，国家得以法律限制之或禁止之"，以彻底明确外交属于国家的专有事权，比较完整地贯穿了联邦制关于事权划分的原则。另外，第 9条就未列举之事项仍然继续肯定 1923 年《中华民国宪法》的基本规定，即"其性质属于国家者，由国家立法；属于一省区者，由

---

① 陈茹玄：《民国宪法及政治史》，上海政治学社 1928 年版，第 179页。

各省区立法"，但对未列举事项发生争议时，却改变了 1923 年《中华民国宪法》"由最高法院裁决之"的规定，而采用"由国事法院裁决之"的制度设计，更加充分显示出联邦主义的取向。关于国事法院的权限、组织以及裁决程序，第 93 条规定临时组织国事法院进行裁决的事项为三项：一是法律是否抵触宪法及其他宪法上疑义之解释，二是国家与省区或其他地方权限之争议，三是关于国务总理及国务员被弹劾事件；第 94 条规定国事法院由三类人员组成：一是最高法院院长，二是由最高法院选出四人，三是由参议院选出四人；第 95 条规定"国事法院由最高法院院长主席，非有总员三分之二同意，不得裁决"的基本程序原则。可见，1925 年《中华民国宪法案》不仅将未列举事项之争议改由国事法院加以裁决，而且也充分赋予国事法院对一切法律与宪法发生冲突以及宪法自身之疑义的解释权，使得国事法院既能审查或取消省法律，也能审查或取消国家法律，从而拥有至高无上的宪法解释权与宪法审查权。相比于 1923 年《中华民国宪法》所设计的最高法院与宪法会议在这一问题上的混乱状况，这种国事法院的制度选择无疑具有更大合理性，也具有更强烈的联邦主义精神，因为"解释法律乃是法院的正当与特有的职责。而宪法事实上是，亦应被法官看作根本大法。所以对宪法以及立法机关制定的任何法律的解释权应属于法院"①，这样才能坚决捍卫整个联邦国家的法律统一性。所以 1925 年《中华民国宪法案》虽然也设置了类似宪法会议的国民议会，但却只授予其宪法修正方面的权力，从而使得宪法解释与宪法审查的权力牢牢掌握在国事法院的手中。

二、国家与地方关系的联邦制调整

联邦制国家的宪法不仅侧重于对联邦政府与邦或州政府之间的权力进行准确而细致的划分，也重视在此基础上对双方之间的具体

---

① ［美］汉密尔顿、杰伊、麦迪逊：《联邦党人文集》，程逢如、在汉、舒逊译，商务印书馆 2004 年版，第 392—393 页。

关系形成完整的制度调整。联省自治时期的一些省宪文本已在划分省的事权基础上，对省政府与国政府之间的具体关系作了一些原则性的制度设计，如《湖南省宪法》第 27 条规定，"省政府受国政府之委托得执行国家行政事务；但因执行国家行政所生之费用须由国政府负担"，第 88 条第 3 款规定，"中华民国对外国宣战时，本省军队之一部得受国政府之指挥"，等等。1923 年的《中华民国宪法》吸收了省宪在此问题上的立法经验，在第 5 章"国权"中列举属于国家与各省区的事项之后，进一步对国家与地方关系作了 12 个条文的规定：第 27 条规定国家为免除诸如妨害国家收入或通商等弊端或因维持公共利益之必要，可以依法限制各省课税之种类及其征收方法；第 28 条规定省法律与国家法律抵触者无效，并将发生抵触之疑义的解释权力赋予最高法院行使；第 29 条对国家预算入不敷出或因财政紧急处分而分配给各省的财政负担作出了原则性的安排；第 30 条则对财力不足或遇非常事变的地方，规定经国会议决，由国库加以补助；第 31 条规定省与省之间的争议事件，由参议院裁决；第 32 条规定国家军队的组织、额数、军费支出以及各省的所应执行的事项；第 33 条规定省不得缔结有关政治之盟约以及不得有妨害他省或其他地方利益的行为；第 34 条规定省不得自置常备军，并不得设立军官学校及军械制造厂；第 35 条规定国家有以权力强制不履行国法上之义务的省的情形；第 36 条规定国家有权制止以武力相侵犯的省；第 37 条规定国体发生变动，或宪法上根本组织被破坏时，省应联合维持宪法上规定之组织；第 38 条规定对于未设省已设县之地方，关于省之规定均予以适用。这些规定有些的确为联邦国家的宪法所通行，如"省不得缔结有关政治之盟约"，但很多条款还是暴露出中央集权的色彩。首先，利用妨害国家收入或通商之类笼统的术语，而授予国家对于各省课税之种类及其征收方法的限制，明显有强化中央权力的趋势；其次，对于省法律甚至省自治法与国家法律发生抵触一律归于无效，并由最高法院进行解释，而对宪法存在的疑义之解释又赋予宪法会议加以行使，从而使得省法律毫无抵抗国家法律的能力，联邦制肯

285

定只能流于形式；最后，对于省不履行国法上的义务，而赋予中央政府得以强制其执行的权力，显然偏向于中央政府权力的保障以及中央政府法律效力的维系。

相比于 1923 年《中华民国宪法》仅在"国权"一章中对国家与地方关系加以规定的做法，1925 年的《中华民国宪法案》则专门设置第 4 章"国家与地方之关系"，分设 10 个条文对国家与各省区之间的具体关系作出了整体性的安排。尽管有些规定直接抄自 1923 年《中华民国宪法》，如第 11 条对于国家财政负担的特殊分配、第 12 条对于各省区财力不足的国库补助等问题的规定，或者是对其规定作出相关性的变通，第 15 条对于省区不得缔结有关政治之盟约等问题，可能也带有集权于中央的立法倾向。但是大部分的条文设计已然有了相当重要的变化，透露出更加明确的联邦主义色彩。首先，第 13 条尽管也有诸如"有害国家之收入及通商"之类的情形，赋予国家得以法律加以限制的权力，但这一限制已不是以课税种类及其征收方法为对象，而是以各省区立法为对象。具体的课税种类及其征收方法，应属各省区于不违背国宪之前提下的自治范围，国家随意干预或限制有悖联邦制的基本原则；而对各省区立法进行法律限制，则可以国宪为依据，从法律效力的层级出发妥善解决国家与各省区之间的关系，因为联邦国家一切都必须以联邦宪法为最高依据，"本宪法和合众国依此制定的法律，以及根据合众国的权力而缔结或将要缔结的一切条约，皆为本国的最高法律；各州法官必须受其约束，而不问该州的宪法或法律是否与此相抵触"①。其次，第 16 条也赋予国家在一定条件下裁制各省区的权力，但前提不是 1923 年《中华民国宪法》规定的省有不履行国法上的义务，而是省区有不履行本宪法上之义务者。不履行国家法律的义务即可由国家实施强制或裁制，无疑是承认国家优越于各省区，国家法律在各省区法律之上，其实质仍是单一制国家甚或中央

---

① ［美］汉密尔顿、杰伊、麦迪逊：《联邦党人文集》，程逢如、在汉、舒逊译，商务印书馆 2004 年版，第 233 页。

集权的做法，因为在联邦制国家，联邦国家的法律与各州的法律一样，都必须服从于联邦宪法，二者之间不存在效力层级的高低问题。故而 1925 年《中华民国宪法案》仅规定省区有不履行本宪法上之义务者，国政府才能得以裁制，是对联邦制精神的真正贯彻。再次，第 17 条还继承了《湖南省宪法》等省宪文本的联邦精神，规定"国家行政委任地方执行者，其经费由国库支出之"，这也是1923 年《中华民国宪法》所没有的，透露出来的联邦制精神也是极其强烈的。最后，第 18 条尽管也规定了"省区法律不得与国家法律抵触"，但不是如 1923 年《中华民国宪法》那样一律规定为无效，而只是作出不得抵触的原则性规定，至于抵触的法律效力如何，还应根据第 93 条的规定，由国事法院加以解释和裁决，而国事法院的解释和裁决最终必须依赖于宪法。因此这种抵触既有可能是因省区法律不合宪而引起，也有可能是因国家法律不合宪而遭致，所以既可能导致省区法律无效，也可能导致国家法律无效，这在很大程度上捍卫了宪法的联邦立场。

三、国家机关的联邦制组成

在联邦制国家，"人民交出的权力首先分给两种不同的政府，然后把各政府分得的那部分权力再分给几个独立的部门。因此，人民的权利就有了双重保障。两种政府将互相控制，同时各政府又自己控制自己"[①]。因此联邦制国家不仅需要强调联邦政府与州政府以及地方政府之间的纵向分权，还需要充分考虑每一个政府之内的不同部门之间的横向分权。换言之，在联邦制国家，"不存在最高权力；所有的权力都可受到挑战"，因为"在一种自一个单一最高权力中心运作的命令与控制体制中，不可能实现人民统治"[②]。民

---

① ［美］汉密尔顿、杰伊、麦迪逊：《联邦党人文集》，程逢如、在汉、舒逊译，商务印书馆 2004 年版，第 265—266 页。

② ［美］森特·奥斯特罗姆：《美国联邦主义》，王建勋译，生活·读书·新知三联书店 2003 年版，第 260 页。

国肇建以来的政治混乱，尤其是袁世凯复辟帝制，使得许多国人已经深刻认识到集权于中央的巨大弊端，因此联邦制遂引起众多人士的追捧，形成声势浩大的联省自治和省宪运动。章太炎于陈炯明炮轰总统府、驱逐孙中山下野后，即在《申报》上发表《大改革议》，认为民国动乱的三大根源在于"约法偏于集权，国会倾于势力，元首定于一尊"，必须通过"联省自治、联省参议院与委员制"三条途径进行解救。① 以《湖南省宪法》为代表的诸种省宪文本，大多在列举省权的基础上，也对省议会、省长及省务院、法院、审计院等机构作出了权力分立与制衡的宪法安排，以使权力不致集中于一人或一个机关。1923 年《中华民国宪法》设置第 6 章"国会"、第 7 章"大总统"、第 8 章"国务院"、第 9 章"法院"力图形成立法权、行政权与司法权相互分立并达成制衡的格局。其中规定国会行使中华民国之立法权，由参议院、众议院构成，参议院以法定最高级地方议会及其他选举团体选出之议员组织之，众议院则以各选区比例人口选出之议员组织之；规定由大总统以国务员之赞襄行使中华民国之行政权，大总统由国会议员组织总统选举会选举；规定法院行使中华民国之司法权。这些规定从表面上看，还是具有一些权力分立的色彩，但联邦主义的精神却还远远不够。首先，参议院以法定最高级地方议会及其他选举团体选出之议员组织，究竟如何选举以及选举议员的数额如何，都是含混不清的，这就很难与按各选区比例人口选出之议员组织的众议院加以区分，不能做到各省区政府之间权力的平衡。其次，规定大总统由国会议员组织总统选举会加以选举，无疑是将大总统的产生交与国会加以垄断和把持，大大损害了各省区对于中央政府组成的发言权和选择权。最后，对法院行使司法权只是作了笼统性的规定，至于其如何对立法、行政权力进行制约，以及如何发挥其对国家与地方之间产生争议的裁决权力，却是只字未提，只在第 5 章"国权"中第 28 条规定"省法律与国家法律发生抵触之疑义时，由最高法院解释

---

① 《章太炎改革法制之新主张》，载《申报》1922 年 6 月 25 日。

之”，而这一规定却又因第 137 条“宪法之修正，由宪法会议行之”、第 139 条“宪法有疑义时，由宪法会议解释之”这两个条文的设置而归于国会集权，因为第 140 条规定宪法会议又是由国会议员组成的，这无疑是集权于中央的极端表现。

　　1925 年《中华民国宪法案》在国家机关的设置上，大致沿袭了 1923 年《中华民国宪法》的制度框架，但在很多方面作了一些新的改动或补充，从而使得其所贯彻的联邦制精神更为彻底，在有些方面颇有点美国联邦宪法的味道。该宪法案专门设置第 2 编“国家机关”，包括第 5 章“民国议会”、第 6 章“民国政府”、第 7 章“民国法院”、第 8 章“会计制度”凡 4 章 65 条，比较详尽地规定了立法权、行政权、司法权以及国家财政预算、决算的会计、审计制度。首先，仍然规定民国议会行使中华民国立法权，并由众议院、参议院两院组成，众议院仍以各选举区选民直接选出之议员组织之，但规定了众议院议员任期三年，并得以原选举区选民十分之一以上连署提议，过半数以上之同意予以撤回，从而使得众议院议员必须始终代表原各选区的地方利益，“此人民直接罢免国会议员之方法，吾国前此根本法上之所未有。盖起草诸人，有鉴于十余年来国会议员无恶不作，人民莫如之何，皆因无直接监督之方法致之，故特采用撤回制（Recall），俾失职不良之议员有所警惕，不敢肆行无忌，意至善也”[1]。至于参议院的组成，更是注重联邦主义的宪法安排，采平等主义由每省选出议员 3 人，各区选出议员 1 人，内外蒙古选出议员各 2 人，前后藏各 2 人，青海 1 人，法定各特别市选出 1 人，华侨选举会选出 4 人，这样就能够使各省区在组织民国政府的过程中具有一定的作用，防止大邦压制小邦的弊端，从而保障各省区政府的权威，也使参议院成为国家与各省区之间的适当桥梁。其次，继续肯定大总统以国务总理及国务员之赞襄而行使中华民国之行政权，但大总统由全国选民于每县内各选出大总统

---

　　[1]　陈茹玄：《民国宪法及政治史》，上海政治学社 1928 年版，第 204 页。

选举人一人，集会于国都选举之，这与 1923 年《中华民国宪法》规定的大总统由国会议员组织选举会加以选举已大相径庭，呈现出人民间接选举的特征，"得自美宪，而稍加以修改者"①。最后，仍然规定由法院行使中华民国之司法权，但于最高法院之外，专门规定了临时组织国事法院以裁决三大事项：一是法律是否抵触宪法及其他宪法上疑义之解释；二是国家与省区或其他地方权限之争议；三是关于国务总理及国务员被弹劾之事件。这就使得国事法院能够依据宪法处于国家与各省区之间的适当地位而保持中立，从而有效调节国家与各省区之间的相关争议和纠纷，相比于 1923 年《中华民国宪法》将这一裁决权力赋予最高法院的尴尬规定而言，显然具有非常浓厚的联邦主义意蕴。而且，对于宪法的解释权为国事法院所独享，国民会议只对宪法的修正负有议决的权力。即使是这一议决宪法修正的国民会议，其组成也颇有联邦制的精神，第 158 条专门规定其以四部分议员组织之：由地方议会议员互选者，每省 10 人，每区 5 人，内外蒙古各 5 人，前后藏各 3 人；由众议院议员互选者 50 人；由参议院议员互选者 30 人；众议院议长。

四、地方制度的联邦制建构

地方制度成为民国国宪制定中的核心问题之一，始于 1913 年的《中华民国宪法草案》，即《天坛宪草》。是时国民党作为国会中的多数党，力主地方分权以抵制袁世凯的中央集权策略。袁世凯在进步党的支持下，通电各省都督及民政长，反对宪法草案，并下令解散国民党，撤销国民党国会议员，致使参众两院皆不足法定人数而不能开会。袁世凯旋即召集所谓政治会议以广树羽翼，尤其是在镇压"二次革命"之后，更是决意改造约法，最终炮制出《中华民国约法》，即"袁记约法"，袁世凯成为中华民国的独裁元首，地方制度未曾议及遂归破灭。待洪宪帝制遭受颠覆，国会重开，再

---

① 陈茹玄：《民国宪法及政治史》，上海政治学社 1928 年版，第 205 页。

次决定组织宪法会议，以 1913 年的《天坛宪草》为讨论基础，继续着手国宪的制定工作。国民党议员再次主张宪法草案中宜加入省制或地方制度一章，但再遭分裂后的进步党各派所抵制，并引发双方之间的政治争斗。后由各党磋商合并提出省制十六条，大意为省制列入宪法，但省长由总统任命，并且规定省议会职权以不抵触中央法律者为限。即使此种妥协后的省制议案，仍屡经纷纭之争论，最终在段祺瑞内阁的武力压迫下不了了之。张勋复辟之乱平定后，段祺瑞以再造共和的"功勋"总揽政府大权，决计不再召集旧国会，组织临时参议院而组成所谓"新国会"，俗称为"安福国会"。孙中山以约法破坏为由，亦率国民党议员南下广东，倡言护法，南北遂成对立之势。段祺瑞操纵的"安福国会"，于 1917 年 12 月组织宪法起草委员会，从事制宪工作，历时八九月之久，议决草案101 条，但决定将地方制度一章不加入宪法。广州非常国会于 1918年 6 月宣告改开正式国会，随即于 9 月 28 日召开宪法会议审议会，开始将北京所未审议完毕的地方制度案，继续加以讨论和审议，并将审议完毕的原案大纲交由宪法起草委员会起草。起草委员会历时一月，地方制度条文起草告竣，全案共为 22 条，已与 1917 年 1 月各党协商之地方制度案多有不同。恰此时南北和会开议，议员辗转流徙，等到和会流产再度召集宪法会议，又因议员之间的党派争斗遂致议宪事业一无所成，地方制度再度流产。

南北两个中央政府的制宪事业均告停顿，并且深深陷入内乱，于是各省实力派军人率尔宣言"联省自治"，主张各省自制省宪，实行自治，然后再联合各自治省，组织联省议会，制定联省宪法，组成中央政府。此种主张，既将省制或地方制度作为省宪加以展开，已然充分显露出联邦制度的基本倾向，"就是确定中国全部的组织为联邦制的组织"[1]。于是推行联省自治的各省，纷纷制定甚至颁行省宪，不啻已将省制或地方制度转而造成事实。1922 年在

---

[1]　李剑农：《中国近百年政治史（1840—1926）》，复旦大学出版社 2007年版，第 488 页。

上海召开的国是会议，为适应联省自治和省宪运动的潮流，由张君劢执笔起草了两个联省宪法草案，均明确肯定"各省得自定宪法"，至于地方制度，认为应属各省自治的范围，作为国宪的联省宪法不宜加以规定，而应由省宪自定，故而联邦制的精神极为浓厚。曹锟为获得各省实力派军人的支持，首次在国宪即 1923 年《中华民国宪法》中确立了地方制度一章，计有 12 个条文。首先，分地方为省、县两级，次予各省"得自制定省自治法"之权。该宪法既采国权划分，似属联邦制无疑，故再规定地方制度，看似更有地方分权的联邦倾向。但细细深究，却颇有集权主义的浓厚色彩。首先该宪法将地方划分为省、县两级，已为地方作了行政层级的安排，若系真正联邦主义，则邦下地方层级的设置，联邦政府无权过问。其次，该宪法规定的是省有制定省自治法的权力，而不是制定省宪法的权力，前者实视省为中央政府治下的一级地方自治层级，而后者却有联邦政府与邦或州政府双重政府设置的联邦制本质。再次，省虽享有制定省自治法之权，但不得与本宪法及国家法律相抵触，而且省自治法的制定方法，该宪法亦有周密性的制度安排，似与联邦制的邦宪自定有着极大的差距。最后，该宪法对省政府的组织，从省议会、省务院、省务员等角度加以详细规定，对县自治及各种组织，如省议会、县长等，亦不厌其烦加以规定，并对省与县之间的关系一一详加列举，难免与国权章所采之分权原则大相矛盾。所以 1923 年的《中华民国宪法》虽然首次在国宪中确立了地方制度，看似回应了民国创建以来的地方分权以及联省自治的联邦制诉求，但其表现出来的联邦制倾向是极其有限的，仍然带有中央集权的本质特征。

1925 年《中华民国宪法案》将地方制度单独列为一篇，设两章 18 条。相比于 1923 年的《中华民国宪法》，地方制度的条文设置不仅已大为扩展，而且在具体的内容上，已经有了非常显著的变化，更具有联邦主义的色彩。第一，该宪法案明确规定"省区各得制定宪法"，而不是制定省自治法，并且规定不得与本宪法抵触，没有规定"不得与国家法律相抵触"，明显将中央政府制定的国家法律与省区政府制定的宪法和法律都放置在国宪的同一平台下，具有极强的联邦制倾向。第二，该宪法案虽然也对省区制定宪法有"须经其下级地方自治团体议决或全省区选民总投票"之要求，但比1923年《中华民国宪法》规定的省自治法会议的代表比例限制等详细规定来说，其"省区宪法之起草、议决及关于审议、总投票各程序，省区自定之"的规定，显然更是赋予了省区联邦主义的分权。第三，该宪法案仅对县以及未设县的地方原则性地规定其为自治团体兼行政区域，没有像1923年《中华民国宪法》那样硬性规定其具体的组成。第四，该宪法案还明确规定省区的立法权由省区议会加以行使，至于省区议会的组织，由省区宪法规定其大纲，这与1923年《中华民国宪法》强行规定省议会为单一制之代议机关，议员依直接选举方法选出等条文相比，联邦制的精神更是跃然纸上。第五，该宪法案虽然规定了省设省长一人，由省选举二人呈请大总统择一任命，力图通过任命省长而使中央政府能够影响省区，但对省长选举的具体方法，仍然充分肯定依各省宪法之规定，并明确"省长任期四年，非经省议会之议决，不得免职"，从而仅赋予中央政府之择一任命权，而剥夺其免职权，在很大程度上确保了中央政府与省区政府之间的联邦制地位。第六，该宪法案还就蒙藏专设一章共十一个条文，详细规定了内蒙古、外蒙古、青海、甘肃、前后藏宪法自治的各项原则性规定，这比1923年《中华民国宪法》仅有一个条文的简单设置，无疑富有更多的联邦主义意蕴。

五、结论

20世纪20年代风起云涌的联省自治运动，以湖南为急先锋，波及全国，主要目的在于制定省宪以推展各省自治，然后再联合各自治省以组联省政府，确定联省宪法，从而以联省的方式打倒各地割据的军阀，达成国家的最终统一。这种联省自治，"以省为单位也，则其国曰联省国，以邦为单位也，则其国为联邦国，二者似二而实一者也"①，所以本质上实为联邦主义的运动。尤其是 1922 年上海国是会议预拟国宪草案以供全国人民采择，最终由张君劢执笔草拟了两个联省宪法草案，都明确规定"中华民国为联省共和国"，将省宪运动的联邦分权主张大大推进了一步，迅即引起全国人民的期待和瞩望。北洋军阀控制的北京政府尽管一直试图打压这一运动，但是面对孙中山领导的广州军政府的挑战，曹锟、吴佩孚在取得直皖战争的胜利后，尽力争取地方实力派军人的支持，以实现形式上的全国统一。此时黎元洪遭受驱逐，国会议员纷纷离京，宪法会议因人数不足经常流会，章太炎、唐绍仪、岑春煊三人建议在上海召开联席会议，甚至电请黎元洪南下。西南各省的"联治"派趁机大肆活动，建议召开各省会议，促成制定省宪，树立联治规模，甚至直系军阀控制的山东省议会，也通电发起召开全国各省省议会联席会议，促成联省自治。这就不免使得曹锟、吴佩孚身陷困境之中，因为欲要拉拢地方实力派，就要对他们所发动的联省自治和省宪运动表示认可和接受，而这就意味着中央政府与省政府之间的联邦分权，曹锟、吴佩孚极其不情愿看到这种情势。但为了尽快当上总统，实现全国形式上的统一，曹锟、吴佩孚决心承认各省自治意义上的地方分权，至于对联邦制性质的联省自治，却讳莫如深，幽暗不明。这种态度，使得 1923 年《中华民国宪法》所坚持的国权划分，实仅有联邦主义的表象，骨子里仍为根深蒂固的单一制集权思想，其第 1 条仍然固持 1917 年、1919 年的《中华民国宪法草案》所肯定的"中华民国永远为统一民主国"之基本原则，已足见其对于联邦制的摇摆或抵制的心态。所以其虽受上海国是会议张君劢所拟宪法草案的影响，但却仅有条件地加以选择，对于颇具联邦制色彩的条文设置基本上都没有采用，譬如张君劢所拟联省宪法草案第 54 条规定的"联省政府设国事法院，解决以下各种案件：（1）本宪法之解释；（2）甲省与乙省政治上或公政上之争议；

① 张君劢：《国宪议》，载张君劢：《宪政之道》，清华大学出版社 2006 年版，第 16 页。

（3）联省官厅与各省官厅权限上之争议；（4）人民宪法上之权利受侵害时所提出之诉愿"，1923 年《中华民国宪法》就根本未加顾及，所以出现最高法院与宪法会议的权限矛盾，从而导致国会专制而最终必将集权于中央。

1924 年冯玉祥发动"北京政变"，囚禁曹锟，段祺瑞在冯玉祥、张作霖等人的拥戴下担任中华民国临时总执政。段祺瑞因自己的皖系势力已日暮途穷，极力拉拢各种具有政治实力的派别，除吴佩孚意欲于武汉组建"护宪军政府"而强烈反对外，段祺瑞也确实获得了各派势力的声援与支持。此时作为联省自治大本营的西南各省，唐继尧、赵恒惕、熊克武、陈炯明等都表示了拥段祺瑞出山的态度，但希望段祺瑞组织一个联省自治政府特别是在善后会议开幕后，久不与北京政府来往的西南各省，纷纷派代表前来出席，力争将善后会议办成各省联席会议，促成真正的联省自治。湖南省议会早已发起召开各省省议会联合会，并提出以联省自治作为解决时局和促成统一的方案，迅即引起全国人民的瞩目。段祺瑞一直是个坚定的集权主义者，但是面对西南各省的强烈要求，只能做出退让，声言希望"制宪机关早日成立，根本大法早日观成，使国宪省宪同条共贯"①，于善后会议通过《国民代表会议条例》，准备组织国民代表会议，着手制宪事业。尽管段祺瑞选择的是先有国宪、后有省宪的自上而下的途径，与西南各省所坚持的省宪在前、国宪在后的自下而上的道路极其不同，但相比于曹锟、吴佩孚仅认可自治而反对联省和省宪的态度，已经不可同日而语。故此随后组织的国宪起草委员会，虽然不由国民代表会议产生，而由各省区军民长官及临时执政所指派之委员七十人组成，但亦反映了各省区对于国宪制定工作的直接参与，因而所拟之 1925 年《中华民国宪法案》，便带上了联省自治的深刻印记。从宪法结构上来看，1925 年的《中华民国宪法案》采用分编方式，共有 5 编，分别为总纲、

———————

① 陶菊隐：《北洋军阀统治时期史话》（第七册），生活·读书·新知三联书店 1959 年版，第 115 页。

国家机关、地方制度、国民与附则，凡 14 章 160 条，其中总纲分为国体及主权、国土国都及国旗、国家与地方事权之分配、国家与地方之关系 4 章，已然显示出联邦制的浓厚色彩。相比于 1923 年的《中华民国宪法》第 1 条所确立的 "中华民国永远为统一民主国" 之规定，1925 年的《中华民国宪法案》第 1 条确立 "中华民国永远为民主共和国"，"避去 '统一' 字样。当日起草委员之意，以为 '统一' 似含 '单一' 意味，改为 '共和' 以见联合共治之义。盖众意倾向联邦也"①。所以 1925 年《中华民国宪法案》虽很多篇章条文取自 1923 年《中华民国宪法》，但在精神上更强烈地偏向于联邦制的宪法架构，如第 3 条明确列举领土，并规定领土内各区域之变更，须经关系地方最高议会之同意，如最高议会不同意，则得征求直接关系地方下级议会之同意；第 59 条明确规定总统由全国人民间接选举，而不由国会选举；第 158 条规定宪法修正由地方议会与参众两院合组之国民会议议决，而不由国会议员所组之宪法会议执行……举凡这些条文，都充溢着联邦制的基本精神，从而使得 1925 年《中华民国宪法案》成为中国近现代立宪史上最具有联邦主义色彩的宪法文本，与 1923 年《中华民国宪法》相较，"确有比前法进步之处"②。

但是，段祺瑞此时倾向国宪省宪同条共贯的联邦制宪法结构，其主要原因仍然与曹锟肯定国权划分的 "贿选宪法" 没有本质上的区别，二者都是为了争取地方实力派的支持而实现形式上的全国统一，达成政治局势的稳定，从而顺应浩浩荡荡的联省自治潮流，将联邦制作为一种策略和手段加以利用。其中的区别仅在于，曹锟肯定国权划分和地方制度的 "贿选宪法"，其时手中所能控制的武力可谓是如日中天，故在妥协时仍带有极其强烈的中央集权色彩；

---

① 陈茹玄：《民国宪法及政治史》，上海政治学社 1928 年版，第 203 页。

② 董霖：《战前之中国宪政制度》，台北世界书局 1968 年版，第 64—65 页。

而段祺瑞出任临时总执政时，其所领导的皖系力量已经土崩瓦解，即使残存的皖系大将如卢永祥，也早已为了自保而通电倡言"先以省宪定自治之基础，继以国宪保统一之旧规"①，并推动了浙江省宪运动的深入发展，因此段祺瑞只能极尽手段而拉拢各省地方实力派，故所草拟的 1925 年《中华民国宪法案》也就更倾向于联邦分权而中央集权色彩较淡。然而无论如何，段祺瑞跟曹锟一样的是，始终都只是将联邦制作为一种拉拢地方实力派的手段加以运用，这就大大遮蔽了联邦制背后所具有的内在价值观念，从而使得这些价值观念就很可能遭致误解、忽视甚或扭曲。这样，联邦制在中华民国的宪政运动史上不断遭遇困境与失败，也就注定成为一种无法摆脱的宿命。

---

① 甑山居士：《浙江制宪史》，浙江制宪史发行所 1921 年版，第 36 页。

第三章　陈炯明的联治民主制建国方略

一、民初中央与地方关系的困境

中央与地方的关系问题根植于一个国家的政治、经济和社会生活之中，一个国家在不同的历史时期，中央与地方的关系各不相同。中国自古以来，作为一个地域广阔、人口众多的超级大国，任何时代都无法回避中央与地方的关系问题。古代中国的政治传统，自三代邦国分封制的瓦解、秦始皇在全国推行郡县制以降，都是"大一统"的中央集权，地方的军政大权，都掌控在中央的手中。而且"秦创郡县制，汉因之；隋创科举制，唐因之；宋创文官制，明因之；明创阁臣制，清因之"①，中央集权随帝国制度的逐步成熟也不断得到加强。更麻烦的是，这种中央集权并不是一般的集权于中央，而是集天下所有大权于一人，即皇帝。所以这种"一人政治"的中央集权，其实就是皇权制度不断得到强化。意欲以皇帝一人驾驭和控制偌大的帝国，实在是强人所难，总不会如想象中那样长远。所以一旦皇帝或中央势力式微，地方政治便会重新回复到尾大不掉的割据状态，甚至直接取代中央而改朝换代。这种《三国演义》中"分久必合，合久必分"的天下大势，几乎成了帝国政治的历史宿命。延至近代中国，清朝政府的土崩瓦解，民国政治的无端纷争，更是贯穿了中央与地方之间、地方割据势力与地方

① 易中天：《帝国的终结——中国古代政治制度批判》，复旦大学出版社 2008 年版，第 102 页。

割据势力之间的冲突和战争，其所造成的历史灾难，可谓罄竹难书。

就民初政治来看，中央与地方之间的权力关系主要体现在中央政府与省级政府之间权力的消长上，省制问题始终是这一时期中央与地方关系的核心。省原为行中书省的简称，是元代中央政府派出处理地方政务的行政机构。明初亦沿袭元代在各地置行中书省，后改为承宣布政使司、都指挥使司、提刑按察使司所谓的"三司"共治的施政区域。明中期后，因形势发展需要，在三司之外逐步形成了一套督抚体制，总督、巡抚辖区遂大致形同于省。清代继续沿袭元明之制，以省作为高层政区，并逐渐将督抚辖区调整到与明代的省界相一致，总督辖一省或数省，巡抚辖一省，使总督、巡抚成为各省最高军政长官，至清末已共设 22 个省。1907 年清政府颁布《各省官制通则》，将省正式定为高级地方政区，至 1910 年使督抚成为完全的地方官员。民国初期的省区基本与清代无异，但在政治、经济、军事等方面具备的自主能力，却日益得以强化。民国创建是通过各省独立的方式完成的，各省独立形成省国两极局面。待等袁世凯着手集权，打击异己，尤其是在军事上压服赣宁之役的二次革命后，省区势力开始衰退，中央集权得以加强。然而护国运动兴起，洪宪帝制土崩瓦解，各省势力再度崛起，形成各省与中央的对立。尤其当孙中山树起护法旗帜组建广州军政府后，各省势力遂纷纷走向与中央抗衡的道路，其中护法运动大本营的西南各省当为最典型的代表。

面对此种政治局面，孙中山在临时大总统宣言书中就明确提出："今日各省联合互谋自治，此后行政，期于中央政府与各省之关系调剂得宜。"① 这样的论调，似乎已经透露出联省自治的苗头。戴季陶则在袁世凯加强中央集权打击地方势力之际，专门著文《中华民国与联邦组织》，首次明确提出"联省"一词，并讨论了

---

① 《临时政府公报》第 1 号，1912 年 10 月 29 日。

联省与自治的关系，认为联省"既可以统一，复可以自治"①，力图澄清中央与地方之间恰当的权力关系，寻找到一条中央与地方关系的规范化或制度化的有效途径。可以说，在中国长期以来的政治实践中，中央与地方尤其是中央与各省之间的关系，向来在法律上是个非常模糊的问题。若说省类似于组成联邦制国家的邦，则自元代建省而来，从无自主可守之事权，省之地方政府实与中央分驻机构无异。但若说省就是中央政府的地方行政机构，则在很多特殊时期，中央政府对于地方军政事务，几无过问之余地。这种完全视具体情况以确定中央与各省之权限的混沌现象，实在是导致中央与地方政治纷争的深刻根源。所以民初中央与地方之间反复争夺权力的政治现实，使得很多国人已经或多或少地意识到，没有一种宪法制度上的创建，中央与地方各省之间的关系，便不可能获得真正的解决。而在袁世凯、段祺瑞凭借武力诉诸中央集权的政治策略相继失败之后，许多人便将思考的重心从中央集权层面转向地方分权层面，而西方国家的联邦制坚持在宪法上划分联邦政府与邦（州）政府之间的权限，遂引起国人强烈的关注，一时间联邦制成为解决中央与地方关系的重要思考方向。章太炎就曾旗帜鲜明地指出，近世之所以纷乱不堪，皆因中央政府权藉过高，致使总统、总理二职，为众多军阀或强权者所攘夺，所以要打倒军阀，就必须结束中央集权制，而"要免除中央的专制，非行联邦制不可"②。可见，这时对于联邦制的讨论，已不太同于清末注重中央权力的建构，而是侧重从地方分权的角度以抵制中央集权，或是寻求中央权力衰落后地方自治问题的解决，讨论的重心基本上从中央转向了地方，从自上而下的中央权力的建构转向了自下而上的地方制度的建构。因此，讨论已不是单纯注重学理上的介绍，而是提出了联邦制具体实

---

① 戴季陶：《中华民国与联邦组织》，载《戴季陶集（1909—1920）》，华中师范大学出版社1990年版，第759页。

② 王无为：《湖南自治运动史》上编，泰东图书局1920年版，第101页。

行的步骤，即自各省自治做起，然后再联合各自治省，组成联省的中央政府，最终实现联邦统一的崇高目标。

二、陈炯明联邦建国思想的提出

在风起云涌的联邦主义思潮之中，有一个人的联邦建国思想颇为引人瞩目，然而时至今日，却反而归于沉寂与淹没。这个人就是一直以来被视为军阀或叛徒的陈炯明。陈炯明幼年入私塾，1897年入县学，1906年入广东法政学堂，1908年7月以最优等毕业于该校。陈炯明早年即富强烈民族革命意识，尤其赞赏自治之精神，在法政学堂读书时，即在故乡提倡"自治会"、"戒烟局"、"育婴堂"及"县仓"等社会福利政策。毕业后，于1909年在海丰筹办"自治报"，自任主笔，对社会的根本病源有着强烈的关注。1909年6月，陈炯明当选为广东谘议局议员，积极投身于广东地方自治。同年11月，陈炯明即向谘议局提出《筹办城镇乡地方自治议草》，提议在设立广东地方自治筹办处、地方自治研究所的基础上，为切实推进地方自治，考虑：（1）设办理城镇乡地方自治研究所，专门研究城镇乡自治办法，选通晓法政人员入所研究；（2）通饬各属城镇乡公局一律改设筹办地方自治公所，或筹办镇乡自治公所、城自治公所，设自治督办员一名，协同地方官筹办全属城镇乡自治事宜；（3）自治督办员即以办理城镇乡自治研究所毕业学员派充。① 陈炯明还就该项议草专门回答了其他议员的质询，并对"官办自治"、"自治事小"之类的论调进行反驳，认为"自治为立宪之意图，此而谓之小事，恐不知何事为大？"② 于此可见陈炯明此时已充分首肯地方自治之精神，并对地方自治有着比较深刻的认识。

1909年冬，陈炯明与丘逢甲乘赴沪参加各省谘议局联合会之

---

① 参见陈炯明：《筹办城镇乡地方自治议草》，载段云章、倪俊明编：《陈炯明集》（增订本）上卷，中山大学出版社2007年版，第8—9页。
② 《广东咨议局第一期会议速记录》，"第四次议事情形"。

便，秘密加入同盟会，开始走向革命党人的救国道路。此后陈炯明先后组织、策划、参加广东新军起义、黄花岗起义，亲任敢死队队长，事败后又与刘师复等组织"东方暗杀团"，策划革命暗杀活动。1911 年武昌起义爆发，陈炯明得清军管带洪兆麟为内应，进占惠州，并得清军八营，采"井"字旗号，寓古代井田之意，以示重视中国社会的土地问题，自此步入统军率兵的军旅生涯。其后不久粤督张鸣歧出走，广东宣布独立，推举胡汉民为都督，陈炯明为副都督，陈炯明曾力辞。同年 12 月，陈炯明率其部队进驻广州，因胡汉民随孙中山赴南京，广东省议会公推陈氏为"代理"都督，并兼广东北伐军总司令。在此期间，陈炯明认为广东不能建立一个纯粹的军政府，而"应谋政治进行，须先定一省制，各部行政官方有统系；又须组织临时议会，诸事经议会议决，由都督执行，然后乃有司法、立法、行政三机关，始符共和政体"①，同时依据此原则，陈炯明进一步发表"治粤政见书"，对广东省制的初步建立提出了宝贵的设想。革命党人以武力推翻满清政府，因受孙中山"军政"、"训政"与"宪政"三阶段理论之影响，大多革命党领袖皆倾向于建立军政府维持时局，而陈炯明在广东刚刚宣布独立之际，即已意识到纯粹的军政府所存在的集权问题，从而主张谋政治上之解决，厘定省制，建立三权分立的共和政体，足见陈炯明对权力集中之反感，及对地方自治之决心。待南京临时政府以及北京政府先后组建，陈炯明亦曾屡辞都督一职，先请汪精卫赴粤署理未成，再待胡汉民回粤而留印走避香港。1913 年 3 月，宋教仁被刺后，袁世凯免广东胡汉民都督职，并命陈炯明继任。但陈炯明亦旋于 7 月 18 日宣布讨袁，终为袁军龙济光部所逐，陈炯明始亡命于新加坡，并赴欧美游历，其间屡次参与海外革命策划活动。1916年袁世凯复辟帝制，陈炯明由香港潜回东江，并于 1 月 6 日在惠州举义讨袁，战事结束后，力请广东省长朱庆澜出面维持大局。同年冬，陈炯明入北京，黎元洪继袁世凯为总统，授其为"定威将

---

① 《粤都督召集临时大会详情》，载上海《申报》1911 年 12 月 12 日。

军"。1917 年 5 月，段祺瑞"督军团"变起，陈炯明与孙中山等乘兵舰抵广州，组织军政府，开始护法历程，逐渐形成南北两个"中央政府"之间的对峙。适省长朱庆澜与督军陈炳焜不合，朱庆澜为埋一报复伏线，拨警卫二十营予陈炯明，任命陈炯明为"省长公署亲军司令"，不久陈炳焜去职，继任粤督莫荣新仍以警卫队二十营交陈接管，但附带条件是不得在粤驻防而去福建谋取发展。

其时北洋军阀龙济光在粤遭受桂粤联军挤压而败走闽南，与福建都督李厚基相互借重，为推进护法事业，同时亦为奠定民党自身的军事基础，孙中山即于同年 12 月 2 日，任命陈炯明为"援闽粤军总司令"，并以邓铿为参谋长，于次年 1 月 12 日分三路向福建进军，所向披靡，进驻漳州，开始了所谓的"模范建设"。陈炯明为筹备回师广东以及民党活动所需经费，结合自身当初担任广东省谘议局议员所坚持的地方自治思想，"在漳州一带积极训练士卒，改良市政，开辟公路，整理教育，发扬文化，派遣留美留日男女学生八十三名"[①]。陈炯明还在漳州创办《闽星》报刊，亲撰发刊词，提倡社会主义，推进新文化运动。经卧薪尝胆三年，顿使漳州发生巨变，英美等西方国家侨民均有美誉，甚至苏俄亦派代表至漳州秘密访问，表示愿意资助陈炯明完成中国统一大业，但前提是要求中国放弃外蒙古。陈炯明力主自治，在国际关系上亦坚持民族自治，不愿借用外国武力干涉中国内政，故对苏俄援助予以婉拒，并致书列宁。适值此时南北和议破裂，北洋军阀之间派系斗争加剧，吴佩孚自衡阳撤防北上，湖南迅速发起驱逐张敬尧的运动和战争。湖南驱张战争取得胜利后，全省人民要求自治的呼声不绝于耳，谭延闿在各方压力下，经深思熟虑，乃于 1920 年 7 月 22 日公开发布关于湖南自治的"祃电"，认为民国肇建以来之政治动乱，主要在于中央凌压地方所致，故而"民国之实际，纯在民治之实行。民治之实际，尤在各省人民组织地方政府，施行地方自治，而后权分事举，和平进步，治安乃有可期"，因此湖南人"本湘人救湘，湘人

---

①　吴相湘:《民国百人传》，传记文学社 1971 年版，第 117 页。

治湘一致决心"，推行地方自治。①

湖南的驱张战争与宣言自治，大大激发了全国各省驱逐客军、推行自治的决心，并迅速引发波及全国的联省自治运动。广东自南北对峙之势日渐明朗始，便成为桂系军阀占据之地盘，故莫荣新明令陈炯明带兵离开粤境而去闽南。所以湖南发起驱逐北洋军阀张敬尧的战争，对于陈炯明率军回粤刺激颇大，陈炯明即于同年5月致电莫荣新，指责桂系将广东作为征服地，搜刮掠夺，且重兵逼迫闽南粤军，实难相忍。8月，陈炯明发布讨伐桂系通电，决心率粤军回粤驱逐桂系军队。经三个月之浴血奋战，陈炯明率粤军于10月29日进入广州，旋后数日发表"告粤父老兄弟书"，明确宣称"广东者，广东人民共有之，广东人民共治之，广东人民共享之"②，吹响了广东自治的号角，并日臻完善自己的地方自治思想，使其结合联省自治宏大的时代背景，朝着联治民主制这一联邦建国方略的目标前进。

三、陈炯明的地方自治实践

作为清末预备立宪内容之一的谘议局，其目的正在于使其"为各省采取舆论之地，以指陈通省利病、筹计地方治安"③ 为宗旨，具有打破中央集权、谋取地方自治的地方议会性质。陈炯明早年当选为广东谘议局议员，对于地方自治具有极高热情，并身体力行获得了一定地方自治的经验。在南北两个"中央政府"相互对峙的数年，陈炯明率领粤军进入闽南，在漳州励精图治，写下了地方自治的美丽诗篇，更加坚定了其地方自治的理想。1920年湖南驱张成功，率先宣言自治，可谓深深拨动了陈炯明地方自治的心

---

① 参见王无为：《湖南自治运动史》上编，泰东图书局1920年版，第20—22页。

② 陈炯明：《告父老兄弟书》，载段云章、倪俊明编：《陈炯明集》（增订本）上卷，中山大学出版社2007年版，第491页。

③ 《谘议局章程》第1条，载《大清法规大全·宪政部》卷二。

弦，所以他立即复电谭延闿，积极响应其省自治的主张，表示"近日各省自治已成潮流，炯明但得一雪亡省之痛，借树自治之基，他事当不深求也"①。此时的陈炯明，对于自治的理解，不仅止于地方自治，而是相当全面的。在他看来，自治的第一层意思便是人民自治，便是推行民主政治，而民主政治"当以民之所有、民之所治、民之所享为归"②，故自治必须伸民权，伸民权则必须废督裁兵，推行省长、县长民选制，因为"省长不由民选，故其发号施令为无根，仅依军阀之余威以行其职务，坐是太阿倒持，民治不举"③。陈炯明尤其注重推行县长民选制度，他在1920年12月一次关于行政制度改革的谈话中便深刻指出，县知事委任制已属黔驴技穷，因为"广东有九十多县，无论哪一个做省长，都没法自己想出这九十多个县知事来。如果不负责任的胡乱委任，一定要弄得一塌糊涂。民选这一个制度，无论如何，总比由一个省长去委任是要安全得多"④。

既要实行人民自治，而人民的集体可大可小，当然就得以一地之人治一地之事，故而地方自治当为自治的第二层意思。陈炯明曾于1913年2月在广东省议会发表演说，根据自己以前咨议员之经验，专门谈到议员的责任在于随时推求地方利弊，因为"利弊各省情形不同，即各府亦异"⑤，唯有从地方利弊出发悉心研究，推行自治，方才有所成就。陈炯明甚至认为省议员作为全省各地利益的代表，理所当然应为自己所属地方谋取幸福，即使存在党派之争，亦为不妨，"盖有党派，方有竞争，有竞争然后正义乃见"⑥，此种见识在当时可谓深得地方自治以及民主政治之精蕴。陈炯明还

---

① 《陈炯明赞成谭督鱼电》，载长沙《大公报》1920年10月24日。
② 《陈炯明之废督主张》，载北京《晨报》1920年7月3日。
③ 《陈总司令复刘显世电》，载上海《民国日报》1920年7月11日。
④ 《改革期中的广东》，载上海《民国日报》1920年12月23日。
⑤ 《正式省会之第一日》（续），载上海《民立报》1913年2月19日。
⑥ 《省议会开临时会纪》，载广州《广东群报》1921年1月14日。

曾引用英哲名言"人必先爱其乡，而后使能爱国"①，以明地方自治之真谛。正因为如此，陈炯明十分尊重地方自治。当陈炯明率师援闽取得长足之胜利后，请其出任福建省长的呼声日高，他以"以闽治闽，以民治民"之主张予以婉辞，并认为此主张为"地方分治之基，国家统一之法"。②

欲要地方自治切实推行，其首务在于排除武人染指政权，排除军队对于地方行政之干预，所以军民分治应为自治的第三层意思。民国肇建以来，各种武装力量层出无穷，以军干政实成一大祸乱，武人颐指气使，人民浑浑噩噩，民治徒托空言。陈炯明虽曾统兵十万，然对军事武力一直保持一种相当谨慎而克制的态度，他曾痛心陈斥："世界武人本系捣乱世界平和之一大毒物，然若我中国的武人，则并此捣乱的能力不具，只能于国内荼毒生灵，相争相夺，斗得天翻地覆，必使国家危亡而已。"③ 陈认为绝不能由这一班武人随意捣乱，而应实行军民分治，发扬平民教育精神，促进国民自觉、自决，以图国家根本之改造。欲图避免武人干政以推行军民分治，则当务之急在于废督裁兵，所以当唐继尧于1920年6月1日发表废督之东电，陈炯明随即于22日通电赞和，而且认为废除都督一事，虽为大计，但终属治标之举，欲要治本，则必须全面推进民主政治。陈炯明曾对自己的军队开诚布公谈心，认为"值此军阀破产时期，国人视军队甚于蛇蝎。吾人与其尚鸡鹜之争，取罪父老，何如自图改建，为社会造福"④，足见其武力克制的自觉和推行军民分治的决心。

人民权利之行使，地方自治之推行，除去避免武人干政以外，还必须防止政府权力的集中，因此权力分立或分治应为自治之第四

---

① 《声讨莫荣新电》，载段云章、倪俊明编：《陈炯明集》（增订本）上卷，中山大学出版社2007年版，第460页。

② 参见《陈竞存坚持初志》，载上海《民国日报》1919年1月14日。

③ 《漳州归客谈》，载上海《申报》1919年9月2日。

④ 《陈炯明态度之一说》，载上海《申报》1920年7月12日。

层意思。武昌首义，广东宣布独立后，陈炯明即在粤省临时大会上宣布"治粤政纲"，认为广东政府既系民政府之性质，则在省制安排上应"取三权分立之制，分为立法、行政、司法三大纲"①。陈炯明还认为自治之精神，在于反对权力集中于一人，必须实行权力之分立，方可避免专制之发生。基于此种理念，陈炯明坚决反对一人集权政治。1914 年冬，孙中山改国民党为中华革命党，要求党员必须"打指模"表示绝对服从党的领袖，陈即表示有损人格，与黄兴、李烈钧一起拒绝办理。

于此可见，陈炯明对于自治的思考日臻成熟而完善，其对自治的信心也日发坚定。尤其是此时南北和议彻底失败后，南北两个"中央政府"均失去其正统地位，湖南率先倡言自治，各省自治接踵而起，"湘人治湘"、"赣人治赣"、"皖人治皖"、"浙人治浙"之类的口号响彻云霄。这时的各省自治，已远不是清末民初的地方自治可比，而是要求先以省自治为基础，制定省宪法，然后再联合各自治省，组织联省自治会议，建设一个联邦制的联省政府，最终实现国家的真正统一。1921 年 6 月 4 日，作为皖系残存不多的干将浙督卢永祥亦公开发表"豪电"，认为中国自有史以来，就注重集权于中央，故而野心家往往以保中央集权之名，行盗国肥己之便，而自民国肇建以来之混乱，正是犯了中央集权之病，所以与其骛中央集权之虚名，酿尾大不掉之实祸，还不如分权于地方，"先以省宪定自治之基础，继以国宪保统一之旧规，改弦更张，斯乃正本清源之道"②。陈炯明顺应此种思潮，将自己关于自治的思考进一步拓展到中央与地方之间的关系上，由自治而向联治发展，朝着联邦主义的道路日臻完善。

---

① 《陈副督宣布治粤政纲》，载上海《申报》1911 年 12 月 13 日。
② 《浙江卢督豪电建议之由来》，载夏新华、胡旭晟等整理：《近代中国宪政历程：史料荟萃》，中国政法大学出版社 2004 年版，第 648 页。

四、陈炯明的联省自治方略

谭延闿关于湖南自治的通电一经发表，陈炯明便立即通电予以赞同，并说"一雪亡省之痛，借树自治之基"① 当为自己唯一深求要务，开始坚定自己广东自治的决心。陈炯明此时也在努力琢磨革命方式或政治治理的真谛，逐渐认识到"兵权、政权非可以统一中国"，必须寻找到另一方式，"使人民得有全权，由人民发展其权力以统一之"。② 这一方式在陈炯明的心中越来越清晰，那就是建立在民主政治基础之上的联邦分治。至卢永祥豪电发表，陈炯明亦认为中国地大人众，各地风气不一，欲求得民治发达，国家统一，唯有予以自由，实行分治，舍此别无他途。他还在致电卢永祥时专门指出，多数国人往往认为主张分治，即为破坏统一，其实分治本为与集权相对立的名词，与统一无关，将集权误解为统一，遂使许多野心家假借统一之名，以行集权之实。民国建立十年以来，祸乱相寻，皆由此因。故而"先定省宪以树民治之基，进议国宪以图统一之效"之主张，可谓"宏谋伟画，诚为今日救国良方"。③ 尤其在南北对峙、统一无望之际，强行组织所谓的"中央政府"，无异于扰乱地方，还不如实行联省自治，各省办各省的事。

如何实行联省自治，当时亦有相当宏富之议论。陈炯明则日渐认为，既为采用联邦制的联省自治，当然应该自下而上逐一建立地方自治制度，直至组建联邦国家。所以，他认为当前各省皆言自治，但自治仍然无法实现，其原因即在于不知联邦制所立足的自治起点，"须知自治起点，先由各区始，各区能自治，而县无不治；

---

① 《陈炯明赞成谭督鱼电》，载长沙《大公报》1920 年 10 月 24 日。

② 参见《纪陈竞存在国民党本部办事处演词》，载上海《民国日报》1921 年 3 月 14 日。

③ 参见《陈省长赞许卢永祥豪电》，载广州《广东群报》1921 年 6 月 16 日。

各县能自治，而省无不治；各省能自治，而国无不治"①，自治不是空谈，而要靠自下而上每一点滴事业所累积而成。至1922年夏，陈炯明进一步肯定联省自治运动当为"建设方略"或"建国计划"，撰写专文以阐明自己对于联省自治的设想。陈炯明认为民国肇造以来祸变迭起的根本原因，在于政治组织不符合实际，而政治组织的根本，在于规定中央与地方之间的权限。规定权限的方式，不外中央集权与地方分权两种。大抵小国寡民者，间或可采集权之制，否则无不采用分权之制。中华民国本由宣布独立的各省组建而成，采用地方分权制本属自然，然而因为中央与地方之间的权限没有从宪法上加以规定，故而造成纷扰，惹起分裂。中央视各省为异己，力图以武力予以制服；各省亦担心中央之专制，而力图以武力加以抵抗，于是烽火四起，政治混乱，一发不可收拾。陈炯明进一步认为，规定中央与地方之间的权限，不只是消除民国以来的混乱，更重要的还在于随着社会的发展，国家与人民之间的关系越来越密切，政事越来越繁杂，不可能像古代的循吏一样可以宽简为治，唯有将与人民有直接利害关系的一切政事交由人民自为谋划，方才应付得来，"若事事受成于中央，与中央愈近，则与人民愈远，不但使人民永处于被动之地位，民治未由养成。中央即有为人民谋幸福之诚意，亦未由实现也"②。所以陈炯明认为，中央与地方之间的权限关系，应采地方分权主义，中央政府的职权取列举主义，地方政府的职权取概括主义。

如何实现地方分权这一要图，陈炯明认为必须从四个方面着手。第一是组织中华民国联省政府，以实现统一。联省政府设执政一人，对内对外代表中华民国联省政府，为全国行政首长，任命各部部长，另设副执政一人，共同组成行政机关。联省政府设参议院代表各省，设众议院代表国民，共同组成立法机关。联省政府设大

---

① 《陈竞存在桂议会演说》，载上海《民国日报》1921年8月26日。

② 陈炯明：《联省自治运动》，载段云章、倪俊明编：《陈炯明集》（增订本）下卷，中山大学出版社2007年版，第947页。

理院为全国司法独立机关，同时设审计院为中央财政监督机关。第二是各省组织省政府以处理本省之政事。省宪法在不与国宪法抵触的前提下自定，省长民选，省议会为省立法机关，明晰省与中央的权限关系以及省与省之间的关系，中央不得干预省官吏的任免。第三是蒙古、西藏、青海以及其他特别区域，得准行省制度。第四是实行军事与民治分途，军政与民政分开，"以各省之政事，完全还之各省人民；而军事则超然于各省之外，由中央执掌之"，这样就可以做到"中央无滥用武力之虑，各省无拥兵自卫之嫌"。① 至于这些建设方略在当时如何能够真正实施，陈炯明亦提出了四条实行方法。一是将这些建设方略征求各省加以讨论，取得共识；二是取得共识之各省选派代表，组织联省会议，根据建设方略制定联省大纲，以此产生参议院，由参议院选举第一次执政、副执政；三是摒除南北成见，由孙中山、段祺瑞出任中华民国联省政府执政、副执政；四是联省宪法亦以联省大纲为基础而构成。

陈炯明这一联省自治的建国方略，可谓深得美国联邦制之肯綮。托克维尔在考察美国的民主时就曾指出，乡镇是自由人民的力量所在，"在没有乡镇组织的条件下，一个国家虽然可以建立一个自由的政府，但它没有自由的精神。片刻的激情、暂时的利益或偶然的机会可以创造出独立的外表，但潜伏于社会机体内部的专制也迟早会重新冒出于表面"②，只有乡镇独立而自治，才能得到具有爱国心且服从于国家的公民而不是顺民，美国的联邦制正是建立在乡镇自治这一基点之上的。陈炯明在乡区自治的基础上，要求自下而上逐步确立县自治、省自治，直至建立联邦制的民主政体，即使当时联邦主义思想的急先锋章太炎、李剑农等也是望尘莫及的。其后不久，陈炯明谈到统一中国的两大原则时非常明确指出，必须仿

---

① 陈炯明：《联省自治运动》，载段云章、倪俊明编：《陈炯明集》（增订本）下卷，中山大学出版社 2007 年版，第 949 页。

② ［法］托克维尔：《论美国的民主》上卷，董果良译，商务印书馆 1988 年版，第 67 页。

照美国联邦制度，成立中华合众国（United States of China）。① 此后因陈之联省自治的联邦方略与孙中山武力统一的革命政策相悖，遂导致二人之间的冲突，陈炯明被迫下野，但益发坚定了陈炯明对联省自治的决心。1924 年冬，冯玉祥发动北京政变，囚禁曹锟，陈炯明认为联治主义实现的机会较大，立即致电冯玉祥说："请段入京，主持大计，立联治之制，迅合全国，召集联省会议，建设联省政府，议定联省宪法。"② 冯玉祥接受建议，力请段祺瑞以民国临时执政名义入京主持政制。在陈炯明的多方努力下，段祺瑞执政政府倾向于联治主义的姿态日益明显，并草就了一个联邦制色彩极浓的《中华民国宪法案》，惜执政政府不久亦垮台，北京政府联治主义的一缕曙光遂告消亡。

五、陈炯明的中国统一方案

陈炯明欲借冯玉祥北京政变的机会将联治主义推向北京，结果惜未成功，而此时蒋介石决意东征，陈炯明最终兵败下野，自此长期隐居香港。陈炯明在香港隐居期间，更加潜心思考中国的联邦制问题，于 1927 年冬着手撰写《中国统一刍议》一书，开始将联治与民主结合起来，形成了自己比较全面而成熟的联邦建国方略——联治民主制。当时坚持联邦主义思想甚健的社会名流章太炎亦为该书题词，足见此书联邦建国方略之引人瞩目。

陈炯明认为中国经五千年历史之演进，民族统一国家的基础早已巩固，民国肇建打破了这一基础，但却因一时成功之速，使得"民权不能监督政权，政权不能统辖军权"③，政治颇多混乱。之所以如此，陈炯明认为其原因有六：一是约法规定的弊端，如立法权

---

① 参见陈定炎编：《陈竞存（炯明）先生年谱》上卷，李敖出版社 1995 年版，第 521 页。

② 《香港电》，载上海《申报》1924 年 11 月 10 日。

③ 陈炯明：《中国统一刍议》，载段云章、倪俊明编：《陈炯明集》（增订本）下卷，中山大学出版社 2007 年版，第 1063 页。

与司法权不能平衡、责任内阁权限不明、中央与各省之间的权限缺乏规定；二是国会不能克制，专门制造政变；三是总统地位过高，致使贿选或武力拥戴层出不鲜；四是政府组织染有分赃恶习；五是军制不明，军队私有；六是党派无主义与政策，仅为利益而勾结，故无政党而有党派。这些原因背后更深层次的根源在于，民生太穷与外力太压。民生太穷，故举国才俊奔走乱门；外力太压，故激进青年向往革命。面对这些混乱，民国肇建十余年来无所良策，不是鼓吹和平解决，就是张扬武力解决，循环为用，不得收拾之效。和平与武力的确可以弭乱，然而民主政治的原则不在于单纯运用这样的手段，而在于必须分配权利于全体国民，否则"谬欲集权于一军，而以军治国；集权于一党，而以党治国"①，民主立国的基础则被信手抛弃。陈炯明认为当前南北两个中央政府已成对峙之局，北方宣扬武力统一，南方鼓吹国民革命，其实都无非采取武力征服而已，无论何方战胜，不过延长一时内乱，最终都必将与民主政治相去甚远，因为"北之军治，南之党治，皆违反共和原则，压抑全民公意，殊与民主立国根本不得相容，终必为民治主义抨击以去"②。

陈炯明认为要走出这种困境，其前提在于了解统一的意义。首先，统一乃属立国问题，而非息争问题。真正的统一必须建筑于真共和的基础之上，而不是南北媾和或各省拥护中央，有真共和才有真统一，否则无共和之实，统一之局随时都会打破。其次，统一乃属事实问题，而非法律问题。所以统一必须从事实的势力出发，而非单纯谋取于宪法条文。最后，统一乃属永久问题，而非暂时问题。永久问题，则必从根本上解决，而不能局限于一时之协调或结束目前之混乱。基于这样的统一意义，陈炯明认为欲达统一目的，

---

① 陈炯明：《中国统一刍议》，载段云章、倪俊明编：《陈炯明集》（增订本）下卷，中山大学出版社2007年版，第1066页。
② 陈炯明：《中国统一刍议》，载段云章、倪俊明编：《陈炯明集》（增订本）下卷，中山大学出版社2007年版，第1069页。

必须注重四个手段：一是确立统一必要的基础，而这必须本民主的精神而确立统一方案；二是集中统一必要的实力，而这必须采取妥协的手段以谋南北实力派为统一同盟之结合；三是兼收统一必要的助力，而这必须顾及当前的环境以旁求外交友谊上之赞助；四是寻求统一必要的舆论一致，而这必须顾及推行之尽利，以舆论一致为保障。陈炯明除了充分阐明后面三个手段（即南北妥协运动、外交赞助运动与舆论一致运动）外，尤其注重第一个手段即统一方案的阐发。陈炯明认为统一方案约有三事，即纲领、程序与协约大纲。统一纲领在于确立统一基础，涉及军事、政治、财政、外交四大事项。陈炯明认为军事上在于统一国军，政治上在于建立联治，财政上在于划分两税（中央税与地方税），外交上在于恢复主权。

　　陈炯明认为在这四大纲领中，建立联治是最为关键的问题，军事上统一国军仅为拨乱之事，是消极的、一时的，只有制治之事同时并举，才能从政治上根本解决问题，因为制治之事是积极的、永久的，而当前最大的制治之事莫过于国家组织。中国自古以来未经过近代法治国之组织，故进入民国，流为政弊，酿成内乱。所以在陈炯明看来，"严格以论，中国至今，谓为一个民族则可，谓为一个国家，尚有待政治组织之条件也"①。国家组织采取何种形式，陈认为理所当然应取民主政治的组织，而北京政府沿袭军治，广州政府倡言党治，皆与民主政治的组织背道而驰，因为"民国主权，在民而不在军，尤不在党"②。要有效建立起民主政治的组织，就

---

　　①　陈炯明：《中国统一刍议》，载段云章、倪俊明编：《陈炯明集》（增订本）下卷，中山大学出版社 2007 年版，第 1080 页。

　　②　陈炯明：《中国统一刍议》，载段云章、倪俊明编：《陈炯明集》（增订本）下卷，中山大学出版社 2007 年版，第 1080 页。

必须努力打破军治、党治，建设民权无限下的良民政治。① 良民政治的建立，首先在于明了中国国家的目的：第一是完成中华一族的国家，中华民国应为中华民族之所共有、共治、共享；第二是在完成亚洲主人翁一员的国家，准备联亚运动，使亚洲成为世界大组织一大柱石；第三是贡献世界，协谋国际和平运动。要实现这些目的，国家组织自身必须具备四个条件或工具：一是自治主义。一切政治问题，当以人民自治为准则。分配于地方而活动，谓之地方自治；集中于中央而活动，谓之一国统治；推展至联亚联世界，则当谓之民族自治。二是自给主义。国家组织应着眼于职业团体，使其为构成分子，享有充分职权，以谋一国经济之发展，并达到自给之程度，实即为推行经济自由。三是联合主义。当前中国由君主而为民主，自当以全民组织国家，然全民涣散，缺乏政治训练，任由一党一派包办或强使无知无识之人负责，不是不可而是不能，故而必需团体为构成分子之需要，因团体始有政治训练，是以联合主义应运而生。四是分职主义，即在权力分配的基础上，注重公务员职务的分配，以此促进效率的增加。

在这四个条件或工具中，陈炯明尤其看重联治主义，因为其牵涉中央与地方之间的关系这一特别重要的政治问题。此时的陈炯明，对于单纯的单一制与联邦制都有所指责，认为单一制虽然利于中央集权，但是由于大省作梗，集权恐非有效，即使缩小省权，中央亦有鞭长莫及之虞，况且省长不由民选，就难与省会合作，中央一经改选，各省势必更调，其纷扰祸于全国。联邦制虽然可顺全国分裂之国情，然由分裂而谋统一，削夺中央之权而造二重政府，必

---

① 陈炯明所言的良民政治不是道德意义上的，也不是人才意义上的，更不是贤人政治意义上的，而是指的一般民众，如何选出，纯粹视选举制度如何改良、政治组织如何改善以为评断，因为选举制度、政治制度如有去莠择良之可能性，则良民自出，即使或有暴民、流氓、地痞、土豪、劣绅、政客、党棍卷入国家组织之范围，亦不能发挥个人之恶劣。详细参见陈炯明：《中国统一刍议》，载段云章、倪俊明编：《陈炯明集》（增订本）下卷，中山大学出版社 2007 年版，第 1081 页。

然造成自为风气，庶政难收整齐划一之效，一有矛盾，纷争立起，难收欧美联邦之利。陈炯明认为，究竟采用何种政制，既要考虑到政制本身的精神所在，也要顾及政制所能适应的历史国情、周围环境、社会经济状况等现实因素，而就中国当前而言，应自地方自治的基础逐步做起，拾级而上，创成中国式的联治，以成一国之大治。

六、陈炯明的联治民主制

陈炯明首先肯定自治乃是民主国的基础，认为民主的精义就是分配政治权力于国民全体，而国民也必须善于行使这样的权力，才不失为民主的国民。要达此目的，必须组织相当普遍的政治小单位，以供国民训练。国民在此地方自治的小单位内都不能实行自治，而欲在国家大规模运用宪政进行统治，则几无可能。自治一旦畅行，就能一面避免他人干涉，一面管理好自己的事务，因而自治是自由民的保障，地方自治是免受他治侵入的保障。自治虽起于中小区域，但却在此基础上可随民主政治的发展而不断扩大范围。自治组织最初虽以区域为限制，然随社会分工之发展，职业自治亦成为一大潮流。区域自治、职业自治为地方自治之基础，地方自治又为民主国家之保障，若层垒而上，推进各级自治，而成一国大治，其理不言自明。这一建立于民主基础之上、自下而上层级推进自治的方略，陈炯明认为乃为中国达到共和目的最切实的唯一途径，他自许这一方略为"联治民主制"。

什么是联治民主制？陈炯明认为简单而言就是"联乡治区、联区治县、联县治省、联省治国"，析而言之则是"全国政治组织，以业治为经，域治为纬，组成五级政制。自乡治以上，各级构成分子均以区域、职业两种团体为基本单位，其顺序则以乡自治为基础。由此基础，层建而上之，则为区、为县、为省、为国是也"。① 自乡自治、区自治、县自治、省自治而至中央政府，均以选举组成各式机关，实行自治或政务管理。陈炯明还进一步认为，民主政治当以增加国民直接管理权为基本原则，因此应赋予国民选举权、罢免权、创制权、复决权以及于司法上行使公证权等。凡管理事项，依其属于何种自治层次，而由该层次之相应组织所设常设机关予以施行。陈炯明认为这样的联治民主制，实为中国统一的柱石，并且适合中国历史国情、社会状况，而又不违背世界发展趋势。为了使此自治能够自下而上逐步推进，陈炯明还认为应相应设立监政机关，中央设立联治监督院，各省设立分院，各县设立分所，以之作为筹办联治机关，分阶段、有步骤、依程序促成全国联治的实现。

根据当时南北政府均无宪法根据的事实，陈炯明认为应本实事求是的精神，南北实力派各自放弃武力征服的手段，采取妥协办法，以国是为前提，先行协定统一方案，以之为国是决定之基础，双方息争，平等媾和，即由全国实力派平均分配，推出领袖，联立事实上的统一政府。此政府之组织暂时采取委员制，依据方案切实举办统一国军、建立联治、解决财政、恢复主权各大纲领。待此任务完成，民选政府则可依期产生，共和与统一的基础也就能够次第建设。为了将那些手中握有枪杆子的大小军阀均能纳入此种联治程序，陈炯明指出各种力量必须缔结统一同盟，然后商定统一方案，以期全国共同行动。陈炯明还专门起草了"统一同盟协约大纲草案"与"中央统一政府组织大纲草案"，为统一同盟以及从事实政府至合法政府之转变提供了政府组织上的参考依据。一旦中央统一政府达成，立即着手组织联治民主制，成立民选的中央联治政府。

但是当时大小军阀横行，南北两个政府对峙，它们能够达成陈所言的妥协而坐到一起讨论联治的实行问题吗？陈炯明坚信，妥协不仅必要，而且可能。他认为目前南北双方均企图以克服敌方为其

---

① 陈炯明：《中国统一刍议》，载段云章、倪俊明编：《陈炯明集》（增订本）下卷，中山大学出版社 2007 年版，第 1087 页。

统一全国之捷径，故而陷入军治、党治之泥潭，在此恶势力支配之下欲谋联治之实现，不外两种手段：一是以革命扫除恶势力，二是以协调改正恶势力。前者难免走入历史循环的怪圈，后者则适合民治运用，并使各种军事势力归于国防地位，各得其所，故而妥协当为理想上的最佳选择。就事实而论，南北之间的确存在差异，知其差异而不允许调协，必欲铲除而后快，不仅有专制之嫌，而且势无可能，此乃妥协之必要一。自民国肇建以来，武力统一、和平会议、制宪运动、联省自治运动、国民大会运动层出无穷，均因某些条件不具而失败或无从实施，故而统一非有合作之势力，绝不可能成功，欲谋势力合作，则非实行妥协不可，此必要二。南北双方战端四起，莫不以国事为号召，既皆言国事，与其仰仗武力制造混乱，何不如谋之妥协，或有互让共济之可能，此必要三。人心厌乱已极，国家危险之极，倘不及早收拾，势必同归于尽，此妥协必要四。南北双方之间，上至领袖，下至将士，无不皆有息战之念想，如双方能假以对等地位，各保其势力，各消其隐患，而于国家又有绝大利益，何患妥协之不可能！

　　出于此种妥协之必要与可能的判断，陈炯明最后向全体国民发出谆谆忠告，尤其强烈指斥南北政府之党治、军治的不是。陈认为国民党既然发起所谓的国民革命，就不应该由一党包办，并接受苏俄等西方国家的接济，否则冒国民之名，行党人私通外国之实。而且既曰革命，当有革命对象，如对象为北方军阀，则南方军阀又如何？如以全国军阀为对象，则自身军阀又如何？陈炯明认为打倒军阀乃属军制改革的问题，殊无革命的价值，况且以一种武力打倒另外一种武力，战胜者亦难保自身不成为军阀。可见国民党无非打着国民革命的幌子，其实却是"偏以专政、训政、党化教育、党外无党等等标语，发其狂吆"① 而已。陈炯明断然认为，这种一党专政，实在与民主政治根本不能相容。譬如训政说法，完全系君主时

---

① 陈炯明：《中国统一刍议》，载段云章、倪俊明编：《陈炯明集》（增订本）下卷，中山大学出版社 2007 年版，第 1141 页。

代之口吻，国民党反以其作为宪政之前之准备，实乃阻碍民治之进行，因为"民主政治以人民自治为极则，人民不能自治，或不予以自治机会，专靠官僚为之代治，并且为之教训，此种官僚政治、文告政治，中国行之数千年，而未有长足之进步"①。至于党化教育，以一党之主义与政纲，向全体国民作宗教式宣传，岂不属精神压制！何况国民党之"三民主义及其发表之政纲，类皆东抄西袭，绝少独立之思想，一贯之理论，而于国情亦未适合"②，为何强行青年向学，僵化其思想？党外无党之主张，则不仅蛮横，而且愚昧。政党实为集合同方向之民意而为有组织的表现，而民意总是多方向的，强以一党行之，决不能综合各方向之民意，强而为之，则党内必将分裂，是以党外无党，则党内有派是也！即使真有一党与众不同，此一独尊之党恐怕也并非国民党莫属！与国民党人相信建立在党治基础之上的军治不同，北洋军人完全只笃信武力，互争雄长，实为军阀自杀，如不改弦更张，覆亡之日翘首可待。至于在南北两大势力之外的第三势力，如不察知党治、军治之非，趋于民治之途，亦将无所贡献于国家之统一。陈炯明最后正告国人："顾为国致力之事，必先认清其对象，审择其手段，而后救国之事业，乃不陷于误国之途径。"③

七、陈炯明的共和理想

陈炯明清末即进入广东咨议局担任议员之职，对于地方自治颇多留意，积极投入，逐渐对中央集权制度产生反感。其加入同盟会从事革命活动后，又先后周游日本、欧美，西方的自由主义政治思

① 陈炯明：《中国统一刍议》，载段云章、倪俊明编：《陈炯明集》（增订本）下卷，中山大学出版社2007年版，第1141页。
② 陈炯明：《中国统一刍议》，载段云章、倪俊明编：《陈炯明集》（增订本）下卷，中山大学出版社2007年版，第1141页。
③ 陈炯明：《中国统一刍议》，载段云章、倪俊明编：《陈炯明集》（增订本）下卷，中山大学出版社2007年版，第1145页。

想尤其是欧美自治思想对其影响颇深。辛亥革命期间，陈炯明针对各省宣布独立的事实，提出要从政治上着力解决省制问题，尤其要注重采择立法、行政、司法三权分立的原则，的确已与那些拥兵争权的党人或政客不可同日而语。陈炯明所谓从政治上解决问题，颇为注重以选举制度为中心的民主政治，并以法治主义为基础。广东宣布独立后，胡汉民出任都督不久即随孙中山赴南京，陈炯明出任代理都督，他向广东临时省议会建言召集正式选举，并推荐汪精卫来粤参选出任都督一职。此后无论是在漳州着手模范建设，还是在广东创建"模范省"的努力，陈炯明始终贯彻地方自治的精神，并高度注意通过法律以规范政府的言行举动，为政府寻求合法性的基础。适南北分裂之际，湖南率先宣布省自治，制定省宪法，以谋求联省自治之进行，陈炯明顺应这一潮流，进一步完善自己的自治思想，使其朝着联治的目标前进，从而在自己一贯坚持的民主政治之基础上，提出了比较成熟的联治民主制这一联邦建国方略，可谓是 20 世纪上半叶对于中国政治命运的一种深层次的思考。

中国古代政治本为中央集权政治，中央与地方之间的关系一直视中央的控制能力而言，实无法律上之巩固。延至民国初建，各省以独立形式宣布脱离满清政府而组中华民国政府，约法亦对中央与地方之关系予以回避。待袁世凯掌握全权，以国民党为核心的议员遂强烈要求于宪法采择地方制度，然以"二次革命"失败而告终，《天坛宪草》遂胎死腹中。此后推翻洪宪帝制，段祺瑞欲以武力统一中国，孙中山率部分议员南下广东，遂成两个中央政府鼎立之势，各省亦尾大不掉，也不知服从何种中央政府，中央与地方之关系完全成为一个相当混乱的问题。面对此种危局，北方政府思以武力统一，南方政府则力图以革命扫荡旧势力，其实都是颇为看重武力的表现，仍然不能跳出中国古代"骑在马上打天下"的思维窠臼。以武力结束专制或分裂，如果不假以法律之基础，则这种结束又会成为专制或分裂的开始，"因为谁有足够力量，能够把一个国家的专制君主驱逐掉，也就有足够的力量使自己成为专制君主"①。陈炯明正是看到了武力革命所导致的这一历史循环，始终对武力保持一种相当谨慎而克制的态度，当吴佩孚所控制的直系势力如日中天、力邀陈炯明联合以实行武力统一之际，陈专门复电指出："情勿迷信武力，须知炯明与君，即以武力联合，亦不能解决时局。"②所以陈炯明不仅对吴佩孚等直系势力主张"召集旧国会，实行联省自治，则可免于战争"③，而且对孙中山所倡导的建设新式军队以打倒军阀的北伐策略也逐渐保持一种怀疑直至反对的态度，尤其是孙中山不顾约法精神而召集非常国会、选举自己为非常大总统之行动，陈炯明完全视其为非法之举，甚不以为然。④ 但陈炯明出于对孙中山的尊重，还是接受了孙中山陆军部长兼内务部长的任命，但自此两人之间的隔阂日益加深。

　　孙中山虽然也认为集权专制，乃为中国历来之秕政，但他对于中央与地方关系的解决方案仍然带有根深蒂固的集权主义思想，他认为"欲解决中央与地方永久之纠纷，惟有使各省人民完成自治，自定省宪，自选省长，中央分权于各省，各省分权于各县"⑤。这种"中央分权于各省，各省分权于各县"的论调，表面上看似与陈炯明的自治精神一样，实则有着本质的区别，乃属自上而下的逐

　　① ［法］孟德斯鸠：《论法的精神》上册，张雁深译，商务印书馆 1961 年版，第 322 页。

　　② 《北京电》，载上海《申报》1922 年 6 月 22 日。

　　③ 香港《华字日报》1922 年 5 月 16 日。

　　④ 此时孙中山召集的非常国会，在粤之旧国会议员不过二百人，距离通常开会的法定人数甚远，选举总统的法定人数更是不够，因为依据总统选举法，必须有两院议员总数三分之二出席，计五百八十人，方能召开总统选举会。而孙中山于 1921 年 4 月 7 日，不顾约法精神与选举法规定，悍然召集仅有二百余议员参加的非常国会，议决中华民国政府组织大纲，依该大纲第 2 条选举自己为非常大总统，其实没有任何法理上之依据。

　　⑤ 李剑农：《中国近百年政治史（1840—1926）》，复旦大学出版社 2007 年版，第 507 页。

级授权。换句话说，陈炯明的自治，是自下而上的，上级的权力恰恰来源于下级的赋予；孙中山的分权，是自上而下的，下级的权力恰恰来源于上级的授予。况且孙中山的分权自治，也是着重于县自治这一个层次，而陈炯明的自治则是自乡自治而上无所不在的，省自治恰是其中一个最为关键的环节。这样，两人势如水火，必将走向相互对立的道路。当1921年夏陈炯明率领粤军讨伐桂系取得胜利后，孙中山要求趁此机会继续北伐事业，而陈炯明则认为将广西交给广西人实行自治后，粤军应回广东休整，着手广东自身的省自治事业。最终孙自率军队在桂林筹建大本营，陈炯明回广东整理省务，因各种原由，遂导致二人关系最终彻底破裂。结果当然是陈炯明在国民党所打造的黄埔学生军的新势力之冲击下，黯然归于失败，并自此背上国民党正统意识形态所认定的"叛徒"之黑锅。

从军事较量来说，陈炯明是失败了，但他所断言的集权政治的军治、党治都不可能实现真正的统一，却是国民党后来无法摆脱的宿命。1928年张学良宣布东北易帜，蒋介石在形式上统一了中国，但此后中央与地方之间的关系一直处于跌宕起伏的混乱之中，始终纠缠着国民党一党集权政治的头脑。即使蒋介石败退到台湾，这一噩梦仍然挥之不去。直至20世纪80年代蒋经国开放党禁、实施军队非党化、取消学生三民主义的政治考试、剥离政府部门的专职党职人员等举措的陆续出台，国民党才算很不容易缓过一口气来。可是像这样的举措，肯定不是来自孙中山甚或蒋介石的思想，倒是与国民党的"叛徒"陈炯明有着某些阴差阳错的"相似"。只是陈炯明所倡言的联治民主制这一联邦建国方略，不知还有没有机会能够遭遇类似的"相似"？但不管怎样，作为民国卓有声望的"军阀"，居然临终之时没有经费购买棺椁，只能向自己的母亲"挪用"，其临终前对同人连呼之"共和！共和！"①，恐怕永远会在我们的耳畔萦绕、回响……

---

① 参见《陈炯明已入殓》，载上海《申报》1933年9月24日，以及《陈竞存昨晨在港逝世》，载香港《循环日报》1933年9月23日。

后 记

我从小时候开始，便对历史有着一种朦朦胧胧的依恋情结。那时的雪峰山村，不仅交通闭塞，而且生活也相当贫困。幸运的是，我的外祖父与父亲虽然都没有接受过良好的中小学教育，但是他们对中国古代章回小说的痴迷，却让一种异样的历史情结在我的心灵深处悄悄地扎根。那时外祖父的几部经典章回小说如《三国演义》、《水浒传》、《西游记》、《红楼梦》都被我如饥似渴地阅读了无数遍，尤其是我将《水浒传》一百零八将的姓名及其别号、星煞倒背如流的时候，外祖父流露出来的称许眼神总让我有着一种颇为自豪的愉悦心情。而我父亲更喜欢《隋唐演义》以及《宋代杨家将演义》之类的章回小说，我记得在许多寒冷的冬天晚上，乡亲们围坐在一堆燃烧的柴火周围，父亲便应他们的邀请，滔滔不绝地讲述《万花楼》之类的故事，让我着实痴迷了很长一段时间。从此我便顺着似懂非懂的阅读线索，努力寻找各类章回小说或者连环画册来看，有时甚至偷偷背着父母亲将他们给我上学用的零花钱甚至学杂费在集市上购买了图书，或者自己偷偷上山砍伐几棵楠竹扛到集市上换钱买书，父母亲有时尽管非常生气，但见我买回来的是书，也就责怪几句作罢。正是在小学阶段的这一段经历，使我对历史人物（尽管有些人物可能是虚构的）的英雄壮举充满了无限的向往。许多长辈都曾说我是"为古人分忧的人"，我也不管他们是揶揄还是赞许，反正心里乐呵呵的。

当我第一次走出大山来到县城攻读高中的学业以后，我所接触的世界开始悄无声息地发生了变化。教我们语文的赵林老师，是当时全县唯一的特级教师，他的博学不仅吸引了我对文学的热爱，更促发了我对历史典籍的阅读兴趣。我不仅利用学校图书馆开始借阅大量的文学书籍，而且经常光顾县城的新华书店与邮政局周边的报刊书摊。在这段时光里，我用大量的课外时间系统阅读了《大学》、《中庸》、《论语》与《孟子》所谓的儒学四书。当时我所阅读的版本是张以文译注、湖南大学出版社 1989 年出版的《四书全译》，这本书采用直接对译的方法，用现代口语将四书内容逐字逐句全部译出，这对当时阅读水平极为有限的我来说，可谓是进入古代经典著作的入门捷径。那时真是年轻气盛，我在这部书的许多地方都记下了自己的读书心得，现在时不时拿出来翻看一下，有时看到自己有些稚嫩的点评，不禁哑然失笑。但不管怎样，我对历史的兴趣尤其是对儒家治世思想的情结的确是越来越浓厚了。

　　按照我对历史的热爱，我本应在大学阶段选择历史学专业的，但是高考历史的成绩很不理想（总分 150 分我只得了 79 分），让我对自己的历史兴趣多少有了一些怀疑，甚至完全是心灰意冷，于是我填报了法学这个当时我还一点都不了解的专业作为我的高考志愿。之所以填报法学，是因为那时的法官都还戴着大盖帽，我以为跟军人、警察之类的职业大致是差不多的，而我从小受章回小说中的英雄事迹所感染，对拿枪杆子的工作当然还是情有独钟的。可是我进入大学法学院以后，却发现我的想象完全与现实不符，于是我又开始逃离法学专业的一些课堂，选择去学校的图书馆、各种书店或者其他院系的课堂看书或听课。在刚进大学的这个茫然阶段，有天我在书店看到启良教授的《新儒学批判》，牢牢吸引住了我的眼球。我毫不犹豫买了回来一口气阅读完毕，我的心灵深处受到了一阵阵猛烈的震撼，我在高中阶段依托四书所培养起来的儒家信念，一下子被彻底颠覆了。我不仅感到心灵的阵痛与忧伤，而且也深为自己过去的一知半解而羞愧。我隐隐约约感到，历史不只是我过去听到的故事，而是与思想内在联系在一起的。当我知道启良教授就在学校哲学学院任教时，我便经常去他的本科生、研究生课堂蹭课，这不仅让我受益良多，而且也让我慢慢跟他熟悉了起来，多了很多当面请教的机会。于是我逐渐找到了历史与法学的结合点——

法律史，而在听完李交发教授主讲《中国法制史》、胡旭晟教授主讲《西方法律思想史》、夏新华教授主讲《外国法制史》这些课程后，我对法律史的兴趣与日俱增，并且在大三、大四阶段追随这三位老师参与了南京国民政府司法行政部编纂的《民事习惯调查报告录》的点校整理工作，这是我第一次与法律史学术研究的亲密接触。

大学期间的这些经历，让我逐步坚定了投身法律史学术研究的信念。我在大学毕业工作三年以后，毅然选择脱产回母校攻读法律史专业方向的硕士研究生，导师便是我在大学阶段颇为崇敬的李交发教授。这期间，张全民教授主讲的《历代刑法志》、汪太贤教授主讲的《法理学》、程燎原教授主讲的《西方法律思想史》、赵明教授主讲的《法学史》等课程，都给我的法律史研究奠定了非常坚实的基础。而后我在攻读法律史专业方向的博士研究生之际，我的导师郑定教授、赵晓耕教授都曾对我的学术研究方向与方法产生过不可磨灭的影响，而曾宪义教授、程天权教授、叶秋华教授、王云霞教授、马小红教授、丁相顺教授等或为我们授课指点学术迷津，或为我的博士学位论文的写作提出了很多颇有价值的建议，促使我不断对法律史研究的内容、方法与风格加以反省。

可以说，我走入法律史这个法学中最为冷门的专业领域并且坚持下来偶尔弄出一些所谓的学术成果来，与上述长辈、老师都曾有着或多或少的影响，我应对他（她）们永怀感恩。我的父亲即将进入古稀之年，这本书尽管有些稚嫩，但作为儿子的礼物，我想他是不会嫌弃和拒绝的。可惜的是，我的外祖父、郑定教授、曾宪义教授都已先后谢世，我愿借这本微薄的著作对他们寄以深切的思念。此外，本书的有关思考曾得到西南民族大学温晓莉教授、上海财政大学单飞跃教授、北京大学张千帆教授、湖南省社会科学院王晓天研究员、中南财政政法大学徐涤宇教授、湖南大学岳麓书院陈松长教授、湖南大学马克思主义学院陈宇翔教授、中南大学胡平仁教授、广西大学魏敦友教授等的关心、鼓励与指点，我要深深地感谢他（她）们。中国检察出版社的李冬青编辑认真校对，并提出很多宝贵的修改意见。我的许多好友也曾给予我无私的帮助与严谨的批评，他们是尹华容、彭小东、何志辉、肖和保、尹红群、鞠成伟、徐阳光、阳永恒、蒋海松、黄树卿、张宇飞、龚曙东、刘军平、李鼎楚、陆幸福、林孝文、杨期军、张怀印、杨军……最后，本书能够得以刊行，我所在的湖南大学法学院给予了极其重要的支持，许多同仁都值得我敬佩、学习和感激，我要永远铭记岳麓山下一起共事的美好岁月……

肖洪泳

2014 年 7 月 27 日于长沙